…TÈRE DU TRAVAIL ET DE LA PRÉVOYANCE SOCIALE

DIRECTION DU TRAVAIL. — 2e BUREAU

TRAVAUX PRÉPARATOIRES

DE LA LOI DU 23 AVRIL 1919

SUR

LA JOURNÉE DE HUIT HEURES

PARIS
IMPRIMERIE NATIONALE

MDCCCCXIX

SOMMAIRE.

Travaux préparatoires de la loi du 23 avril 1919 sur la journée de huit heures.

Pages.

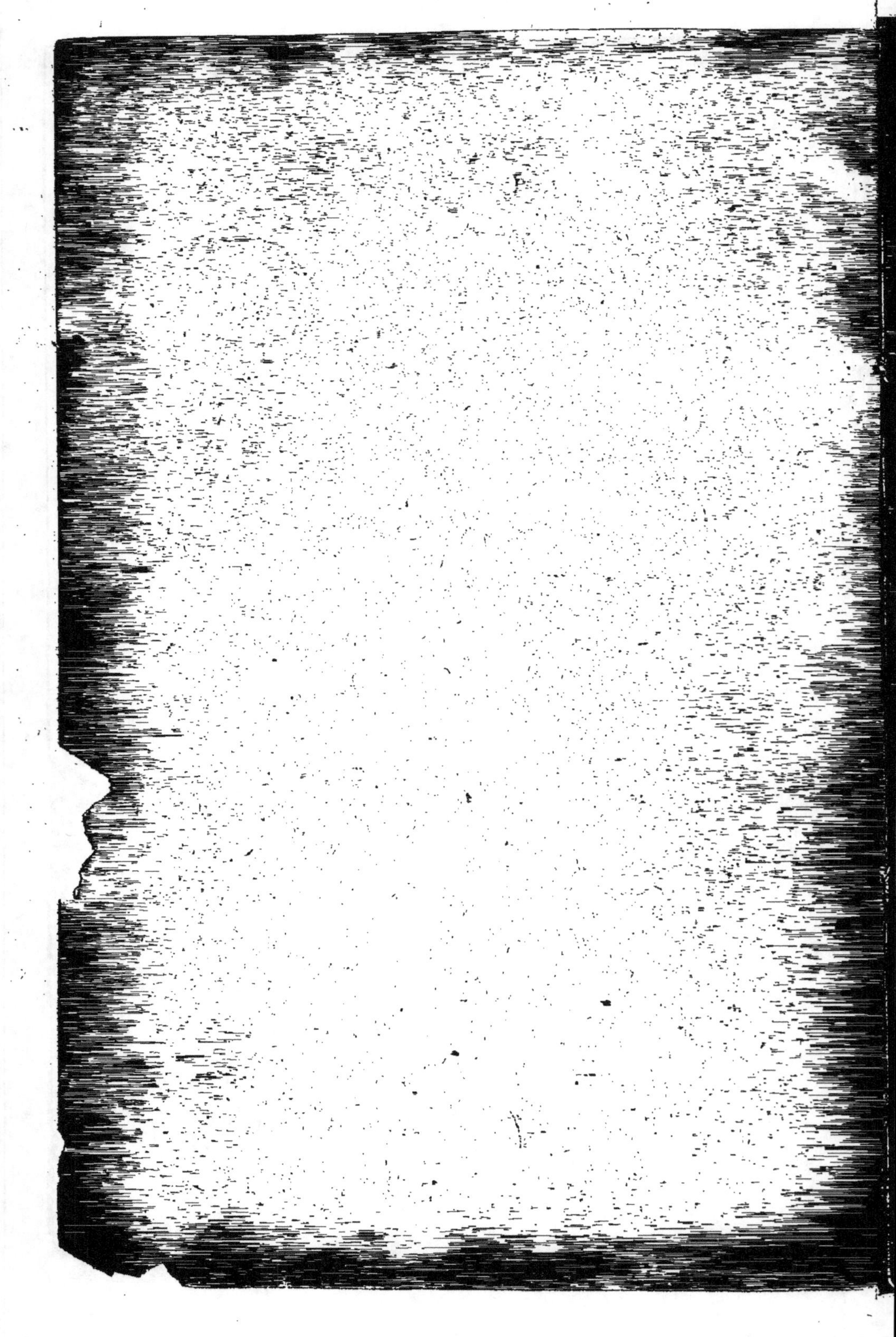

TRAVAUX PRÉPARATOIRES

DE LA LOI DU 23 AVRIL 1919

SUR

LA JOURNÉE DE HUIT HEURES.

COMMISSION

DES TRAITÉS INTERNATIONAUX DE TRAVAIL.

SESSION SPÉCIALE DE 1919.

Examen du programme de la première Conférence internationale de législation ouvrière.

La Commission des traités internationaux de travail, constituée par les arrêtés des 20 juillet, 6 septembre et 14 novembre 1917, 19 février et 1er décembre 1918, a été complétée, par un arrêté du 1er mars 1919, par l'adjonction de dix représentants patronaux désignés par le Ministre du Travail sur la proposition des grandes organisations professionnelles et de dix ouvriers désignés par le Ministre du Travail sur la proposition des grandes organisations ouvrières professionnelles et par un représentant du Ministère de la Reconstitution industrielle, les délégués du Gouvernement français à la Commission de législation internationale du travail faisant de droit partie de la Commission. Des conseillers techniques, en nombre variable, sont admi à assister les délégués patrons et ouvriers.

La Commission ainsi constituée, comportant des représentants des industries métallurgiques, des industries minières, des industries textiles, des produits alimentaires en gros, du bâtiment et des travaux publics, de la librairie, des industries chimiques, de la céramique et de la verrerie, des cuirs et peaux, de l'agriculture, s'est réunie les 10 et 12 mars 1919, au Ministère du Travail, sous la présidence du Ministre, pour émettre un avis sur les propositions soumises à la Commission de législation internationale du travail.

Après un débat auquel prennent part MM. Luquet, Villemin, Jouhaux, Leven, Pascalis, la suite de la discussion est renvoyée à vendredi 21 mars.

Séance du 21 mars 1919.

Membres présents : MM. Colliard, Ministre du Travail et de la Prévoyance sociale, *président;* lieutenant-colonel Ader, Bartuel, Belin, Mlle Bouillot, MM. Bourderon, Brancher, Briat, Dumoulin, Arthur Groussier, Louis Guérin, Heurteau, Léon Houdaille, Jouhaux, Kempf, Laurent, Pierre Lemy, Leven, Pralon, Loucheur, Mammale, Merrheim, Pascalis, René Péan, de Peyerimhoff (remplaçant M. Darcy), Poulenc, Richemond, Savoie, Paul Strauss, Verdier, Villemin.

Membres excusés : MM. Chéron, Arthur Fontaine, Justin Godart, Hitier, Millerand, Picquenard, Ténot.

Il est donné lecture du procès-verbal de la précédente séance qui est adopté. A la demande de M. Villemin, il est décidé que les procès-verbaux seront distribués.

M. Pascalis propose que la discussion s'engage industrie par industrie et que les intéressés, patrons et ouvriers, soient amenés à fournir des observations techniques sur les répercussions envisagées de l'application de la journée de huit heures.

M. Villemin communique les résultats d'une étude à laquelle il a procédé, touchant les dommages subis respectivement par les diverses nations belligérantes, du fait des pertes de guerre, dans le domaine de la production économique. Tenant compte des diverses sources de réduction de main-d'œuvre, il aboutit à cette conclusion que, du fait de la guerre, la diminution de la puissance productrice de la France ressort à 9 p. 100, alors qu'elle n'est que de 0.9 p. 100 pour l'Angleterre et les Dominions, de 1.6 p. 100 pour les États-Unis, de 0.34 p. 100 pour la Belgique, de 3.03 pour l'Italie et de 6.2 p. 100 pour l'Allemagne.

Si l'on ajoute à cet élément la diminution de production que représenterait la réalisation de la journée de huit heures, évaluée à 20 p. 100, c'est une moins-value de 29 p. 100 par an que la France aurait à subir.

M. Loucheur estime que les observations présentées par M. Villemin appellent, sinon une rectification, du moins une distinction; c'est aller trop vite que d'évaluer globalement à 29 p. 100 la moins-value annuelle de la production en France. Il convient de distinguer, d'une part, les pertes dues à la guerre, lesquelles sont appréciables de façon à peu près rigoureuse, ensuite on pourra évaluer avec les éléments dont on disposera, et en faisant la part des incertitudes, la diminution éventuelle de production que risquerait d'entraîner l'application de la journée de huit heures ou de la semaine de quarante-huit heures. Pour évaluer cette diminution, il faudrait savoir d'une façon précise quelle est présentement la durée moyenne de la journée de travail dans les diverses industries; d'autre part, lorsque l'on compare la France et l'Angleterre, il faut prendre garde à ceci, que l'Angleterre, avant la guerre, n'avait pas la conscription et que la France, après la guerre, n'aura plus une longue durée de service militaire; ce n'est certainement pas trahir un secret gouvernemental que de dire que les opinions les plus autorisées, même dans les milieux militaires, envisagent une réduction très sensible de la durée du service militaire.

En résumé, les pertes en main-d'œuvre du fait de la guerre sont ce qu'elles sont; on ne conteste pas qu'il puisse y avoir une nouvelle aggravation du fait de la réduction de la durée du travail. C'est ce que, précisément, la Commission est appelée à étudier. Il est indispensable de séparer nettement les deux éléments d'appréciation.

M. Villemin ne conteste pas la valeur des observations de M. le Ministre de la Reconstitution industrielle, mais il croit devoir maintenir les vues exposées par lui en ce qui concerne l'infériorité de la France en regard des autres nations belligérantes, infériorité aggravée par la faible natalité de la France. Cette dernière sera loin d'avoir pu compenser ses pertes, alors que les pays à forte natalité, comme la Belgique, l'Italie, l'Allemagne, auront, dans quelques années, retrouvé le chiffre de leur population d'avant-guerre.

M. Bartuel constate que tout le monde est d'accord, qu'il y a lieu de maintenir et même d'accroître la production nationale; reste à savoir si la réduction de la durée du travail à huit heures risque de compromettre cette production; les chiffres qu'on a apportés ici sont le résultat de la situation passée et de la situation présente, des conditions et méthodes de travail appliquées à une durée de dix à douze heures, mais non pas de la situation nouvelle et des méthodes nouvelles qui devront être appliquées à la journée de huit heures. Les résultats de ces méthodes, on ne peut, quant à présent, les préjuger. A vrai dire, les huit heures ne sont pas une nouveauté en France : on a connu la journée de six heures en quatre postes, la journée de huit heures en trois postes; pratiquement, dans les mines, jamais un ouvrier n'a fait, au fond, plus de six heures de travail effectif et utile et il n'en fera jamais davantage. Il faut tenir compte de la force individuelle et les exploitants auraient profit à remplacer par un ouvrier frais et dispos l'ouvrier fatigué par ses six heures de travail. On peut rappeler l'expérience faite aux mines d'Épinac, en Saône-et-Loire, expérience dont le succès n'était pas contesté par la Direction de la mine, mais qui n'aurait pu être poursuivie que si les autres exploitants avaient admis le même régime. Une autre expérience a été faite dans un puits des Houillères de Saint-Étienne : on a fait, pendant quarante-huit heures, trois postes de huit heures et on a obtenu une production supplémentaire de 300 bennes de 500 kilos de charbon par jour pour ces deux jours. Encore ces expériences ont-elles été faites dans les plus mauvaises conditions, sans aucun aménagement spécial approprié à la réduction de la durée des postes.

M. Richemond, qui représente l'industrie mécanique, ne disconvient pas que certains perfectionnements dans le machinisme arriveront à compenser les réductions des heures de travail. Mais il ne faut pas en conclure que le développement du machinisme résoudra la question d'une façon générale. Il ne peut avoir aucune influence sur la production de certaines industries purement manuelles, qui réalisent certaines des principales richesses de la France, aucune influence sur les petits ateliers, qui représentent environ 90 p. 100 des usines existant en France.

M. Richemond donne lecture d'une note de M. Hitier sur les répercussions des huit heures dans l'agriculture.

M. Jouhaux remarque que les vignerons font 6 heures par jour depuis 1904.

M. Pierre Lemy rappelle que les patrons français n'ont jamais été adversaires du machinisme, et que c'est plutôt dans le monde du travail que l'introduction des machines perfectionnées a rencontré de l'opposition.

Il rappelle, à ce sujet, l'introduction des machines à sertir les boîtes de conserves et les grèves qui se sont produites à ce moment.

M. Mammale proteste contre le grief qui pourrait être fait aux ouvriers de faire opposition aux machines; s'il y a eu opposition en certains cas, c'est parce que l'introduction de la machine, ne correspondant pas immédiatement à une augmentation de production, avait pour répercussion des diminutions de l'effectif des usines; ce n'est pas contre l'introduction de la machine, mais contre le chômage qu'elle entraînait que les ouvriers ont protesté.

M. Savoie estime qu'il est impossible d'admettre la thèse de la longue durée du travail, et qu'on peut intensifier la production en perfectionnant le machinisme.

M. Jouhaux, à propos de l'allusion qui a été faite à la grève de Concarneau, tient à souligner que l'argument présenté ne s'adresse ni à la C. G. T., ni même aux ouvrières grévistes. Il est certaines grèves dont l'origine et les circonstances ne sont pas celles que l'on pourrait croire, d'après les apparences.

M. Houdaille présente un certain nombre d'observations touchant les conditions des industries verrières. Dans ces dernières, la journée de huit heures existe dans la verrerie à bouteilles, mais il faut prendre garde que le programme de la première Conférence internationale du travail prévoit, à la fois, un relèvement de l'âge d'admission des enfants au travail et la suppression du travail de nuit pour les enfants. Si ces deux réformes étaient réalisées, le travail par postes de huit heures serait rendu singulièrement difficile. D'autre part, le personnel de la verrerie est très restreint, il a été très touché par la guerre. Dans la verrerie de flaconnage, on évalue à 33 p. 100 le nombre des ouvriers perdus pour l'industrie. Dans la glacerie, il y a des conditions tout à fait spéciales de fabrication : la coulée d'une glace demande de huit à neuf heures. En terminant, M. Houdaille insiste sur les pertes subies par l'industrie de la verrerie dans les régions dévastées; il faudra certainement un traitement spécial pour les industries verrières.

D'une manière générale, il faudra certainement que la réforme soit opérée par paliers successifs.

M. le Ministre rappelle, en les regrettant, les tolérances extrêmement larges que le Ministère du Travail a consenties aux industriels dans l'emploi des enfants; ces tolérances ne sauraient être admises dans l'avenir, sous peine de compromettre l'avenir même de la race. On a parlé de la faible natalité de la France, que tout le monde souhaite de voir se relever : pour cela, il faut une race vigoureuse; le régime du travail intensif n'est pas de nature à entretenir la vigueur de la race.

M. Bourderon regrette que son collègue, M. Delzant, secrétaire de la Fédération des ouvriers verriers, ne soit pas présent pour fournir des arguments techniques en réponse à la thèse présentée par M. Houdaille. Cependant, d'après ce qu'il [illegible] lui-même, il y a très peu de verreries à bouteilles qui fassent huit heures en général, et même dans le Nord, elles travaillent par deux équipes de dix heures [illegible] places; il est vrai que lorsque les ouvriers ont suffisamment produit [illegible] ils quittent la place, parfois un peu avant que les dix heures soient écoulées. Dans les établissements où on fait trois équipes, il y a toujours un certain [illegible] entre les équipes, la durée du travail ressort entre sept heures et sept heures [illegible]. Ceci établit que la durée du travail ne correspond pas, dans cette industrie, [illegible] production bien définie. Avec le régime de dix heures, les verriers [illegible] teilles champenoises de Reims et d'Hirson faisaient, au maximum, 600 ou 550 cols; ceux d'Albi, qui ont fait quelquefois la bouteille champenoise, en faisaient presque autant en huit heures. Quant aux enfants, leur emploi n'est pas indispensable; à la verrerie d'Albi, on les a entièrement supprimés, le portage à l'arche se fait à la mécanique. Sans doute, la destruction des verreries du Nord représente une perte énorme; le personnel de ces verreries pourra se répandre dans les autres verreries; on ne sera pas en peine de trouver du personnel si l'on tient compte du long délai nécessaire pour remettre en marche les verreries. Enfin, même dans le soufflage de la bouteille, la machine a déjà fait son apparition et peut singulièrement faciliter la réduction de la journée de travail.

M. de Peyerimhof tient à dissiper une illusion dangereuse, trop répandue dans le monde du travail, à savoir que les réductions de durée du travail peuvent avoir une compensation dans l'augmentation de la production horaire. Il y a là des questions de fait sur lesquelles la réponse des chiffres est péremptoire : les ouvriers mineurs ont obtenu, dans ce domaine, des améliorations successives et ont toujours affirmé — de bonne foi certainement — qu'ils rattraperaient la production ancienne, et chaque fois l'expérience a prouvé qu'il n'en était rien. Les mineurs se sont astreints patriotiquement, au cours de la guerre, à une prolongation de la durée du travail; ils se sont plaints d'être surmenés, et ils avaient un peu raison; au bout de trois ans, ils ont demandé qu'on revienne à la journée de huit heures. L'expérience a été faite à Blanzy : en octobre dernier, on a ramené, dans une des divisions, la journée de neuf à huit heures; le résultat a été, dans les trois premiers mois, une chute de 7.7 p. 100 dans la production, par rapport au trimestre correspondant de 1917; de 4 p. 100 par rapport à la production des trois premiers trimestres de 1918; actuellement, la baisse est de 14.7 p. 100. A Bruay, on est revenu aux huit heures le 15 février; dans la deuxième quinzaine de février, la réduction était de 9.8 p. 100. A Carmaux, la réduction était de 14.5 p. 100. L'observation a un caractère général.

En ce qui concerne le machinisme, l'industrie des mines en France, dont l'enseignement technique est probablement le meilleur du monde, et qui ne manque ni de moyens ni de compétences, ne l'a pas négligé. Ce n'est pas ce problème qui se pose, c'est celui du recrutement du personnel supplémentaire que le seul maintien de la production réclamerait impérieusement pour la généralisation du système des trois huit. Cette nécessité se traduit, pour les grands pays concurrents de la France, par un simple relèvement du prix de revient; pour nous, c'est la question, autrement grave, de la capacité de production.

M. Dumoulin regrette qu'on entre dans les détails d'application avant de s'être prononcé sur le principe même de la durée de huit heures, et que les arguments produits soient les mêmes que ceux que l'on aurait produits avant la guerre, sauf l'élément nouveau qu'on y ajoute en invoquant les pertes dues à la guerre.

M. Heurteau expose la situation de l'application des huit heures dans les chemins de fer. Le personnel n'est pas assimilable à un personnel d'ouvriers industriels; il y a des heures de présence plutôt que des heures de travail, notamment parmi les gardes-barrières, les chefs de petites stations ou de haltes. Dès à présent, des relèvements de tarif sont à envisager pour l'année prochaine, en raison des nouvelles échelles actuelles de traitement. Si l'on réduit la journée à huit heures, ce sera un recrutement supplémentaire de personnel, entraînant un nouveau relèvement de tarif de 23 à 45 p. 100. On peut envisager ainsi la lourde charge qui

raient pas à faire des concessions; leurs objections sont surtout des objections d'opportunité, de modalité. On pourrait arriver à s'entendre, après une déclaration sur le principe, si l'on abordait la question de modalité, en recherchant ce qu'on entend par ce mot; ce sont les délais, les tempéraments, les dérogations à prévoir en tenant compte des diverses circonstances.

M. Guérin reconnaît que la question posée sur ce terrain est un peu différente et que, dans ces conditions, il ne se refuse nullement à mettre le cap sur la journée de huit heures. Au surplus, les termes du vœu émis par le Comité national de la Confédération générale du travail lui paraissent comporter une formule assez heureuse; il est très convaincu qu'il y a lieu de tenir compte du bouleversement causé par la guerre, que les vieux moules d'avant guerre sont aujourd'hui brisés et qu'il faut avoir le courage de marcher avec le progrès, que si tous les pays acceptent la journée de huit heures, l'attitude de la France, si elle ne s'associait pas au mouvement, serait difficile à défendre. Mais il n'en subsiste pas moins qu'il y a là un saut dans l'inconnu et qu'il est bien nécessaire d'exposer très nettement ses scrupules et de prendre ses responsabilités.

M. Luquet prend acte des déclarations de M. Guérin; les ouvriers aussi sont prêts à étudier les modalités d'application de la journée de huit heures.

M. Picquenard propose une motion qui pourrait servir de base à une entente. M. Guérin et M. Heurteau demandent que le texte élaboré par M. Picquenard soit distribué aux membres patrons afin qu'ils puissent l'étudier, y apporter les additions et les modifications qu'ils jugeront utiles et le transformer en une déclaration de principe qui pourrait servir de base à l'entente entre patrons et ouvriers.

Il en est ainsi décidé.

Séance du mercredi 2 avril 1919.

Membres présents : MM. Colliard, Ministre du Travail et de la Prévoyance sociale, *président*; Loucheur, Ministre de la Reconstitution industrielle, le lieutenant-colonel Ader, Belin, Bidegaray; Mlle Bouillot; MM. Brancher, Darcy, Delzant, Arthur Fontaine, Gemin, Godard, Grange, Arthur Groussier, Louis Guérin, Heurteau, Léon Houdaille, Jouhaux, Kempf, Laurent, Pierre Lemy, Leven, Luquet, Mammale, Merrheim, Pascalis, René Péan, de Peyerimhof, Picquenard, Poulenc, Pralon, Richemond, de Rousiers, Savoie, Verdier, Villemin.

Excusés : MM. Chéron, Hitier, Millerand, Paul Strauss, Ténot.

Le procès-verbal de la dernière réunion est lu et adopté après une rectification demandée par le lieutenant-colonel Ader.

M. Pascalis expose que dans la dernière réunion M. Picquenard avait donné lecture d'un projet de texte transactionnel. Ce projet a été examiné par les syndicats patronaux, qui ont rédigé une déclaration tenant compte des propositions, mais y apportant certaines modifications. Étant donné la décision prise par la réunion des Chambres de commerce la veille, M. Pascalis ne se croit pas qualifié comme président de la Chambre de Paris, président de la réunion des Chambres de commerce, pour donner lecture de la déclaration. Il confie ce soin à M. Guérin.

M. H[illegible] considère que, si le projet doit être déposé dans un délai bref, le meilleur moyen est de simplifier la loi autant que possible et de laisser à un règlement d'administration publique le soin de trancher les points de détail.

M. Darcy approuve cette méthode et invoque le précédent de la loi sur les mines.

M. Picquenard rappelle que telle est la procédure qui a été suivie pour l'application de la semaine anglaise. La loi stipule que le repos pendant l'après-midi du samedi sera assuré aux ouvrières de tout âge, dans les conditions déterminées pour chaque profession et pour chaque région, en tenant compte des besoins du travail dans les diverses saisons, par règlements d'administration publique, *qui se référeront, dans le cas où il en existera, aux accords intervenus entre les syndicats patronaux et ouvriers de la profession et de la région.* En cas de désaccord, le Conseil d'État statue, après examen des deux points de vue. Si cette méthode est adoptée, la procédure pourra être extrêmement rapide.

M. Bidegaray estime qu'il importe avant tout de faire adopter par les pouvoirs publics le principe de la réduction de la journée de travail à huit heures. Ce principe est une des revendications principales de la classe ouvrière. Elle y attache un grand prix et il est indispensable qu'avant le 1er mai, date fixée par les organisations syndicales pour la solution de la question, une mesure de principe ait été prise.

M. Luquet approuve cette manière de voir. Il considère que la loi doit être votée avant le 1er mai, afin de bien démontrer la volonté des pouvoirs publics de faire passer cette mesure dans les réalités administratives.

M. Picquenard déclare que le projet de loi envisagé paraît devoir donner satisfaction à ce désir. La loi n'est d'ailleurs pas le seul moyen de réduire la journée de travail; les accords entre patrons et ouvriers y aboutissent encore plus rapidement, ainsi que le témoignent les industries dans lesquelles la réduction de la journée a été obtenue par ce moyen.

M. le Ministre promet que le projet de loi sera déposé dans un délai très bref. C'est une chose sérieuse à laquelle il faut attacher de l'importance, sans négliger la rapidité nécessaire. Mais, pour faire œuvre utile, il est bon d'avoir l'assentiment des représentants patronaux.

M. Bidegaray ne met pas en doute la bonne volonté des pouvoirs publics, mais il attire l'attention sur la nécessité d'une décision à intervenir avant la date fixée.

M. Jouhaux déclare que les délégués ouvriers ont admis le principe de la discussion sur les modalités, mais il ne faudrait pas que leur attitude pût être invoquée contre eux. Il ne faudrait pas, comme le cas s'est produit dans certaines grèves récentes, que les employeurs excipent de l'admission, par les ouvriers, de la discussion des modalités pour s'en faire un grief contre certaines revendications particulières. Le mouvement en faveur de la journée de huit heures est un mouvement général et qui passionne tous les ouvriers, même les plus modestes.

M. Luquet appuie ce point de vue. Il y a urgence à ce que, à une certaine date, il y ait quelque chose de fait. Cette date est le 1er mai. Il est possible, si la loi est simple et si elle prévoit la possibilité de recourir à des accords patronaux et ouvriers, d'obtenir le vote avant ce moment. Ce serait une satisfaction pour les ouvriers.

M. Guérin rappelle sa demande tendant à ce que les propositions de l'Administration soient soumises aux syndicats patronaux. Toute diligence sera faite pour répondre au plus tôt.

M. le Ministre lui donne cette assurance et, pour permettre l'examen utile de la question, la séance est renvoyée au lundi 7 avril, à 3 heures.

Séance du lundi 7 avril 1919.

Membres présents : MM. Colliard, Ministre du Travail et de la Prévoyance sociale, *président;* le lieutenant-colonel Ader, Bourderon, Mlle Bouillot, MM. Paul Belin, Arthur Groussier, Louis Guérin, Heurteaux, Houdaille, Gémin, Jouhaux, Kempf, Legouez, Pierre Lemy, Laurent, Luquet, Leven, Mammale, Merrheim, de Peyerimhof, Picquenard, Poulenc, Richemond, Paul Strauss, Savoie, A. Toussaint, Verdier, Villemin.

Excusés : MM. Chéron, Hitier, Millerand, Ténot.

La séance est ouverte à 3 h. 15.

Le procès-verbal est lu et adopté après rectifications de MM. Guérin, Villemin et Leven, et observations du colonel Ader au nom de M. Loucheur, Ministre de la Reconstitution industrielle.

M. le Ministre appelle la discussion de l'avant-projet soumis aux membres de la Conférence. Il est décidé que la discussion par article en sera immédiatement abordée.

M. le Ministre donne lecture de l'article premier de l'avant-projet et du nouveau texte proposé pour l'article 6 du livre II du Code du travail.

M. Picquenard propose une variante : au lieu de « la durée du travail. . . ne pourra excéder huit heures par jour », il propose : « soit huit heures par jour, soit quarante-huit heures par semaine ».

M. le lieutenant-colonel Ader estime que cette variante donnera au texte quelque élasticité.

Mlle Bouillot demande le maintien de la formule exclusive de huit heures par jour, avec conservation des avantages acquis.

M. Jouhaux admet la formule.

M. Villemin voudrait voir ajouter aux mots « ne pourra excéder » le mot « en principe », de façon à donner ainsi une base légale aux dérogations.

M. Picquenard rappelle que toutes les lois sur le travail partent d'une affirmation ferme, quitte à y apporter les dérogations voulues.

Le nouveau texte de l'article 6, modifié conformément à la proposition de M. Picquenard, est adopté.

M. LE MINISTRE donne lecture du nouveau texte proposé pour l'article 7, dans lequel, pour une raison d'harmonie, sera ajouté aux mots « limitation journalière » le mot « ou hebdomadaire ».

M. GUÉRIN demande que la durée des paliers, délais de transition pour l'application de la loi, soit réglée par le texte législatif lui-même.

M. KEMPF demande l'addition aux mots « limitation journalière ou hebdomadaire » du mot « annuel ».

M. PICQUENARD signale l'immense variété possible des modalités d'application de la loi. On ne saurait les mentionner toutes.

M. LE MINISTRE estime que la détermination des paliers par voie de décret est plus souple que la détermination légale.

M. GUÉRIN insiste pour qu'elle soit fixée dans la loi, cette dernière présentant plus de garanties.

M. le lieutenant-colonel ADER, au nom du Ministre de la Reconstitution industrielle, considère qu'il y aurait peut-être lieu de fixer le principe d'un palier d'ensemble sans laisser ce soin à un décret.

M. JOUHAUX ne partage pas cet avis; il y a en réalité des situations de fait, des industries dans lesquelles la journée de huit heures est acquise. Il ne faut pas, par une mention expresse, donner aux intéressés l'impression d'un recul.

M. PICQUENARD considère qu'il faut choisir entre deux systèmes.

Ou l'inscription dans la loi de toutes les variétés de modalités, ou au contraire la simple inscription du principe avec la liberté de discussion.

M. GUÉRIN estime qu'il y aurait peut-être place pour un système mixte.

M. PICQUENARD se demande s'il y a intérêt à déterminer des délais préfix d'application de la loi, pour l'ensemble des commerces et des industries. Les délais sont prévus pour permettre l'adaptation de l'outillage, de l'organisation du travail.

Or, à l'heure actuelle, la durée du travail est variable selon les industries. Certaines, comme les mines et les ports, bénéficient déjà de la journée de huit heures. Au point de vue social, la fixation d'un délai préfix dans la loi présente l'inconvénient de généraliser l'agitation au moment où l'on approche de l'échéance légale. Il rappelle le souvenir des grèves de 1910.

M. DE PEYERIMHOF n'est pas partisan non plus du délai préfix. Il souhaite voir maintenir le principe de la discussion des délais d'application. Mais il considère que dans la loi devrait être inscrit un troisième principe, celui des dérogations permanentes. Il considère aussi que peut-être conviendrait-il d'atténuer ce que le projet de loi comporte d'excessif en ce qui concerne la liberté des accords corporatifs des intéressés. La combinaison des articles 7 et 8 semble donner trop de force aux accords patronaux et ouvriers. Il demande que le Gouvernement conserve son autorité pour intervenir et limiter ces accords.

M. PICQUENARD rappelle que la formule de l'article 8 n'est pas neuve, elle est

vriers sont impossibles. On demande au Gouvernement d'intervenir parce que les patrons qui ont rouvert leurs usines et embauché les ouvriers à un salaire réduit, leur laissent le soin de parfaire son insuffisance par les allocations. Les ouvriers considèrent que la réduction immédiate de la journée à huit heures, application anticipée de la loi, favoriserait l'emploi des chômeurs, grâce à l'organisation d'équipes multiples. La question de l'adaptation à la journée réduite n'est d'ailleurs pas seulement une question d'outillage, c'est souvent beaucoup plus une question d'organisation et de répartition du travail qui, loin de nécessiter de longues années, n'exigerait qu'un délai assez bref, si l'on veut y apporter de la bonne volonté.

M. Guérin ne conteste pas la possibilité d'organiser, dès à présent, des équipes multiples dans le Nord. Mais ses observations valent, non pas pour la période présente, mais pour la période normale où l'activité aura repris, le chômage ayant disparu.

M. Jouhaux rappelle ce qui vient de se passer en Angleterre. A la conférence ouvrière, les patrons ont admis la fixation de paliers de réduction successive de la journée de travail à 7 heures, puis à 6 heures par jour, et ceci dans une des industries les plus délicates : les chemins de fer.

M. Villemin ne saurait admettre l'interprétation donnée par M. Strauss à la position de la Délégation patronale. Elle ne demande pas l'intervention de l'État. Elle demande simplement la limitation légale des pouvoirs des organisations patronales et ouvrières.

Le nouveau texte proposé pour l'article 7 est adopté.

M. le Ministre donne lecture du nouveau texte proposé pour l'article 8.

M. Groussier considère qu'il y a lieu de modifier le texte dans le sens demandé par certain membre de la Conférence qui s'est élevé contre les mots « les règlements...... devront se référer...... aux accords...... ». A son avis, il est toujours dangereux d'innover. Puisque cette formule est empruntée au texte déjà en vigueur, que la jurisprudence en a fait une application satisfaisante pour tous, que récemment, dans l'application de la semaine anglaise, elle s'est révélée sans danger, il n'y a pas de motif de la modifier.

M. de Peyerimhof ne voudrait pas qu'une interprétation rigide de l'article 8 permît à l'action corporative de se substituer à celle de l'État.

Le nouveau texte proposé pour l'article 8 est adopté.

M. le Ministre donne lecture du nouveau texte proposé pour l'article 9.

M. Heurteau demande s'il n'y a pas lieu d'ajouter à l'énumération des dérogations les dérogations permanentes.

M. Merrheim appuie son observation.

M. Jouhaux estime que ces dérogations pourraient être instituées sans modification du texte. Il serait possible de les obtenir dans les limites de la durée hebdomadaire.

Un échange de vues a lieu sur certains cas spéciaux de dérogations nécessaires.

M. Houdaille signale notamment le cas des industries électriques.

M. Luquet considère qu'il n'est pas impossible par un meilleur aménagement de la main-d'œuvre, par l'utilisation de manœuvres empruntés à d'autres emplois, d'assurer à tout le personnel sans distinction le bénéfice de la journée de huit heures, grâce à l'élasticité de la formule : la limitation quotidienne et la limitation hebdomadaire.

M. Villemin attire l'attention sur l'impossibilité de trancher la question dès à présent. Le Conseil d'État sera d'ailleurs le meilleur arbitre, puisqu'il n'est pas contraint d'homologuer les accords entre organisations patronales et ouvrières.

M. Picquenard propose un paragraphe 4 nouveau ainsi conçu :

Les dérogations permanentes qu'il y aurait lieu d'admettre pour les travaux préparatoires ou complémentaires qui doivent être nécessairement exécutés en dehors de la limite assignée au travail général de l'établissement, ou pour certaines catégories d'agents dont le travail est essentiellement intermittent.

Ce paragraphe est adopté. Il devient le paragraphe 4. Les anciens paragraphes 4 et 5 prennent la numérotation 5 et 6.

M. de Peyerimhoff est frappé du fait que le palier considéré comme une période de temps préfix n'a pas la véritable signification qu'il devrait avoir, et à ce critérium purement chronologique il préférerait voir substituer le critérium de la restitution d'une production déterminée, comme cela s'est fait en Angleterre pour la production houillère.

De l'échange de vues qui se produit, il résulte que ce critérium applicable à l'industrie minière ne le serait pas aux autres branches d'activité industrielle.

M. Picquenard, sur la demande de M. Villemin, explique que le paragraphe 5 couvre les industries saisonnières et permet les dérogations pour faire face à leurs besoins spéciaux.

Le nouveau texte proposé pour l'article 10 est adopté.

L'article 2 de l'avant-projet est adopté.

M. Picquenard donne lecture d'un texte qui pourrait donner satisfaction aux partisans d'une fixation légale de la durée maxima du palier :

Lesdits règlements ne pourront toutefois pas prévoir, à partir de la promulgation de la présente loi, un délai supérieur à . . . . . ans ou . . . . . mois, pour l'application de la journée de neuf heures, de la semaine de cinquante-quatre heures, ou d'une limitation équivalente, ni un délai supérieur à . . . . ans ou . . . . mois, y compris le délai précédent pour l'application de la journée de huit heures, de la semaine de quarante-huit heures, ou d'une limitation équivalente.

M. Legouëz estime que la majorité des membres patronaux préféraient que le palier ne fût pas mentionné dans la loi.

M. Leven estime que mieux vaut s'en rapporter à un règlement d'administration.

hypothèse et d'en étudier les modalités. Ces modalités pourront porter, entre autres points :

1° Sur les équivalences des réglementations de la durée du travail : limitation journalière, limitation hebdomadaire, etc. . . ;

2° Sur les délais qui pourraient être accordés soit à l'ensemble des industries, soit à certaines industries, soit à certaines régions, notamment les régions victimes de l'invasion;

3° Sur les dérogations permanentes à admettre pour certaines industries dont le mode d'exploitation ne s'accommoderait pas de la réglementation générale;

4° Sur les dérogations temporaires qu'il y aurait lieu d'admettre pour la généralité des industries pour leur permettre de faire face à des surcroîts de travail extraordinaires ou à des accidents.

Parmi ces modalités, il y aurait lieu de déterminer celles qui seraient fixées par la législation et celles qui seraient fixées par des accords entre patrons et ouvriers.

NOTA. — Le texte ci-dessus n'est qu'un projet dont les termes ne seront définitivement arrêtés que dans la prochaine séance.

***

II. — Déclaration patronale (Texte définitif.)

Les membres patronaux de la Commission des traités internationaux du travail, représentant les différentes branches de l'industrie française, croient utile, au point où en sont arrivés les travaux de la Commission, de résumer leur manière de voir.

Consultés par le Ministre du Travail sur l'intérêt que pouvait présenter l'introduction du principe de la journée de huit heures dans le Traité de Paix, ils ont déclaré que ce principe ne devrait pas, à leur avis, être inséré dans un tel traité.

Ils ont démontré, par les statistiques officielles :

1° Qu'avant la guerre l'ensemble de la production nationale était d'environ 40 milliards;

2° Que la mort ou l'invalidité de près de deux millions de Français en plein rendement a diminué de 9 p. 100 environ le nombre des producteurs industriels, commerciaux et agricoles;

3° Que, dans cette perte de main-d'œuvre, la France est frappée 1 fois 1/2 plus que l'Allemagne, 2 fois 1/2 plus que la Belgique, 3 fois plus que l'Angleterre et l'Italie, 56 fois plus que les États-Unis d'Amérique;

4° Qu'abstraction faite de la diminution effroyable de la natalité en France, diminution qui aura sa répercussion jusqu'en 1930, la réduction de 20 p. 100 du nombre de journées de travail, conséquence de la substitution de la journée de huit heures à celle de dix heures, conduirait, dans l'état actuel des choses, à une moins-value totale d'environ 30 p. 100 dans la capacité de production de la France, ce qui amènerait, sur le chiffre de 40 milliards précité, une diminution de 11 à 12 milliards dont une faible partie seulement pourra être récupérée par une augmentation de la production.

La situation économique du pays est grave. Les pertes qu'il a subies par la guerre l'ont plus éprouvé qu'aucun autre, alors que ses effectifs étaient déjà notoirement insuffisants. De plus, les destructions systématiques ont paralysé, temporairement ou à demeure, une fraction de ses moyens de production plus élevée que chez aucun de ses concurrents. Dans ces conditions, les délégués patronaux se seraient estimés infidèles à la fois au devoir professionnel et au devoir civique s'ils avaient caché au Gouvernement et à l'opinion publique la certitude où ils sont qu'une réduction uniforme et rapide de la journée de travail et, à plus forte raison, son abaissement en fin de compte à huit heures, aura sur la plupart des branches de la production nationale une influence désastreuse, alors que dans les pays à main-d'œuvre abondante elle se traduira par une hausse générale du prix de revient et par conséquent du coût de la vie.

Ils ont fait remarquer que le jour où la loi de huit heures serait appliquée à tous les travailleurs, l'exode vers les villes des ouvriers agricoles, dont les pertes, du fait de la guerre, représentent 55 p. 100 environ des pertes totales de la France, exode qui n'a cessé de s'accroître depuis cinquante ans, augmentera encore, ce qui aura des conséquences incalculables pour l'agriculture française et contribuera au maintien de la vie chère.

Sans disconvenir qu'un développement plus ou moins grand du machinisme diminuera les fatigues des ouvriers et augmentera, dans une certaine proportion, le rendement, ils estiment, qu'abstraction faite de certaines résistances qui se sont autrefois manifestées chez les ouvriers lors de l'application de certains perfectionnements mécaniques, il ne faut pas s'exagérer les résultats à en attendre. D'abord il n'est pas exact de dire que la France soit notoirement en retard au point de vue du machinisme. Ensuite, le développement du machinisme suppose une production houillère qui, malheureusement, sera déficitaire pour notre pays pendant de nombreuses années. Ensuite, encore, le même développement se produira inévitablement dans les pays concurrents, notamment dans ceux qui naissent à la vie industrielle, et par conséquent la rupture d'équilibre restera la même. Enfin et surtout l'organisation mécanique est impuissante à compenser la main-d'œuvre déficitaire, dans de nombreuses industries où la force et l'habileté de l'homme sont presque seules opérantes et qui constituent précisément les principales richesses de la France. Elle sera tout à fait inopérante dans la petite et moyenne industrie, dont les ateliers représentent environ 90 p. 100 des usines de France.

Pas plus qu'aucun Français, les délégués ouvriers étant complètement d'accord avec eux sur la nécessité, non seulement de maintenir, mais encore d'augmenter la production, les délégués patronaux ne peuvent envisager, sans une douloureuse anxiété, que la paix ne puisse conserver à la patrie la place où la guerre l'a trouvée dans le monde et que la victoire la laisse glorieuse et meurtrie.

L'heure n'étant pas aux expériences, ils ont signalé, afin de dégager leur responsabilité, l'erreur économique qu'à leur avis on va commettre.

Mais si, comme les représentants du Gouvernement le leur ont fait connaître, la Conférence internationale du travail doit adopter le principe de la journée de huit heures, les délégués patronaux reconnaissent qu'il sera impossible à la France, victime de cette adoption comme elle l'a été de la guerre, de se séparer sur ce point des États alliés ou associés. Il serait toutefois nécessaire que le Gouvernement, conscient de la situation exceptionnelle où se trouve la France, obtienne pour elle, pendant un nombre d'années à déterminer, le traitement privilégié auquel elle a droit, L'état lamentable des régions envahies suffirait à lui seul à légitimer cette faveur que personne ne songera à refuser.

L'éventualité de cette adoption étant posée en dehors d'eux et en voie de réalisation dans plusieurs pays voisins, ils admettent qu'il ne serait de leur part ni sage d'en ajourner *sine die* l'examen pratique, ni patriotique de refuser leur collaboration à l'étude des modalités de nature à en atténuer les dangers.

Les délégués ouvriers ayant affirmé que la limitation de la durée du travail ne nuira pas à la production et même l'accroîtra, les délégués patronaux en prennent acte et sont prêts à étudier les mesures proposées à cet effet et les modalités sus-visées, lesquelles devront porter entre autres points :

1° Sur les équivalences des réglementations en matière de durée du travail : limitation journalière, hebdomadaire, annuelle, etc. ;

2° Sur les délais et paliers qui pourraient être prévus, soit pour l'ensemble des industries, soit pour certaines d'entre elles, soit pour certaines régions, notamment les régions victimes de l'invasion, délais et paliers dont l'échéance pourrait correspondre au maintien ou à la restitution de tel minimum global ou régional de production ;

3° Sur les dérogations permanentes à instituer pour certaines industries dont le mode d'exploitation ne s'accommoderait pas de la réglementation générale ;

4° Sur les dérogations temporaires qu'il y aurait lieu d'admettre pour la généralité des industries, en vue de surcroîts de travail extraordinaires, de nécessités nationales ou d'accidents.

***

III. — Avant-projet de loi sur la journée de huit heures.

Conformément à la décision prise à l'unanimité par la Commission des traités internationaux de travail dans sa séance du 2 avril 1919, il a été entendu que la Commission serait appelée à choisir dans sa prochaine réunion, qui aura lieu le lundi 7 avril, entre deux systèmes de législation relative à la journée de huit heures.

Dans le premier système, la loi non seulement fixerait le principe de la réglementation, mais déterminerait elle-même le détail de son application.

Dans le second système, la loi, après avoir formulé le principe de la réglementation, laisserait à des règlements d'administration publique le soin de déterminer dans quelles conditions elle s'appliquerait aux diverses catégories professionnelles.

Le Ministre du Travail a été chargé de présenter un avant-projet conçu dans le second système.

Ci-après le texte de cet avant-projet :

ARTICLE PREMIER.

Le chapitre II (*Durée du travail*) du titre premier du livre II du Code du travail et de la prévoyance sociale est modifié comme suit :

CHAPITRE II. — *Durée du travail.*

Art. 6. La durée du travail effectif des ouvriers ou employés de l'un et l'autre sexe et de tout âge dans les entreprises de l'industrie et du commerce ne pourra excéder huit heures par jour, dans les délais et conditions déterminés par les règlements d'administration publique prévus ci-après.

Art. 7. Des règlements d'administration publique détermineront par profession, par industrie ou par catégorie professionnelle, soit d'office, soit à la demande des organisations patronales ou ouvrières intéressées, les délais et conditions dans les-

nuelle, sera appliquée la limitation journalière prévue à l'article précédent ou une limitation équivalente basée sur une autre période de temps. Ces règlements pourront être applicables soit à l'ensemble du territoire français, soit à une région déterminée.

Art. 8. — Les règlements prévus à l'article précédent devront se référer, dans les cas où il en existera, aux accords intervenus entre les organisations patronales et ouvrières nationales ou régionales intéressées. Ces organisations devront, dans tous les cas, être consultées et elles devront donner leur avis dans le délai d'un mois.

Art. 9. — Les règlements d'administration publique prévus à l'article 7 détermineront notamment :

1° La région à laquelle ils sont applicables ;

2° Dans le cas où, à la limitation journalière de la durée du travail effectif, est substituée une autre limitation équivalente, la nature de cette limitation ;

3° Les délais dans lesquels la durée actuellement pratiquée dans la profession, dans l'industrie ou la catégorie professionnelle considérée, sera ramenée en une ou plusieurs étapes à la limitation fixée à l'article 6 ou, le cas échéant, à la limitation équivalente prévue sous le n° 2 ;

4° Les dérogations temporaires qu'il y aura lieu d'admettre à ladite limite pour permettre aux entreprises de faire face à des surcroîts de travail extraordinaire, à des nécessités d'ordre national ou à des accidents survenus ou imminents ;

5° Les mesures de contrôle des heures de travail et de repos et de la durée du travail effectif, ainsi que la procédure suivant laquelle seront accordées ou utilisées les dérogations temporaires.

Art. 10. — Les règlements prévus à l'article 7 pourront être revisés dans la même forme, soit à la demande des organisations intéressées, soit d'office. Ils devront être obligatoirement revisés lorsque les délais et conditions qui y seront prévus seront contraires aux stipulations des conventions internationales sur la matière.

ART. 2.

Les dispositions du chapitre II actuellement en vigueur seront abrogées dans chaque région et pour chaque profession, industrie ou catégorie professionnelle et dans chaque région, à partir de la mise en application des règlements d'administration publique intéressant ladite profession, industrie ou catégorie professionnelle dans cette région.

***

IV. — Projet de loi

ARTICLE PREMIER.

Le chapitre II (*Durée du travail*) du titre premier du Code du travail et de la prévoyance sociale est modifié comme suit :

Art. 6. — La durée du travail effectif des ouvriers ou employés de l'un et l'autre

CHAMBRE DES DÉPUTÉS.

PROPOSITION DE LOI

sur l'application généralisée à l'industrie et au commerce de la **journée de huit heures** *et de la* **semaine anglaise,** présentée par MM. Pierre Renaudel, Lucien Voilin, Joseph Lauche, Albert Thomas, députés. (*Renvoyée à la Commission du travail*) (1).

EXPOSÉ DES MOTIFS.

Messieurs,

La journée de huit heures réalisée sans diminution de salaire est une des revendications les plus lointaines formulées par la classe ouvrière depuis le moment où elle a pris conscience de ses intérêts et de l'utilité qu'il y avait pour elle à les soutenir par une action collective organisée.

Il est inutile d'insister ici sur les raisons d'hygiène, de santé physique, de volonté d'éducation morale et intellectuelle qui ont été invoquées par le prolétariat pour la poursuite de cette revendication sociale. Pas davantage nous ne voulons rappeler tous les arguments, appuyés sur l'expérience, et qui ont montré que la diminution du temps de travail quotidien n'impliquait pas nécessairement une diminution du rendement dans la production.

Le machinisme moderne qui « automatise » le travailleur, augmente la production, mais il accroît aussi la fatigue du producteur, obligé de suivre le rythme de la machine, sans répit.

La fatigue du producteur dans ce cas oblige à ralentir la machine elle-même, et ce qui est gagné d'une part, risque d'être sinon perdu, au moins amoindri de l'autre. Sans compter que les accidents, plus nombreux dans les dernières heures de la journée représentent une perte et des sacrifices qui doivent être évités si on veut tirer des progrès de la science industrielle tout le parti qu'ils comportent.

En dehors de ces considérations, on peut affirmer que la journée de huit heures ne peut plus guère faire l'objet de controverses théoriques. Cette phase est dépassée. Nous en arrivons à la phase pratique et à la réalisation.

La guerre et ses conséquences ne font que précipiter le moment où toutes les résistances devront céder devant l'impérieuse nécessité d'accorder cette satisfaction à la classe ouvrière.

---

(1) Annexe au procès-verbal de la 1re séance du 28 janvier 1919 (Doc. parl. n° 5600).

Il ne s'agit pas seulement ici du désir qu'on peut avoir de payer aux masses laborieuses les sacrifices qu'elles ont consentis pour la guerre, ni de céder à des réclamations vigoureusement formulées. Il convient maintenant de se fier au sentiment de la justice et de la solidarité humaines. Il convient plus encore de tirer de la situation économique terrible qui résulte de la guerre des vues d'avenir. Or c'est un examen de l'avenir presque immédiat qui conseille de résoudre au plus tôt la question des « huit heures ».

Même si la journée de huit heures devait être considérée comme la cause d'un rendement un peu inférieur, la crise de chômage qui va résulter nécessairement de cette double source : cessation des productions de guerre, retour des mobilisés à leur foyer, commande de prendre des mesures pour faciliter l'embauchage d'un plus grand nombre de travailleurs.

La diminution de la durée de la journée de travail, en tant qu'elle n'affectera pas trop brusquement ni trop profondément la production, est le premier moyen qui s'offre. Elle permet d'envisager une véritable répartition des heures de travail entre un plus grand nombre de travailleurs. Elle assurera la transition pour aboutir à une production mieux réglée et plus intensive par là même, sans que les producteurs aient à supporter, jusque dans leur santé, les conséquences d'une fatigue excessive.

L'une des principales oppositions à la journée de huit heures est que si un pays assume, lui seul, et le premier, la charge de diminuer la journée de travail, il se place dans un état d'infériorité, d'affaiblissement, en face des autres peuples, ses concurrents sur le marché du travail et des produits manufacturés.

Mais, outre que la France ne serait pas la seule à avoir introduit la journée de huit heures et la semaine anglaise dans sa législation ouvrière, il faut noter d'abord que, dans chaque pays, nombre de catégories ouvrières, par la seule puissance de leur action corporative, ont réussi à obtenir, en ce qui les concerne, l'application de la journée de huit heures. Il convient de se souvenir ensuite que depuis plus d'un an, dans tous les pays neutres ou belligérants, le sentiment s'est fait jour qu'il fallait accorder la journée de huit heures comme une conséquence même de la situation créée par la guerre.

En Angleterre, où les mineurs ont depuis longtemps la journée de huit heures et réclament encore un abaissement de la durée de travail quotidien, les travailleurs des chemins de fer ont obtenu que les huit heures seraient appliquées à partir du 1er février 1918.

En Suisse, où à la suite des grandes grèves qui ont marqué la fin de l'année 1918 une conférence de patrons et ouvriers, réunie sous la présidence de M. Schulthess, avait examiné le problème des huit heures, un mouvement s'est dessiné dans l'opinion publique pour que le projet en soit résolument mis à l'ordre du jour.

En Suède, dès le mois de novembre, le Gouvernement établissait la journée de huit heures dans les arsenaux.

En Allemagne, il n'est pas besoin de dire que, dès les premières heures de la révolution, la journée de huit heures a été appliquée pour un grand nombre de corporations et qu'elle devient un des points importants qui seront traités à l'Assemblée qui vient d'être élue.

Enfin, Messieurs, la Conférence de la paix, qui a dès maintenant créé une section destinée à étudier les clauses ouvrières de législation internationale, va se voir saisie de la question.

Les conférences ouvrières et socialistes interalliées tenues à Londres pendant la guerre avaient placé la question au premier plan de leurs préoccupations.

Le Ministre anglais Barnes, chargé de représenter le Gouvernement anglais à la Conférence générale de la paix, en soulignait l'importance il y a quelques jours.

L'Association française pour la Société des Nations, dans un rapport de M. Justin

Argument misérable et à double tranchant. La vérité, plus humaine et plus juste, est que chacun a fait son devoir, là où il était appelé. La vérité est qu'aujourd'hui, où chacun va rentrer au foyer, ceux qui furent absents à l'usine, au travail productif, pourraient faire à ceux qui sont restés le légitime reproche de n'avoir pas maintenu et étendu leurs droits pour qu'en bénéficient ceux que la guerre ne retiendra plus et qui reprendront leur place au travail. Que pourraient dire ceux qui ont souffert, si en rentrant, ils trouvaient malgré leurs sacrifices, un sort plus misérable, des difficultés accrues et si, après l'enfer de feu traversé dans la guerre, était perpétué pour eux l'enfer de la misère sombre dont ils essayaient déjà de s'émanciper avant le drame mondial?

Messieurs, nous nous en remettons à la sagesse, à la clairvoyance du Parlement, pour que la journée de huit heures et la semaine anglaise, utiles aux travailleurs, utiles à la France, apparaissent comme le gage que la solidarité nationale, si souvent invoquée, aura résisté, ne se sera pas fondue à la chaleur et à la joie de la victoire.

PROPOSITION DE LOI.

ARTICLE PREMIER.

L'article 6 du livre II du Code du travail est modifié ainsi qu'il suit :

« La journée des ouvriers et ouvrières dans les manufactures, usines, ateliers et chantiers publics ou privés, ne peut pas excéder huit heures de travail effectif. »

ART. 2.

Le repos hebdomadaire prescrit par l'article 33 du livre II du Code du travail comprendra, en plus du dimanche, pour les ouvriers et les ouvrières visés à l'article premier, l'après-midi du samedi.

ART. 3.

La diminution des heures de travail provenant de l'application des articles premier et 2 ne devra, en aucun cas, entraîner une diminution des salaires.

Les bordereaux de salaires, les tarifs professionnels, seront en conséquence revisés par les commissions mixtes départementales ou par accord entre les syndicats ouvriers et patronaux.

ART. 4.

Les dérogations aux dispositions des articles premier et 2, reconnues indispensables en raison de la nature des industries, des besoins du travail dans les diverses saisons et les cas de force majeure, seront accordées par décret du Ministre du Travail, après accord constaté entre les syndicats ouvriers et patronaux de la profession et de la région intéressées.

ART. 5.

Il n'est porté aucune atteinte aux conventions et aux usages équivalant à des conventions qui, dans certaines industries ont fixé, ou fixeraient, pour la journée et pour la semaine de travail, une durée inférieure à celle fixée par les articles premier et 2.

ART. 6.

La durée maximum de la journée de travail fixée aux articles 7, 14, 18 et 23 du livre II du Code du travail est ramenée à huit heures.

ART. 7.

Tout contrat, convention, règlement contraire à la présente loi sera considéré comme nul et non avenu.

PROJET DE LOI

sur la **journée de huit heures**, présenté au nom de M. RAYMOND POINCARÉ, Président de la République française, par M. COLLIARD, Ministre du Travail et de la Prévoyance sociale. (*Renvoyé à la Commission du travail*) (1).

EXPOSÉ DES MOTIFS.

MESSIEURS,

La Commission de législation internationale du travail de la Conférence de la paix, parmi les clauses à insérer dans le traité de paix, a présenté la suivante :

« Les Hautes Parties contractantes déclarent accepter les principes ci-après et s'engagent à en poursuivre la réalisation conformément aux indications qui seront données, en ce qui concerne leur application, par la Conférence internationale du travail.

. . . .

« 7° Limitation des heures de travail dans l'industrie sur la base de huit heures par jour ou de quarante-huit heures par semaine, sauf exception pour les pays dans lesquels les conditions climatériques, le développement rudimentaire de l'organisation industrielle ou d'autres circonstances spéciales déterminent une différence notable dans le rendement du travail.

« Pour ces pays, la Conférence internationale du travail indiquera les bases à adopter, lesquelles devront être approximativement équivalentes à celles mentionnées ci-dessus. »

---

(1) Annexe au procès-verbal de la [illegible] séance du 8 avril 1919. (Doc. parl. n° 5960.)

Cette clause répond au vœu unanime des travailleurs tel qu'il s'est manifesté dans les différents congrès internationaux des organisations professionnelles ouvrières qui se sont tenus pendant la durée de la guerre et depuis l'armistice, quelle que soit d'ailleurs la tendance politique de ces organisations.

Le mouvement en faveur de la limitation à huit heures de la durée du travail quotidien s'est d'ailleurs répandu avec rapidité en Europe et en Amérique. Dans un grand nombre de pays des deux continents, la réforme est déjà réalisée par la voie législative. C'est le cas notamment pour la Finlande, la Pologne, la République tchéco-slovaque, la Russie, l'Allemagne, l'Autriche allemande. Les États-Unis d'Amérique et divers États de l'Amérique latine ont sur le même sujet des lois plus ou moins complètes. Aux États-Unis, l'application de principe obtenue par les organisations ouvrières a devancé l'intervention du législateur. En Italie, la journée de huit heures a été introduite dans presque toutes les grandes industries à la suite d'accords intervenus entre les organisations patronales et ouvrières. En Angleterre, la Conférence industrielle vient de formuler le même accord dont la réalisation semble tout à fait proche. Dans d'autres pays, enfin, on envisage à brève échéance la fixation légale de la journée de huit heures : tel est le cas pour la Suède.

La France ne saurait demeurer en arrière des grands pays industriels qui ont réalisé ou sont sur le point de réaliser la réduction des heures de travail. En entrant dans cette voie, en donnant aux travailleurs le loisir nécessaire pour participer pleinement à la vie familiale et sociale, la France restera fidèle à l'idéal démocratique dont elle n'a cessé, dans le passé, de poursuivre la réalisation.

Au surplus, dans l'esprit des organisations ouvrières françaises qui ont placé cette réforme au premier rang de leurs revendications, la réduction des heures de travail ne doit pas avoir pour corollaire un fléchissement de la production nationale. Elles comprennent, d'ailleurs, qu'une telle réforme ne peut être introduite brusquement et sans tenir compte des conditions spéciales à certaines industries ou à certaines régions.

Fidèle à sa politique de collaboration avec les organisations patronales et ouvrières, le Gouvernement a voulu, avant de saisir le Parlement d'un projet sur la réduction des heures de travail, consulter les représentants de ces organisations. Au cours des travaux de la Commission de législation internationale du travail, la délégation française s'était tenue en contact étroit avec la Commission interministérielle des traités internationaux où siègent, en nombre égal, des délégués des grandes organisations nationales, patronales et ouvrières, désignés par ces organisations elles-mêmes. Le Gouvernement a été tout naturellement amené à soumettre à la même commission la question de la journée de travail qui se pose à la fois sur le terrain international et sur le terrain national.

La Commission a consacré à l'examen de cette question plusieurs séances au cours desquelles les délégations patronales et ouvrières ont eu tout le loisir d'exprimer leur opinion. Elles l'ont fait avec franchise et netteté; chacune a exposé son point de vue librement et dans toute son ampleur. La discussion a parfois été vive, mais sans jamais cesser d'être courtoise et inspirée, chez l'une et l'autre des parties en présence, par une entière bonne foi et par le désir loyal et sincère d'aboutir à une entente.

La Commission a eu à choisir entre deux systèmes de législation. Dans le premier système, la loi devait non seulement poser le principe de la réglementation, mais déterminer elle-même le détail de son exécution. La Commission a estimé que ce système manquerait de souplesse et ne pourrait tenir suffisamment compte des difficultés d'application spéciales aux différentes industries.

Elle s'est, en conséquence, prononcée en faveur d'un second système, plus souple et qui a déjà été appliqué avec succès, par la loi du 11 juin 1917, pour l'introduc-

PROJET DE LOI

RAPPORT

fait au nom de la Commission du travail chargée d'examiner : 1° la proposition de loi de M. Pierre RENAUDEL *et plusieurs de ses collègues, sur l'application généralisée à l'industrie et au commerce de la* **journée de huit heures** *et de la* **semaine anglaise** *;
2° le projet de loi sur la journée de huit heures, par* M. Justin GODART, député (1).

MESSIEURS,

La Commission du travail a été saisie, le 28 janvier dernier, d'une proposition de loi de MM. Pierre Renaudel, Lucien Voilin, Joseph Lauche, Albert Thomas, tendant à établir la journée de huit heures et la semaine anglaise dans l'industrie et le commerce. La Commission avait, de suite, abordé l'examen de cette proposition lorsque le Gouvernement porta devant la Commission des traités internationaux de travail, siégeant au Ministère du Travail, le problème de la journée de huit heures posé à la Conférence des préliminaires de paix et annonça officieusement le dépôt d'un projet de loi. Après de nombreuses séances tenues en février, mars et avril, la Commission des traités internationaux adopta un texte que le Gouvernement a déposé, le 8 avril, sous la forme d'un projet de loi sur la journée de huit heures.

L'étude de la proposition d'initiative parlementaire et du projet gouvernemental a conduit la Commission du travail à élaborer les dispositions que nous allons rapidement commenter.

La journée de huit heures et ses conséquences.

Il n'y a plus d'opposition de principe sérieuse à la journée de huit heures. Les adversaires de la réglementation du travail qui repoussaient, au nom de la liberté, toute intervention de l'État dans les relations entre le capital et le travail, ont dû reconnaître qu'elle était, dans beaucoup de cas, rendue nécessaire par les abus commis au nom de la liberté même contre les travailleurs ; certains s'obstinent dans une doctrine contredite par les faits : leur dogme libéral paraît dès lors comme le dernier rempart de l'autoritarisme patronal et d'une routine qui, outre la résistance au changement, veut faire l'économie des transformations mécaniques en maintenant les salariés asservis aux vieilles méthodes.

Aujourd'hui, quiconque place au-dessus d'intérêts particuliers étroits l'intérêt national comprend que notre production, pour être régulièrement féconde, doit s'adapter jour par jour aux progrès techniques et par suite se rallier à la journée de huit heures. Elle tend à établir, pour le temps présent, l'équilibre entre la main-d'œuvre d'un côté, la machine et l'organisation de l'autre, de sorte que le travailleur ait dans l'effort à accomplir la juste tâche, et qu'on ne demande point plus au

---

(1) Annexe au procès-verbal de la 2e séance du 10 avril 1919 (Doc. parl. n° 5980).

facteur vivant afin d'exiger moins, par ignorance ou par calcul, des facteurs matériels.

De multiples expériences ont été faites : elles démontrent victorieusement que le passage des longues journées à la journée de huit heures n'a pas diminué le rendement, l'a même accru dans beaucoup de cas. Elles sont citées dans nombre d'ouvrages; elles ont été rapportées par la presse et sont tellement vulgarisées que nous estimons superflu d'insister sur ce point.

On a tout dit et redit aussi sur la faculté d'attention, élément primordial d'une production satisfaisante en quantité et en qualité.

Lorsqu'un adulte, lorsqu'une femme ou un enfant dépassent la huitième heure de labeur, les accidents se multiplient et la lassitude qui amoindrit l'instinct de conservation, à plus forte raison, se répercute sur la rapidité de l'exécution et le fini de la besogne.

Un argument banal revient constamment dans les conversations sur la journée de huit heures. « D'accord, dit-on, mais ces heures que l'ouvrier ne consacrera plus à l'usine, à quoi va-t-il les employer ? Ah ! si nous étions certains qu'elles soient données au repos, à la lecture, au jardinage, à la vie de famille. Mais c'est au cabaret que l'ouvrier va les passer ! Alors, il vaut mieux qu'il reste à l'usine. » Ces propos témoignent d'une inintelligence pitoyable des conditions sociales qui dominent et faussent la vie, et peut-être d'une malveillance hypocrite à l'égard des travailleurs qui veulent améliorer leur sort.

J'insiste sur la première. Une réflexion loyale permet d'affirmer que la fréquentation du cabaret et l'alcoolisme qui s'ensuit sont un mal social plus qu'un vice individuel.

Le surmenage, fatalement, fait chercher dans l'alcool le réconfort rapide, l'illusion renouvelable de la vigueur retrouvée. Les longues journées ont engendré l'alcoolisme ; la journée de huit heures arrêtera sa monstrueuse croissance.

L'absence de loisirs suffisants non moins fatalement conduit à la poursuite des distractions brutales, dans une ambiance bruyante. Les longues journées ont fait la clientèle du cabaret. La journée de huit heures fermera ou transformera celui-ci.

Par la faute des longues journées, le logis est devenu le taudis négligé où l'on dort lourdement et où on n'a pas le temps de vivre. La journée de huit heures refera l'intérieur et reconstituera la vie de famille. Et cela est urgent en raison de nos pertes et de notre natalité si périlleusement descendante.

Il n'est pas besoin, croyons-nous, de démontrer plus longuement tout ce que le pays doit attendre de la journée de huit heures ; réalisation de justice, rénovation industrielle, progrès humain, la réforme proposée sera un élément de notre reconstitution et de la paix sociale.

Cependant il ne faut point croire que la seule promulgation à huit heures de la journée de travail entraînera les conséquences favorables prévues. Chacun aura son rôle à jouer pour arriver au résultat.

Le patronat devra aménager autrement tous ses moyens d'action. Préparation, recherche des débouchés, comptabilité, tout devra être animé du même mouvement accéléré que la production proprement dite.

Les travailleurs devront s'adapter aux machines multipliées qui sont libératrices de peine et de temps ; loin de redouter qu'elles les supplantent et de ralentir leur rendement, ils étudieront méthodiquement l'allègement légitime qu'ils en peuvent attendre et exigeront le bénéfice des progrès qu'elles réalisent au lieu d'en subir le contre-coup fâcheux.

Enfin — et ici l'État et les municipalités entrent en scène — à la famille ouvrière ayant des loisirs grâce à la journée de huit heures, il faudra des logements sains,

Voici ce qu'on lit dans le communiqué de la première journée :

« Engageant la discussion sur l'ordre du jour, M. Jouhaux traita de la question des huit heures. Tout de suite il met en garde les travailleurs contre une conception de l'action qui consisterait à considérer que le 1er mai prochain sera le point de départ de l'application uniforme et générale de la journée de huit heures.

« La manifestation en faveur de la réforme devra être, ce jour-là, plus importante que jamais; mais il faut que les militants, les travailleurs se rendent compte que l'application de cette mesure, dont le traité de paix devra faire état, qui doit être prise au profit du prolétariat du monde entier, ne peut être uniforme. Elle doit pratiquement s'adapter soit à la journée, soit à la semaine, soit au quantum d'heures de travail de l'année, selon les professions, les nécessités de la production, les besoins sociaux et ceux de la consommation.

« C'est de ce point de vue que, pour être pratiques et pour aboutir, les organisations ouvrières doivent envisager la réalisation de la réforme. Cette réduction du temps de travail ne doit pas avoir pour conséquence une diminution dans la production indispensable aux besoins des peuples.

« C'est dans l'amélioration de son outillage que l'industrie française doit trouver les moyens, en augmentant sa production, de répondre favorablement à la revendication.

« L'effort ouvrier doit être généralisé, coordonné, méthodique. Pour cela, il ne doit se produire aucune revendication subsidiaire ni divergente, telle que celle d'une augmentation des salaires. Toutefois, aucune réduction de salaire ne saurait être tolérée comme conséquence de la journée de huit heures.

« Merrheim, des métaux; Bidegarray, des cheminots; Dumas, de l'habillement; Milon, du Rhône; Rivelli, des marins; Cnudde, du textile; Guinchard, des transports; Bartuel, des mineurs; Mammale, du livre; Bourderon, du tonneau; Dumoulin, secrétaire-adjoint de la C. G. T., interviennent successivement pour appuyer l'argumentation et le point de vue exprimé par Jouhaux. Ils exposent à leur tour les conditions de la propagande et de l'application de la journée de huit heures aux industries qu'ils représentent.

« Ils sont d'avis que les groupements patronaux doivent être au plus tôt saisis officiellement de la revendication des huit heures et aussi de la semaine anglaise, notamment pour les femmes. »

Le communiqué de la seconde journée indique, par le nombre des orateurs et la variété de leurs professions, l'importance de la manifestation, son caractère de documentation.

La discussion sur la question de huit heures a été continuée dans la matinée.

« La discussion a été une succession de déclarations qui n'ont varié qu'en considération de certaines modalités d'action en raison de la situation de certaines industries ou de certaines régions.

« Ont pris part à la discussion : Jullien (Bouches-du-Rhône), Chauvin (bâtiments), Roux (cuirs et peaux), Savoie (alimentation), Marty-Rollan (Haute-Garonne), Rougerie (Haute-Vienne), Bartuel (mineurs), Bidegarray (cheminots), Thomassi (voitures), Perrot (Union des syndicats de la Seine), Danrez (Jura) et Frécon (Loire). »

L'après-midi, la discussion reprend :

« Des déclarations ont été successivement faites par : Delzant (verriers), Le Guennic (Côtes-du-Nord), Berthelot (Loiret), Simonin (allumettiers), Larroque (travailleurs de la marine), Berlier (personnel civil de la guerre), Abriol (ouvriers des P. T. T.), Bordères (sous-agents des P. T. T.), Caillot (travailleurs municipaux), Jacob (Côte-d'Or), Sarrou (Lot-et-Garonne), Mathieu (Haute-Marne), Jean (Aube), Cazals (Doubs), Delsol (Dordogne), Simon (Indre-et-Loire), Luquet (coiffeurs).

« L'ensemble de ces déclarations constitue une vaste consultation de la classe ouvrière française, qui s'est ainsi prononcée, dans une sorte de double épreuve, par l'organe des délégués des fédérations nationales d'industries et des délégués des unions départementales de syndicats sur la question des huit heures, ses modalités d'application, les formes et les moyens d'action pour arriver à la réaliser en France.

« Il résulte de l'ensemble des déclarations faites que le mouvement ouvrier français doit s'inspirer pour son action immédiate — sans la calquer exactement et obligatoirement — de l'exemple des travailleurs anglais qui lui fournit des indications précieuses, en raison de l'identité des aspirations qui animent les deux prolétariats. »

Pour résumer les débats de ces deux journées, le Comité national confédéral adopta, à l'unanimité, la résolution qui suit :

« Le Comité confédéral national, prenant acte de la volonté unanime de la classe ouvrière de conquérir la journée de huit heures, déclare que la production ne saurait être diminuée du fait de l'application de cette revendication, les progrès réalisés permettant une organisation rationnelle du travail.

« Il considère, le principe de la journée de huit heures étant inscrit dans la charte internationale du travail, que la question doit se poser devant les Parlements de chaque pays et que ce fait crée pour ceux-ci l'obligation de résoudre sans délai la revendication formulée.

« Le Comité confédéral national estime, en outre, que la volonté exprimée par la classe ouvrière de ce pays, qui n'exclut pas l'étude des modalités d'application afférentes à chaque industrie, donne à la revendication des huit heures un caractère d'urgence qui condamne toute possibilité d'ajournement et engage la responsabilité du patronat, du Parlement et du Gouvernement français.

« Dans cette situation, le Comité confédéral national définit la position de la Confédération générale du travail ;

« Il enregistre l'accord spontané intervenu entre les Fédérations des cheminots, marins, mineurs, dockers, métallurgistes, ouvriers du bâtiment et des transports ;

« Il prend acte de ce que le caractère de cet accord repose sur ce fait que chacune des Fédérations intéressées a dressé son cahier de revendications contenant la journée de huit heures, qu'elle a communiqué au groupement patronal national de son industrie ;

« Il enregistre également la constitution d'une coalition interfédérale entre les Fédérations de ces industries dans le but de faire aboutir leurs communes revendications.

« Le Comité confédéral estime que c'est sur ce terrain que la discussion doit s'engager.

« L'attitude du patronat : son indifférence, son intransigeance ou son refus de discuter détermineront le caractère de l'action générale du mouvement ouvrier.

« La C. G. T. doit, dès à présent, coordonner et discipliner les efforts de toutes les organisations en vue d'assurer une première démonstration de puissance et de volonté le jour du 1er mai 1919.

« Après l'avertissement qu'exprimera la manifestation du 1er mai, il appartiendra aux Fédérations composant la coalition interfédérale et avec le concours de la C. G. T. de limiter la période des pourparlers et de fixer une date pour l'application de la revendication. »

Nous ne pourrions énumérer les multiples délibérations prises par les syndicats ouvriers de la France entière en faveur de la journée de huit heures. L'action des syndicats sera certainement guidée pour la réalisation de la réforme par les conseils donnés par la Confédération générale du travail. Ils reflètent une vision exacte des faits et proclament un esprit pratique de réalisation en s'attachant aux aménagements suivant les industries, au maintien de la production, à la collaboration avec les groupements patronaux. Il est permis de penser qu'avec de telles dispositions du côté des travailleurs la réforme sera singulièrement facilitée.

La collaboration patronale à la réforme.

Le texte du projet du Gouvernement a ceci de particulier qu'il a été élaboré dans une commission (1) dont faisaient partie les représentants patrons et ouvriers des grandes industries de notre pays.

Les discussions ont été passionnées, parfois rudes et à la limite de la rupture.

---

(1) Voici la composition de cette Commission :

Le Ministre du Travail et de la Prévoyance sociale, président; MM. Loucheur, Ministre de la Reconstitution industrielle; Henry Chéron, sénateur; Paul Strauss, sénateur; Henry Bérenger, sénateur; Millerand, député; Arthur Groussier, député; Lairolle, député; Landry, député; Cosnier, député; Lenoir, député; Justin Godart, député; Briat, vice-président ouvrier du Conseil supérieur du travail; Heurteau, vice-président patron du Conseil supérieur du travail; Pascalis, président de la Chambre de commerce de Paris; Jouhaux, secrétaire général de la C. G. T.; Arthur Fontaine, directeur du travail; Ch. Picquenard, sous-directeur du travail, chef du cabinet du Ministre; René Péan, sous-directeur des affaires administratives et techniques au ministère des Affaires étrangères; Julien Pillault, sous-chef de bureau au Ministère des Affaires étrangères; Perrette, contrôleur général de la sûreté au Ministère de l'Intérieur; Tenot, directeur de l'enseignement technique au Ministère du Commerce; Brancher, chef du service de la main-d'œuvre agricole; Grunebaum-Ballin, président du Conseil de préfecture de la Seine, délégué du Commissariat des transports maritimes et de la marine marchande; colonel Adler, délégué du Ministre de la Reconstitution industrielle; Darcy, président du Comité central des houillères de France, assisté et éventuellement remplacé par le secrétaire général M. de Peyerimhof; Pralon, président du Comité des Forges de France, assisté et éventuellement remplacé par M. Léon Levy, ingénieur en chef des mines; Richemond, président du groupe des industriels de la région parisienne (construction mécanique et électrique); Louis Guérin, secrétaire général de l'Union des syndicats patronaux des industries textiles de France; Kempf, président de l'Association des tissus et matières textiles; Niclausse, président de la Chambre syndicale des mécaniciens-chaudronniers et fondeurs de France; Poulenc, président du Syndicat des produits chimiques; Léon Houdaille, président de la Chambre syndicale des maîtres de verrerie de France; Pierre Lemy, président du Syndicat des produits alimentaires en gros; Villemin, président de la Fédération nationale du bâtiment et des travaux publics; Belin, président du Cercle de la librairie; Hitier, administrateur de l'Union des agriculteurs de France; Leven, président honoraire du Syndicat général des cuirs et peaux; Paul de Rouziers, secrétaire général du Syndicat des armateurs de France; Luquet, secrétaire général du Syndicat des coiffeurs, président de la section des produits chimiques du Conseil de prud'hommes de Paris; Merrheim, secrétaire général de la Fédération des métaux; Dumas, secrétaire général de la Fédération de l'habillement; Rivelli, secrétaire général de la Fédération des inscrits maritimes; Mammale, membre du Comité central de la Fédération des travailleurs du livre; Cuudde, secrétaire général de la Fédération nationale de l'industrie textile; Savoie, secrétaire général de la Fédération nationale de l'alimentation; Bourderon, secrétaire général de la Fédération du tonneau; Bartuel, secrétaire général de la Fédération des travailleurs du sous-sol; Bidegarray, secrétaire général de la Fédération des travailleurs des chemins de fer; Mlle Bouillot, secrétaire générale du Syndicat de la broderie; MM. Delzant, secrétaire général de la Fédération des verriers; Laurent, secrétaire général adjoint de la C. G. T.; Dumoulin, secrétaire général adjoint de la C. G. T.

« 4° Sur les dérogations temporaires qu'il y aurait lieu d'admettre pour la généralité des industries, en vue de surcroîts de travail extraordinaires, de nécessités nationales ou d'accidents. »

Nous ne discuterons ce texte, ni dans ses allégations ni dans ses tendances. Mais après l'avoir rédigé, et cela est fort important, les délégués patrons sont restés au débat et l'ont continué contradictoirement.

Le 7 avril ils ont pris part à l'élaboration du texte présenté par le Gouvernement. Le procès-verbal permet de constater leurs observations au fur et à mesure de la discussion des articles.

Nous soulignons cette attitude, qui est à l'honneur des délégués patrons, comme une preuve que la loi ne se heurtera pas à l'intransigeance patronale ; si, entre eux, les patrons ont eu préférence à repousser la réforme, lorsqu'ils se sont trouvés avec les délégués ouvriers prêts à la délibération ils n'ont pu refuser de faire une œuvre commune de raison.

La journée de huit heures et la concurrence étrangère.

La crainte de placer notre pays dans une situation d'infériorité en face de l'étranger retient beaucoup d'adhésions à la journée de huit heures. Deux arguments impressionnants doivent être examinés :

1° Si nos concurrents n'ont pas la journée de huit heures, leur production, libre de cette limitation, dépassera la nôtre ; nous ne pourrons lutter ni sur les marchés étrangers, ni peut-être sur les nôtres ;

2° Même ayant la journée de huit heures, nos concurrents nous seront supérieurs car ils sont le nombre, car nous avons perdu 1,500,000 jeunes hommes, car ces trois dernières années notre natalité a été de 50 p. 100 inférieure à celle de 1914 et des années précédentes.

A la première objection la réponse est rassurante. La journée de huit heures est partout réclamée ; elle est déjà réalisée dans nombre de pays concurrents du nôtre.

L'exposé des motifs du projet du Gouvernement (1) résume ainsi l'état actuel de la législation étrangère en ce qui concerne la journée de huit heures :

« Le mouvement en faveur de la limitation à huit heures de la durée du travail quotidien s'est répandu avec rapidité en Europe et en Amérique. Dans un grand nombre de pays des deux continents, la réforme est déjà réalisée par la voie législative ou par décret. C'est le cas notamment pour la Finlande, la Pologne, la République tchéco-slovaque, la Russie, l'Allemagne, l'Autriche allemande, l'Espagne. Les États-Unis d'Amérique et divers États de l'Amérique latine ont sur le même sujet des lois plus ou moins complètes. Aux États-Unis, l'application de principe obtenue par les organisations ouvrières a devancé l'intervention du législateur.

« En Italie, la journée de huit heures a été introduite dans presque toutes les

(1) Voir aux annexes de ce rapport les textes de législation étrangère sur la journée de huit heures.

industries à la suite d'accords intervenus entre les organisations patronales et ouvrières. En Angleterre, la conférence industrielle vient de formuler le même accord dont la réalisation semble tout à fait proche. Dans d'autres pays, enfin, on envisage à brève échéance la fixation légale de la journée de huit heures : tel est le cas pour la Suède.»

En outre, les délégués à la Conférence des préliminaires de paix ont désigné une commission de législation internationale du travail pour étudier les clauses intéressant le travail qu'il conviendrait d'insérer dans le traité de paix.

La journée de huit heures a été un des objets de cette étude, qui a abouti à la rédaction d'un projet de clauses ouvrières du traité et d'un projet de convention.

Des clauses proposées nous extrayons celle visant la journée de huit heures.

«Les Hautes parties contractantes déclarent accepter les principes ci-après et s'engagent à en poursuivre la réalisation conformément aux indications qui seront données, en ce qui concerne leur application, par la Conférence internationale du travail.

«I. — Ni en droit ni en fait le travail d'un être humain ne doit être assimilé à une marchandise ou à un article de commerce.

«II. — Limitation des heures de travail dans l'industrie sur la base de huit heures par jour ou de quarante-huit heures par semaine, sauf exception pour les pays dans lesquels les conditions climatériques, le développement rudimentaire de l'organisation industrielle, ou d'autres circonstances spéciales déterminent une différence notable dans le rendement du travail.

«Pour ces pays, la Conférence internationale du travail indiquera les bases à adopter, lesquelles devront être approximativement équivalentes à celles mentionnées ci-dessus.»

Le projet de convention créant un organisme permanent pour la réglementation internationale du travail s'exprime ainsi dans les parties relatives à la durée du travail :

«Attendu que la Société des Nations a pour but d'établir la paix universelle et qu'une telle paix ne peut être fondée que sur la justice sociale ;

«Attendu qu'il existe des conditions de travail impliquant pour un grand nombre de personnes l'injustice, la misère et les privations, ce qui engendre un tel mécontentement que la paix et l'harmonie universelles sont mises en danger et attendu qu'il est urgent d'améliorer ces conditions : par exemple en ce qui concerne la réglementation des heures de travail, la fixation d'une durée maxima de la journée et de la semaine de travail...;

«Attendu que la non-adoption par une nation quelconque d'un régime de travail réellement humain fait obstacle aux efforts des autres nations désireuses d'améliorer le sort des travailleurs dans leurs propres pays ;

«Les Hautes parties contractantes, mues par des sentiments de justice et d'humanité aussi bien que par le désir d'assurer une paix mondiale durable, ont convenu, etc...»

Suivent la création et le règlement d'une Conférence périodique internationale du travail (1). Un protocole additionnel vise la première session de 1919 et son ordre du jour. C'est la journée de huit heures qui est en tête.

Ce protocole est ainsi conçu :

« Le lieu de la Conférence sera Washington.

« Le Gouvernement des États-Unis d'Amérique sera prié de convoquer la conférence.

« Le Comité international d'organisation sera composé de sept personnes désignées respectivement par les Gouvernements des États-Unis, de Grande-Bretagne, de France, d'Italie, du Japon, de Belgique et de Suisse. Le Comité pourra, s'il le juge nécessaire, inviter d'autres États à se faire représenter dans son sein.

« L'ordre du jour sera le suivant :

« Application du principe de la journée de huit heures ou de la semaine de quarante-huit heures. »

La séance plénière de la Conférence des préliminaires de paix, tenue le 12 avril, a adopté clauses et convention.

Nous pouvons donc tranquilliser ceux qui redoutent la concurrence étrangère des longues journées. La journée de huit heures, par la volonté des peuples, par de nombreuses lois récentes, par le traité de paix et l'organisation de la Société des Nations, va se généralisant et sera respectée.

Malgré ces constatations, restent les inquiétudes causées par la situation amoindrie de notre population. Il convient de ne pas l'exagérer. Les pertes ont été importantes, aussi, chez nos ennemis et chez nos alliés. Nous convenons, cependant, que notre main-d'œuvre est en disproportion plus grande avec la production à fournir que nulle part ailleurs, car sa diminution est aggravée par les besoins formidables qu'ont créées les destructions que nous avons subies.

Mais ne tombons pas dans l'erreur de vouloir compenser la diminution du nombre de bras par l'accroissement du labeur imposé aux effectifs réduits du travail.

Les enseignements que nous pouvons tirer de la guerre d'hier pour la lutte économique de demain parlent clair. Ceux qui voudraient gagner les rudes batailles qui vont s'engager pour la reprise des marchés avec, essentiellement, les bras des

---

(1) Cette Conférence fera partie intégrante de l'organisation de la Société des Nations. Le projet de pacte de la Société des Nations soumis le 14 février dernier par le président Wilson à la Conférence des préliminaires de paix la prévoit dans son article 20 :

« Art. 20. — Les Hautes parties contractantes s'efforceront d'établir et de maintenir des conditions de travail équitables et humaines pour l'homme, la femme et l'enfant, tant sur leurs territoires que sur ceux auxquels s'étendent leurs relations de commerce et d'industrie. A cet effet, elles sont d'accord pour instituer un Bureau permanent du travail qui formera partie intégrante de l'organisation de la Société. »

Ce texte a été, sur notre proposition, amendé par l'Association française pour la Société des Nations, de la façon suivante :

« Les Hautes parties contractantes établiront par des règles communes, sur leurs territoires, des conditions de travail équitables et humaines pour l'homme, la femme et l'enfant. Elles feront en sorte de les étendre aux territoires avec lesquels elles sont en relations de commerce et d'industrie sous la sanction, s'il est besoin, de mesures douanières et même prohibitives.

« A cet effet, elles instituent une Conférence périodique du travail et un Bureau permanent du travail, chargé de veiller au contrôle de l'exécution des décisions prises par la Conférence.

« La Conférence périodique et le Bureau permanent font partie intégrante de l'organisation de la Société des Nations. »

travailleurs, commettraient la même faute que les généraux qui lançaient leurs soldats contre les tranchées et les mitrailleuses et voulaient, au prix de la vie du plus grand nombre, avec de vaillantes poitrines découvertes, l'emporter sur le formidable matériel ennemi retranché.

Avant tout, il faut, en France, recréer de la vie. L'avenir est aux pays qui rejetant l'exploitation intensive des forces humaines sauront les aménager pour diriger les machines. Hors de là, il n'y a qu'infériorité et péril. La preuve vient de tous côtés. Les pays neufs, non retardés par le vieil outillage, ont mené de front l'amélioration technique de l'usine et l'établissement des conditions humaines du travail. Et leur prospérité en a été singulièrement grandie, alors qu'en même temps leur population s'accroissait dans la dignité d'une vie plus libre.

La journée de huit heures en obligeant notre industrie à s'aménager de façon moderne, en sauvegardant la vie de famille et la santé des travailleurs, servira pleinement production et population, qui sont deux richesses dépendantes et dont la principale est la population.

Comparaison des textes et commentaires des articles.

Projet de loi.	Proposition Renaudel.	Texte de la Commission.
ARTICLE PREMIER. — Le chapitre II (*Durée du travail*) du titre premier du livre II du Code du travail et de la prévoyance sociale est modifié comme suit :	Id.	Id.
CHAPITRE II. — *Durée du travail.*		
ART. 6. — La durée du travail effectif des ouvriers ou employés de l'un et l'autre sexe et de tout âge dans les entreprises de l'industrie et du commerce ne pourra excéder soit huit heures par jour, soit quarante-huit heures par semaine, dans les délais et conditions déterminés par les règlements d'administration publique prévus ci-après.	La journée des ouvriers et ouvrières dans les manufactures, usines, ateliers et chantiers publics ou privés ne peut pas excéder huit heures de travail effectif.	ART. 6. — Dans les établissements industriels ou commerciaux ou dans leurs dépendances, de quelque nature qu'ils soient, publics ou privés, laïques ou religieux, même s'ils ont un caractère d'enseignement professionnel ou de bienfaisance, la durée du travail effectif des ouvriers et employés de l'un et l'autre sexe et de tout âge ne peut excéder, soit huit heures par jour, soit quarante-huit heures par semaine, soit une limitation équivalente établie sur une période de temps autre que la semaine.

L'article 6 proposé par la Commission du travail emprunte les termes de la loi sur le repos hebdomadaire parce qu'ils englobent le plus largement possible les établissements à assujettir. Ils visent non seulement toute l'industrie, y compris les entreprises de transport, par chemin de fer ou par eau qui n'ont un régime spécial de repos hebdomadaire que parce que la loi les excepte expressément du régime général, mais aussi tout le commerce qui est indiqué, sinon dans le texte, du moins dans le titre de la proposition de M. Renaudel.

En ce qui concerne les mines, une proposition de loi est annoncée : elle tendrait à rendre effective la journée de huit heures qui présentement laisse en dehors de son calcul les descentes et remontées, certains trajets et le repos pour le petit repas apporté par le mineur.

Le texte de la Commission indique tout le jeu que pourra avoir la loi dans ses applications aux industries diverses : il pose le principe de la journée de huit heures pure et simple ; il rend possible la répartition des heures de travail dans la semaine de 48 heures, ce qui permettra l'établissement de la semaine anglaise ou de toute modalité qui donnera un repos de 36 heures consécutives. Il va jusqu'à laisser libre tout autre aménagement dans le mois, même dans l'année, du compte individuel maximum légal d'heures de travail, afin par exemple qu'une journée de dix heures ait toujours dans un temps plus ou moins long sa contre-partie dans une journée de six heures. L'expérience de ce régime permettra sûrement d'arriver pour les ouvriers agricoles à la protection légale qu'ils réclament.

Projet de loi.

ART. 7. — Des règlements d'administration publique déterminent par profession, par industrie ou par catégorie professionnelle, soit d'office, soit à la demande des organisations patronales ou ouvrières intéressées, les délais et conditions dans lesquels sera appliquée la limitation journalière ou hebdomadaire prévue à l'article précédent ou une limitation équivalente basée sur une autre période de temps. Ces règlements pourront être applicables soit à l'ensemble du territoire français, soit à une région déterminée.

ART. 8. — Les règlements prévus à l'article précédent devront se référer, dans les cas où il en existera, aux accords intervenus entre les organisations patronales et ouvrières nationales ou régionales intéressées. Ces organisations devront, dans tous les cas, être consultées, et elles devront donner leur avis dans le délai d'un mois.

ART. 10. — Les règlements prévus à l'article 7 pourront être revisés dans la même forme, soit à la demande des organisations intéressées, soit d'office. Ils devront être obligatoirement revisés lorsque les délais et conditions qui y seront prévus seront contraires aux stipulations des conventions internationales sur la matière.

Proposition Renaudel.

ART. 4. — Les dérogations aux dispositions des articles 1er et 2, reconnues indispensables en raison de la nature des industries, des besoins du travail dans les diverses saisons, et en cas de force majeure seront accordées par décret du Ministre du Travail après accord constaté entre les syndicats ouvriers et patronaux de la profession et de la région intéressée.

Texte de la Commission.

ART. 7. — Des règlements d'administration publique déterminent par profession, par industrie ou par catégorie professionnelle, pour l'ensemble du territoire ou pour une région, les délais et conditions d'application de l'article précédent.

Ces règlements sont pris, soit d'office, soit à la demande d'une ou plusieurs organisations patronales ou ouvrières nationales ou régionales intéressées. Dans l'un et l'autre cas, les organisations patronales et ouvrières intéressées devront être consultées ; elles devront donner leur avis dans le délai d'un mois. Ils sont revisés dans les mêmes formes.

Ces règlements devront se référer, dans les cas où il en existera, aux accords intervenus entre ces organisations patronales et ouvrières nationales ou régionales intéressées.

Ils devront être obligatoirement revisés lorsque les délais et conditions qui y seront prévus seront contraires aux stipulations des conventions internationales sur la matière.

L'article 7 a fondu dans sa rédaction les articles 7, 8 et 10 du projet de loi. Il comprend l'essentiel de l'article 4 de la proposition Renaudel. Il apporte dans notre législation ouvrière une innovation capitale.

C'est l'application du principe de la loi laissée aux intéressés sous le contrôle du Ministre du Travail. C'est la collaboration nécessaire des ouvriers et des patrons dans l'adaptation à leur industrie de la journée de huit heures. C'est la discussion des intérêts communs, des revendications, c'est la documentation mutuelle.

Le règlement d'administration publique, par une restriction heureuse, interviendra même pour une région.

vrière le régime de travail qu'elle réclame depuis longtemps au nom de la justice et de l'intérêt général.

Une ère nouvelle s'ouvrira une fois la loi proposée, promulguée.

Ce sera l'ère de la collaboration ouvrière et patronale pour la recherche des solutions les meilleures. Ce sera l'obligation de fait pour chaque profession d'avoir ses organisations régionales et nationales, ouvrières et patronales, qui devront être consultées à tout instant, qui, par suite, seront amenées à tenir à jour leur état matériel et moral. Quel progrès que de remettre aux intéressés eux-mêmes les modalités d'application de la loi ! Quelle activité collective bienfaisante cette méthode va développer ! La loi sera constamment modelée sur les situations innombrables et changeantes de l'industrie, du commerce, et ce seront les syndicats qui seront charges de cette adaptation.

Pour ces raisons, d'actualité pressante et d'avenir, la Commission du travail appelle le vote rapide de la Chambre sur le texte suivant :

PROPOSITION DE LOI.

ARTICLE PREMIER.

Le chapitre II (*Durée du travail*) du titre premier du livre II du Code du travail et de la prévoyance sociale est modifié comme suit :

« CHAPITRE II.

« *Durée du travail.*

« Art. 6. — Dans les établissements industriels ou commerciaux ou dans leurs dépendances, de quelque nature qu'ils soient, publics ou privés, laïques ou religieux, même s'ils ont un caractère d'enseignement professionnel ou de bienfaisance, la durée du travail effectif des ouvriers ou employés de l'un ou de l'autre sexe et de tout âge, ne peut excéder soit huit heures par jour, soit quarante-huit heures par semaine, soit une limitation équivalente établie sur une période de temps autre que la semaine.

« Art. 7. — Des règlements d'administration publique déterminent par profession, par industrie ou par catégorie professionnelle, pour l'ensemble du territoire ou pour une région, les délais et conditions d'application de l'article précédent.

« Ces règlements sont pris soit d'office, soit à la demande d'une ou plusieurs organisations patronales ou ouvrières nationales ou régionales intéressées. Dans l'un et l'autre cas les organisations patronales et ouvrières intéressées devront être consultées : elles devront donner leur avis dans le délai d'un mois. Ils sont revisés dans les mêmes formes.

« Ces règlements devront se référer, dans les cas où il en existera, aux accords intervenus entre les organisations patronales et ouvrières nationales ou régionales intéressées.

« Ils devront être obligatoirement revisés lorsque les délais et conditions qui y seront prévus seront contraires aux stipulations des conventions internationales sur la matière.

« ART. 8. — Les règlements d'administration publique prévus à l'article précédent détermineront notamment :

« 1° La répartition des heures de travail dans la semaine de quarante-huit heures afin de permettre le repos de l'après-midi du samedi ou toute autre modalité équivalente ;

« 2° La répartition des heures de travail dans une période de temps autre que la semaine ;

« 3° Les délais dans lesquels la durée actuellement pratiquée dans la profession, dans l'industrie ou la catégorie professionnelle considérée, sera ramenée en une ou plusieurs étapes à la limitation fixée à l'article 6 ou, le cas échéant, aux limitations équivalentes prévues sous les nos 1 et 2 ;

« 4° Les dérogations permanentes qu'il y aura lieu d'admettre pour les travaux préparatoires ou complémentaires qui doivent être nécessairement exécutés en dehors de la limite désignée au travail général de l'établissement ou pour certaines catégories d'agents dont le travail est essentiellement intermittent ;

« 5° Les dérogations temporaires qu'il y aura lieu d'admettre pour permettre aux entreprises de faire face à des surcroits de travail extraordinaires, à des nécessités d'ordre national ou à des accidents survenus ou imminents ;

« 6° Les mesures de contrôle des heures de travail et de repos et de la durée du travail effectif, ainsi que la procédure suivant laquelle seront accordées ou utilisées les dérogations ;

« 7° La région à laquelle ils sont applicables ;

« 8° La fixation des salaires sans qu'ils soient inférieurs aux salaires payés au jour de la promulgation de la présente loi et du tarif des heures supplémentaires prévues aux paragraphes 4 et 5. »

ART. 2.

Les dispositions du chapitre II actuellement en vigueur seront abrogées dans chaque région et pour chaque profession, industrie ou catégorie professionnelle à partir de la mise en application des règlements d'administration publique intéressant ladite profession, industrie ou catégorie professionnelle dans cette région.

ANNEXES.

I. — LÉGISLATION ÉTRANGÈRE.

EUROPE.

Allemagne. — Ordonnance du 23 novembre 1918.

Autriche allemande. — Loi du 19 décembre 1918.

Espagne. — Décret du 3 avril 1919.

Finlande. — Lois des 27 novembre 1917 et 14 août 1918.

Italie. — Note sur les accords ouvriers et patronaux.
Pologne. — Décret du 23 novembre 1918.
Russie. — Décrets des 29 octobre-11 novembre 1917.
Suède. — Projet de loi.
République tchéco-slovaque. — Loi du 19 décembre 1918.

AMÉRIQUE.

Équateur. — Loi du 4 septembre 1916.
États-Unis. — Loi du 19 juin 1912.
Mexique. — Constitution du 5 février 1917.
— — État de Coahuila. Loi du 27 octobre 1917.
Panama. — Loi du 29 octobre 1914.
Uruguay. — Loi du 17 novembre 1915.

EUROPE.

ALLEMAGNE.

Ordonnance du 23 novembre 1918 sur la réglementation de la durée du travail des travailleurs de l'industrie.

ARTICLE PREMIER.

La réglementation concerne les travailleurs industriels, dans les exploitations industrielles, y compris les mines, dans les établissements appartenant à l'Empire, à un État fédéré, à une commune ou union de communes, que ces établissements soient exploités ou non en vue de bénéfices, ainsi que dans les établissements annexes de nature industrielle transformant des produits agricoles.

ART. 2.

La durée régulière de la journée de travail, non compris les repas, ne peut dépasser huit heures. Lorsque, par dérogation à ce principe, la journée de travail est réduite les samedis ou veilles de fête, à la suite d'un accord, les heures de travail ainsi supprimées peuvent être réparties entre les jours de travail.

ART. 3.

En ce qui concerne les industries de transports, y compris les administrations de chemins de fer, des postes et des télégraphes, les exceptions d'ordre général aux prescriptions ci-dessus nécessitées par les circonstances actuelles doivent faire immédiatement l'objet d'accords conclus entre la direction des exploitations et les organisations ouvrières. Au cas où ces accords ne seraient pas conclus dans le délai de deux semaines, il appartiendra au Gouvernement de prendre les mesures utiles.

ART. 5.

En vue d'assurer la relève régulière hebdomadaire des équipes dans les établissements à marche continue ou dans lesquels l'intérêt public nécessite le maintien ininterrompu du travail le dimanche, la journée maximum des ouvriers de plus de 16 ans peut être portée un jour toutes les trois semaines à seize heures, y compris la durée des repos, à la condition que, au cours de ces trois semaines, ces ouvriers bénéficient de deux repos de vingt-quatre heures consécutives.

ART. 5 bis.

Par dérogation aux dispositions générales du Code industriel, les ouvrières de plus de 16 ans peuvent être occupées jusqu'à dix heures du soir dans les établissements travaillant en employant deux ou plus de deux équipes, à condition qu'elles bénéficient, après leur travail, d'un repos ininterrompu de [illegible] heures au moins. En outre, le repos d'une heure accordé au milieu du jour peut être ramené à une demi-heure qui est comptée dans la durée de la journée de travail.

ART. 6.

Les dispositions ci-dessus ne s'appliquent pas aux travaux passagers qui doivent être exécutés avec urgence en cas de nécessité.

ART. 7.

Dans les établissements à marche continue ou dont le fonctionnement ne peut être arrêté pour des motifs d'intérêt public, des dérogations aux dispositions ci-dessus peuvent être autorisées à titre révocable par l'Inspecteur du travail et, en ce qui concerne les exploitations minières, par l'Inspecteur des mines, lorsqu'il est impossible de se procurer le personnel ouvrier nécessaire. Ces autorisations sont accordées [illegible] demande de l'employeur et, en l'absence d'accords entre les organisations patronales [illegible] ouvrières, avec le consentement du comité ouvrier ou, en l'absence de ce dernier, de l'ensemble des ouvriers employés dans l'établissement. Si des dérogations sont [illegible] en ce qui concerne ces établissements par des accords entre les organisations patronales et ouvrières, l'Inspecteur du travail ou l'Inspecteur des mines est [illegible] pour accorder, à titre révocable, de nouvelles dérogations aux dispositions [illegible] conformément à ces accords. Les fonctionnaires doivent immédiatement [illegible] des dérogations aux offices de placement compétents en tenant compte du nombre de personnel dans l'exploitation intéressée. Avis des dérogations accordées [illegible] donné au service de démobilisation. Ce dernier peut inviter les fonctionnaires [illegible] à retirer les dérogations accordées.

ART. 8.

Le commencement et la fin des périodes de travail et des repos légaux sont [illegible] [illegible] collectifs, sont déterminés par l'employeur d'accord avec le comité [illegible] ou, à défaut de celui-ci, avec l'ensemble des ouvriers, dans les limites fixées par les dispositions ci-dessus.

Cet horaire doit être affiché dans l'exploitation.

ART. 9.

Les fonctionnaires de l'inspection du travail et des mines sont chargés de l'application des dispositions précédentes. A ces fins, ils sont autorisés à négocier avec les comités ouvriers en présence du patron ou avec les deux parties séparément, et à convoquer dans ce but le comité ouvrier.

ART. 10.

Toute personne contrevenant aux prescriptions ci-dessus ou aux ordonnances rendues pour leur application est passible d'une amende de 2,000 marks au plus ou, en cas d'insolvabilité, d'emprisonnement de six mois au maximum.

En cas de récidive, l'amende varie de 100 marks jusqu'à 3,000 marks; l'emprisonnement peut s'élever à six mois.

ART. 11.

La présente loi n'abroge pas les dispositions déjà existantes dans les lois d'Empire ou d'États et les prescriptions prises en vertu desdites lois, dans la mesure où elles ne sont pas contraires aux dispositions précédentes.

ART. 12.

La présente loi entre en vigueur au jour de sa promulgation.

AUTRICHE ALLEMANDE.

Loi du 19 décembre 1918 instituant la journée de huit heures dans les entreprises industrielles.

L'Assemblée nationale provisoire a décidé ce qui suit :

ARTICLE PREMIER.

Jusqu'à la conclusion de la paix, la journée de travail des ouvriers industriels dans les établissements exploités industriellement ne doit pas dépasser huit heures par jour de vingt-quatre heures, non compris les repos.

Ces dispositions sont applicables également aux établissements appartenant à une corporation, notamment à l'État, à une province ou à une commune, à condition que ledit établissement serait considéré comme exploité en fabrique s'il était soumis au Code industriel.

ART. 2.

Dans ces établissements, la durée du travail des jeunes ouvriers et des femmes ne doit pas excéder quarante-quatre heures par semaine; la journée doit finir le samedi à midi.

ART. 3.

La journée peut être prolongée sur simple déclaration à l'inspecteur du travail en cas d'interruption imprévue de l'exploitation.

ART. 4.

L'inspecteur peut en outre autoriser les établissements à faire travailler leurs ouvriers jusqu'à dix heures par jour en cas de presse, notamment dans les industries saisonnières, pendant [illegible] semaines au plus. Les déclarations prévues aux articles 3 et [illegible] doivent être effectuées dans les vingt-quatre heures.

ART. 5.

Les dispositions de l'article premier ne sont pas applicables lorsque, aux termes d'un contrat collectif, la durée du travail n'excède pas quarante-huit heures par semaine. Est considéré comme contrat collectif tout contrat conclu entre une association ouvrière et un ou des patrons, ou une association patronale, précisant les droits et obligations réciproques découlant de l'accord et présentant une importance pour les conditions du travail.

ART. 6.

Le Ministre de la Prévoyance sociale, sur avis d'un Conseil consultatif composé en nombre égal de patrons et d'ouvriers, peut accorder une nouvelle dérogation à des groupes déterminés d'entreprises, en précisant les conditions auxquelles cette dérogation est accordée.

Les membres de ce Conseil sont nommés par le Ministre de la Prévoyance sociale sur présentation des Ministres du Commerce et de l'Industrie, de la Guerre et de [illegible]. [illegible] du travail doivent être adjoints à ce Conseil.

ART. 7.

Les dispositions des articles 1 à [illegible] ne sont pas applicables aux travaux accessoires [illegible], allumage des chaudières, etc., pour autant qu'ils ne soient pas [illegible] que des jeunes ouvriers. Ils doivent être considérés comme des heures supplémentaires.

ART. 8.

Les heures supplémentaires doivent être payées au moins [illegible] que le [illegible] du prix de travail à la tâche, qu'obtient le salaire horaire en divisant le gain total de la semaine par le nombre d'heures fournies par l'ouvrier.

ART. 9.

[illegible]
[illegible] article 1.

ART. 10.

Tant que cette loi demeure en vigueur, l'article 96 du Code industriel cesse d'être applicable.

ART. 11.

La présente loi entre en vigueur quinze jours après sa promulgation.

Le Conseil d'État fixera le jour auquel elle cessera d'être applicable après la signature de la paix.

ESPAGNE.

Décret du Président du Conseil, en date du 3 avril 1919, fixant à huit heures le maximum de la journée légale dans tous les travaux à partir du 1er octobre 1919.

ARTICLE PREMIER.

A partir du 1er octobre 1919, le maximum de la journée légale sera fixé à huit heures par jour ou à quarante-huit heures par semaine dans tous les travaux.

ART. 2.

Des comités professionnels paritaires seront constitués avant le 1er juillet et présenteront, avant le 1er octobre, à l'Institut des réformes sociales, la liste des industries ou spécialités dans lesquelles il est impossible d'appliquer la journée de huit heures et pour lesquelles il y a lieu de prévoir une exception.

ART. 3.

L'Institut des réformes sociales, après avoir recueilli les renseignements nécessaires, déterminera définitivement, avant le 1er janvier 1920, la journée qui doit être adoptée dans les travaux à effectuer.

ART. 4.

Les Comités paritaires qui, au 1er octobre, ne se seront pas adressés à l'Institut, seront considérés comme acceptant la journée maxima légale.

FINLANDE

Loi du 27 novembre 1917 sur la journée de travail de huit heures.

ARTICLE PREMIER.

Sont assujettis à la présente loi :

1° Les établissements et entreprises désignés ci-après, occupant comme ouvriers des personnes autres que l'employeur et son épouse et ses propres enfants, savoir :

a) Les fabriques, ateliers et autres exploitations industrielles ;

b) La construction, la réparation et l'entretien d'édifices et de ports, ainsi que de chemins de fer, ponts, routes, autres voies de communication ;

c) Les travaux de sauvetage et de plongée ;

d) Les établissements de bains ;

e) Les travaux de défrichage, de nettoyage, d'assainissement et d'entretien ;

f) Les travaux de coupe et de flottage des bois ;

g) Le [illegible] et le flottage de bois ;

h) Le chargement et le déchargement de la marchandise ;

i) Les établissements commerciaux, bureaux et entrepôts ;

j) Les auberges, hôtels et cafés-restaurants ;

k) Tous établissements industriels ou entreprises pouvant être assimilés aux établissements et entreprises désignés ci-dessus.

2° Les établissements industriels et administrations désignés ci-après, occupant des employés et ouvriers :

a) Les chemins de fer, les travaux des administrations des ports, douanes et [illegible] ;

b) Les services d'automobile et de roulage ;

c) Les maisons pénitentiaires et les pénitenciers ;

d) Les établissements et administrations pouvant être assimilés aux établissements et administrations désignés ci-dessus.

Les dispositions de la présente loi s'appliquent aussi aux établissements ou entreprises exploités par l'État, les communes, les paroisses, la [illegible], [illegible] lorsque cette exploitation a lieu ou non en vue d'un profit.

La présente loi n'est pas applicable à l'économie domestique, ni à l'économie rurale et aux industries auxiliaires, ni aux travaux qui sont exécutés en relation immédiate avec l'agriculture.

ART. 2.

Dans les établissements et entreprises visés à l'article premier ci-dessus, la durée du travail des personnes occupées ne devra pas excéder plus de huit heures par jour, ni plus de quatre-vingt-seize heures pendant quatre semaines, sauf les dérogations prévues par le présent article.

Lorsque la nature technique des travaux ou d'autres circonstances majeures l'exigent, les ouvriers peuvent être occupés plus de huit heures par jour avec [illegible], toutefois, que la durée hebdomadaire du travail ne pourra être augmentée en aucun cas.

Dans les établissements et entreprises de plantation et de flottage de bois, ou de chargement et déchargement de marchandises, ainsi que dans les bureaux et les fermes, de même dans les établissements et entreprises visés à l'article premier, alinéa n° [illegible], les ouvriers ne peuvent être occupés à un travail régulier plus de cent quatre-vingt-douze heures pendant quatre semaines.

Dans les travaux des mines et minières, la descente et la montée seront comprises dans la durée du travail; de même dans les autres travaux, le chemin depuis le point de départ fixé par l'employeur jusqu'au lieu du travail proprement dit et retour.

Art. 3.

Les ouvriers âgés de 18 ans accomplis peuvent être occupés, avec leur consentement, à un travail supplémentaire au delà de la durée fixée au paragraphe [illegible] de l'article 2, pendant dix heures au maximum par semaine et au delà de la durée fixée au paragraphe 3 du même article 2, pendant quarante heures au maximum par période de quatre semaines, le total des heures supplémentaires ne devant pas, dans l'un et l'autre cas, excéder cent cinquante heures par an. Le service de l'inspection du travail peut autoriser en outre cent heures supplémentaires par an, lorsque la marche régulière du travail l'exige absolument.

Le salaire du travail supplémentaire effectué au delà de la journée normale de travail doit être augmenté de 50 p. 100 au moins pour les deux premières heures et de 100 p. 100 au moins pour chaque heure subséquente.

Art. 4.

Si des phénomènes naturels, des accidents ou autres [illegible] menaçant d'[illegible] le travail ou l'ont déjà interrompu, ou lorsqu'il est [illegible] par le [illegible] dommage des biens, des marchandises ou des matières [illegible] sans restriction des durées du travail prescrites par les articles 2 et 3 [illegible] occupés dans la mesure où les circonstances l'exigeront, mais pendant [illegible] au plus. Ces travaux exceptionnels ne seront pas comptés dans les heures supplémentaires visées à l'article 3.

[illegible]

Art. 5.

[illegible]

Toutefois, les dispositions ci-dessus ne s'appliquent pas aux cas visés à l'article 4 ni aux cas dans lesquels la nature technique du travail ne permet pas d'accorder un repos intégral aux ouvriers spécialistes qui exercent le contrôle du travail.

ART. 6.

Les établissements et entreprises désignées à l'article premier, 1er alinéa, n° 1, où la durée du travail est de huit heures, et dont le travail n'est pas organisé par équipes de huit heures alternant régulièrement, sont tenus d'accorder au moins à leurs ouvriers, pendant le travail, un repos régulier d'une heure durant lequel ils pourront s'absenter du lieu du travail.

Toutefois, cette disposition ne s'applique pas aux ouvriers dont la présence sur le lieu de travail est nécessaire pour la marche ininterrompue du travail.

Si le travail est organisé par équipes alternant régulièrement, et de huit heures au plus, il sera accordé aux ouvriers un repos d'une demi-heure au moins pour les repas, ou bien ils seront autorisés à manger pendant le travail.

Lorsque les ouvriers peuvent s'absenter librement du lieu de travail pendant les repos, ces repos ne sont pas compris dans la durée du travail.

ART. 7.

L'employeur doit tenir un état des travaux supplémentaires et urgents effectués dans son établissement, ainsi que des salaires payés pour ces travaux; il devra produire ledit état à la réquisition de l'Inspection du travail et des délégués ouvriers.

A la demande des ouvriers, l'employeur est tenu d'adresser gratuitement aux délégués ouvriers un extrait mensuel dudit état.

ART. 8.

L'employeur doit ordonner, dans tout établissement et local de travail assujetti à la présente loi, ou sur le lieu de travail proprement dit, l'affichage permanent, en un endroit convenable, de la présente loi et d'un avis sur l'horaire de travail en vigueur.

L'horaire de travail doit être communiqué, le plus tôt possible, au Service de l'Inspection du travail.

ART. 9.

Il n'est pas permis à l'employeur de prolonger les durées du travail prescrites par la présente loi en donnant aux ouvriers du travail à exécuter à domicile.

ART. 10.

Le Service de l'Inspection du travail exerce le contrôle de l'application de la présente loi conformément aux dispositions spéciales à édicter à ce sujet.

ART. 11.

Encourt une amende de 5 à 25 marks pour chaque ouvrier employé contrairement à la loi ou pour chaque jour où l'ouvrier a été employé contrairement à la loi, sans que le total de l'amende puisse jamais dépasser 10,000 marks, tout employeur, ainsi que tout représentant de l'employeur, dans chacun des établissements ou entreprises qui contrevient aux dispositions de la présente loi relatives à la durée du travail. L'amende pourra être portée à 50 marks par ouvrier et par jour sans pouvoir dépasser au total 20,000 marks, si l'infraction a été commise malgré l'interdiction du Service de l'Inspection du travail ou en cas de récidive.

Tout employeur ou représentant d'un employeur qui contrevient de toute autre manière aux dispositions de la présente loi est passible d'amendes de 25 à 1,000 marks.

Si l'employeur est l'État, une commune ou une paroisse, le fonctionnaire responsable de l'inobservation de la loi sera passible d'une amende de 25 à 1,000 marks, et d'une amende de 2,000 marks au plus en cas de récidive.

ART. 12.

Le Sénat finlandais édictera des prescriptions détaillées pour l'application de la présente loi.

Lorsqu'en raison des conditions techniques du travail, de la saison ou d'autres circonstances majeures, il n'est pas possible d'appliquer la présente loi dans toute l'étendue prescrite par l'article premier, 1er alinéa, n° 2, le Sénat, sur l'avis du Service de l'Inspection du travail, pourra autoriser, chaque fois pendant une année au plus, des dérogations à l'organisation du travail conforme à la loi.

ART. 13.

La présente loi entrera en vigueur trois mois après son adoption. Toutefois si l'application soulève des difficultés insurmontables dans ce délai, le Sénat pourra autoriser l'ajournement de l'entrée en vigueur de la loi pour une période de six mois au plus.

La présente loi abroge toutes les dispositions légales ou autres qui sont en contradiction avec ses propres dispositions, à l'exception de celles qui concernent le travail des enfants.

Loi du 14 août 1918 modifiant la loi du 27 novembre 1917, sur la journée de travail de huit heures.

Les articles 3, 11 et 12 de la loi du 27 novembre 1917 sont modifiés comme suit :

ART. 3. — Les ouvriers âgés de 18 ans accomplis peuvent être occupés, avec leur consentement, au travail supplémentaire, au delà de la limite fixée au paragraphe 1er de l'article 2, pendant vingt-quatre heures au minimum par quinzaine et, au delà de la limite fixée au paragraphe 3 du même article 2, pendant quarante-huit heures au maximum par période de quatre semaines, le total des heures supplémentaires ne devant pas, dans l'un et l'autre cas, excéder deux cents heures par an. Le Service de l'Inspection du travail peut autoriser en outre cent cinquante heures supplémentaires par an, lorsque la marche régulière du travail l'exige absolument.

Le salaire du travail supplémentaire effectué au delà de la journée normale de travail doit être augmenté de 50 o/o au moins pour les deux premières heures et de 100 o/o au moins pour chaque heure subséquente.

[illegible]

Tout employeur ou représentant d'un employeur qui contrevient de toute autre manière aux dispositions de la présente loi est passible d'amende de 10 à 5,000 marks.

Si l'employeur est l'État, une commune ou une personne [illegible] responsable de l'inobservation de la loi sera passible d'une amende de 20 à 5,000 marks, et d'une amende de 5,000 marks au plus en cas de récidive.

ART. 22. — Le Sénat pourra édicter des prescriptions détaillées pour l'application de la présente loi.

Lorsqu'en raison des conditions techniques du travail, de la saison ou d'autres circonstances majeures, il n'est pas possible d'appliquer pratiquement la présente loi, le Sénat, sur l'avis du service de l'inspection du travail, pourra autoriser chaque fois, pendant une année au plus, des dérogations aux dispositions de la loi.

ITALIE.

La journée de huit heures en Italie.

(Rapport [illegible] 1919), par la Délégation italienne à la Commission de législation internationale du Travail.)

Jusqu'au mois de février 1919, dans les industries italiennes, la journée de travail était généralement de dix heures et demie.

À la suite des accords intervenus entre les organisations industrielles et les organisations ouvrières sur la base des conventions [illegible], la journée de huit heures a été adoptée dans les industries ci-après indiquées et conformément aux dates suivantes :

Industries mécaniques, navales et [illegible]	Dans le courant du mois d'avril 1919.
[illegible]	[illegible] du mois de juin 1919.
Industries textiles (coton, laine, soie) [illegible]	
[illegible]	Dans le courant du mois de mai 1919.
Industries typographiques	Dans le courant du mois de mai 1919.
Industries chimiques [illegible]	
[illegible]	Dans le courant du mois de [illegible] 1919.
[illegible]	
[illegible]	Dans le courant du mois d'avril 1919.

[illegible] défini dans le concordat relatif aux industries mécaniques, navales, et [illegible]. Parmi les différentes mesures adoptées, le concordat prévoit les cas où les ouvriers seraient appelés à faire deux heures par jour de travail supplémentaire, avec limitation toutefois à quatre heures par semaine. Ces cas seront soumis à l'examen et à la décision des représentants des employeurs et des représentants des ouvriers. Dans l'éventualité où les deux parties ne réussiraient pas à aboutir à un accord, on soumettra le différend à un arbitrage ayant un caractère syndical.

Pour ce qui concerne les autres industries susmentionnées, le règlement en question est en train de se faire.

Dans les *établissements de l'État* (arsenaux et fabriques d'armes), la journée de huit heures a été adoptée dans ces derniers mois.

Ces jours derniers, le Gouvernement italien, en réponse à un mémorial des *travailleurs des chemins de fer de l'État*, a fait savoir qu'il est disposé à concéder la journée de huit heures à tous les travailleurs dont les fonctions sont, par leur nature, analogues à celles des ouvriers de l'industrie.

D'autres accords syndicaux sont en préparation pour l'extension de la journée de huit heures dans les industries des *cuirs, peaux, papeteries et habillement*.

Dans *l'agriculture*, les organisations patronales et des travailleurs sont en voie de s'accorder pour l'adoption de la journée de huit heures dans les régions où les travailleurs à la journée sont en majorité.

Un premier accord à ce sujet a été signé ces derniers jours dans l'arrondissement de Verceil (Piémont, culture du riz).

Signé : [illegible]

POLOGNE.

Décret du 23 novembre 1918 concernant la journée de huit heures.

[illegible]

À partir de la date de la publication dans le *Journal officiel* [illegible] présent règlement, le travail des ouvriers ou employés dans tous les établissements industriels, mines, hauts fourneaux, ateliers, entreprises de transports de terre et de navigation, ainsi que dans le commerce, ne doit durer, à l'exclusion des heures de repos, que huit heures par jour et le samedi six heures par jour.

ART. 2.

[illegible]

ART. 3.

Dans le commerce, la journée de huit heures peut être prolongée [illegible] munal. Cette décision exigera l'approbation du Ministre du Travail et de l'Assistance publique.

ART. 4.

Le présent décret ne peut entraîner la diminution du salaire des ouvriers et des employés.

ART. 5.

Les heures supplémentaires de travail doivent avoir une rétribution spéciale et le contrat en conséquence concernant les heures supplémentaires volontaires, doit être présenté immédiatement à l'approbation de l'Inspecteur du travail. Le travail supplémentaire obligatoire ne peut avoir lieu que dans les conditions spéciales créées par la force majeure ou événements imprévus.

ART. 6.

Les patrons ayant enfreint lesdits règlements seraient sujets à des peines-amendes, jusqu'à 5,000 marks polonais, imputés par la voie administrative.

ART. 7.

L'exécution du présent décret incombe au Ministère du Travail et de l'Assistance publique. Jusqu'au moment de la formation d'une Inspection du travail au sein du Ministère du Travail, les fonctions en conséquence seront exercées par les autorités politiques administratives.

ART. 8.

Le Ministre du Travail et de l'Assistance publique décrétera, de concert avec le Ministre de l'Industrie et du Commerce, des ordonnances détaillées concernant l'exécution des présents règlements et éclaircira des doutes pouvant surgir lors de leur application.

Fait à Varsovie, le 23 novembre 1918.

RUSSIE.

Décret du Comité central des délégués des soldats et des ouvriers relatif à la journée de huit heures, à la durée et à la répartition du travail (29 octobre-11 novembre 1917).

ARTICLE PREMIER.

La loi s'applique à tous les établissements commerciaux et industriels, sans qu'il y ait lieu de tenir compte de leur importance ou de leur forme légale.

ART. 2.

Est considéré comme journée de travail le temps pendant lequel les ouvriers sont tenus, conformément au contrat de travail, d'effectuer des travaux dans une entreprise industrielle et d'y demeurer à la disposition de la direction.

Dans les travaux souterrains, le temps nécessaire pour la descente et la montée est compté dans la journée.

La durée du travail des ouvriers ayant à exécuter des travaux déterminés en dehors de l'établissement est fixée par convention spéciale.

ART. 3.

La journée normale fixée par règlement d'atelier ne peut excéder *huit heures* par jour, ni quarante-huit heures par semaine, y compris le temps nécessaire pour le nettoyage des machines et la mise en ordre de l'atelier. La veille de Noël et de Pentecôte, le travail doit être fini à midi.

ART. 4.

Un repos d'une heure au moins doit être accordé après six heures de travail au plus; pendant ce repos, l'ouvrier peut disposer de son temps et quitter l'établissement. Les machines, les appareils de transmission et les métiers mécaniques doivent s'arrêter, sauf dans certains cas déterminés par la loi.

Dans les établissements à marche continue, où l'on fait trois équipes, le repos «libre» n'est pas applicable, mais les ouvriers doivent avoir toute liberté pour prendre des aliments pendant le travail.

Des réfectoires doivent, dans certains cas, être mis à la disposition de ceux qui ne peuvent quitter l'atelier.

ART. 5.

La durée totale du repos ne peut dépasser deux heures par vingt-quatre heures.

ART. 6 et 7.

Le travail de nuit des femmes de tout âge et des jeunes gens au-dessous de 16 ans est interdit (neuf heures du soir à cinq heures du matin).

ART. 8.

Dans les établissements où l'on fait deux équipes, on considère comme travail de nuit l'intervalle compris entre neuf heures du soir et cinq heures du matin; le repos «libre» de chaque équipe peut être réduit à une demi-heure.

ART. 9.

Des dérogations aux articles 4 à 6 et 8 peuvent être autorisées en ce qui concerne l'augmentation de durée du repas de midi, sur la demande des ouvriers ou en raison des conditions climatériques.

ART. 10.

En ce qui concerne les jeunes ouvriers âgés de moins de 18 ans, il y a lieu d'observer les dispositions suivantes :

a) Les ouvriers au-dessous de 14 ans ne peuvent travailler comme salariés ;

b) La journée des ouvriers âgés de moins de 18 ans sera réduite à six heures au plus par vingt-quatre heures.

A dater du 1er janvier 1919, les personnes âgées de moins de 15 ans ne pourront travailler comme salariés.

A partir du 1er janvier 1920, cette interdiction s'étend à toutes les personnes qui n'auront pas accompli leur vingtième année.

ART. 11.

Le travail est interdit le dimanche et pendant quinze jours fériés déterminés par la loi. Des dispositions spéciales sont prévues en faveur des ouvriers n'appartenant pas à la religion chrétienne.

ART. 12.

Dans les établissements n'employant qu'une équipe, chaque ouvrier a droit à quarante-deux heures de repos au moins par semaine.

Dans les établissements employant deux ou trois équipes, des conventions particulières, conclues avec les organisations ouvrières, fixeront la durée minima du repos hebdomadaire pour chaque ouvrier et le nombre minimum des jours fériés.

ART. 13.

Des conventions entre le directeur et son personnel pourront prévoir que les ouvriers ne seront pas tenus de travailler les jours de repos (autres que les jours fériés prévus à l'article 11) pour remplacer les jours ouvrables.

ART. 14.

La direction générale des fabriques, mines et minières peut, en cas d'urgence, accorder des dérogations aux articles 3 à 5 et 8 ; elle peut autoriser le travail de nuit ou un travail irrégulier à certaines époques de l'année, lorsque les besoins de la collectivité l'exigent (éclairage des villes et services des eaux).

ART. 15.

Dans les industries particulièrement dangereuses, la durée du travail prévue aux articles 3 à 5 et 8 peut être réduite.

ART. 16.

Les femmes, non plus que les personnes de l'un et de l'autre sexe âgées de moins de 18 ans, ne peuvent être employées aux travaux souterrains.

ART. 17.

Des dérogations aux dispositions des articles 3 à 5 et 8 à 12 ne peuvent être accordées qu'avec le consentement des ouvriers et l'approbation des associations ouvrières. Ces dérogations concernent une série de travaux accessoires énumérés par la loi (service des chaudières et moteurs, chauffage, surveillance, etc.).

ART. 18.

Tout travail exécuté en dehors des heures fixées par le règlement est considéré comme travail supplémentaire et sera payé double.

ART. 19.

Les ouvriers de moins de 18 ans et les femmes de tout âge ne peuvent faire des heures supplémentaires. Les ouvriers de plus de 18 ans ne peuvent les faire qu'avec l'autorisation des associations ouvrières et uniquement dans les cas déterminés par la loi (nécessité d'achever un travail commencé, danger imminent, urgence, etc.).

ART. 20.

En certains de ces cas, les heures supplémentaires ne peuvent être faites sans la permission spéciale du commissaire et de l'inspecteur du travail.

ART. 21.

Toutes les heures supplémentaires seront inscrites sur le carnet de travail des ouvriers avec indication du montant correspondant. Un compte spécial sera en outre ouvert au nom de chaque ouvrier.

ART. 22.

Les heures supplémentaires prévues aux articles 19 et 21 ne peuvent être autorisées que pendant 60 jours pour chaque partie du même établissement.

ART. 23.

Aucun ouvrier ne peut faire plus de quatre heures supplémentaires pendant deux jours consécutifs.

ART. 24.

Jusqu'au rétablissement de la paix, l'application des dispositions limitant la durée des heures supplémentaires (art. 19 à 23) et de celles qui concernent les repos (art. 4 à 6) peuvent demeurer lettre morte si les ouvriers et les associations ouvrières y consentent expressément.

ART. 25.

La présente loi est promulguée par voie télégraphique et immédiatement applicable. Toute infraction à ses dispositions est passible d'un an de prison.

SUÈDE.

Projet de loi tendant à limiter la journée de travail.

ARTICLE PREMIER.

La présente loi s'appliquera à toutes entreprises industrielles ou autres dans lesquelles les ouvriers sont occupés pour le compte de l'employeur, et notamment dans le bâtiment, les travaux publics, les travaux de drainage et autres entreprises de travaux spéciaux similaires, dans lesquelles les ouvriers sont occupés de cette façon. Seront exceptés toutefois de l'application de la loi :

a) Les travaux faits au domicile de l'ouvrier ou autrement dans les conditions telles que l'employeur ne puisse être considéré comme ayant la responsabilité de veiller sur les conditions du travail ;

b) Les travaux effectués par des membres de la famille de l'employeur ;

c) Les travaux qui, par leur nature, sont trop irréguliers pour pouvoir être effectués pendant des périodes déterminées ;

d) Les travaux exécutés par l'État ;

e) Les travaux ayant pour objet le maintien de la santé ou les soins à donner aux malades ;

f) Les travaux exécutés par des marins et rentrant dans le service de la navigation, que ces travaux soient faits à bord ou non, y compris par conséquent la pêche ;

g) Les travaux forestiers, y compris la fabrication du charbon de bois, et le flottage des bois sauf à l'endroit de séparation ;

h) L'agriculture et ses travaux accessoires non exécutés dans des exploitations indépendantes, non compris, par conséquent, les soins donnés aux animaux en dehors d'une exploitation agricole ;

i) Les travaux exécutés par le service de l'exploitation sur les chemins de fer ouverts au trafic général ;

j) Le travail des employés dans les magasins, salons de coiffure, établissements de bains, etc ;

k) Le travail dans les hôtels, restaurants ou cafés ouverts au public.

ART. 2.

Les gérants, contremaîtres et autres employés ayant une situation supérieure ne seront pas considérés comme ouvriers en ce qui concerne l'application de la présente loi, non plus que les dessinateurs, employés de bureau ou autres personnes de la même catégorie.

ART. 3.

Lorsqu'un doute se produira sur la question de savoir si un travail déterminé est assujetti à la présente loi, ou si certains employés doivent être considérés comme ouvriers bénéficiant de la présente loi, le Conseil du travail décidera.

ART. 4.

Un ouvrier ne peut être retenu au travail pour une période excédant huit heures et demie par vingt-quatre heures ou quarante-huit heures par semaine, non compris les intervalles de repos. Si le travail est effectué en équipes régulières, les limitations spécifiées ci-dessus s'appliqueront, en ce qui concerne la période moyenne de travail, pendant une période de trois semaines au maximum.

ART. 5.

En ce qui concerne les travaux dont l'exécution n'est prolongée que pendant de courtes périodes, les travaux exigeant un effort particulièrement faible ou ceux exécutés en vue d'un intérêt public important, le Conseil du travail peut autoriser des dérogations aux limites fixées à l'article 4. Dans le cas où le travail exécuté en trois postes ne peut subir d'interruption et doit être continué par conséquent les dimanches et jours fériés, le Conseil du travail peut accorder les dérogations demandées dans la mesure où elles paraissent nécessaires. Si, pour certains travaux, la durée du travail dépend essentiellement de la saison ou des conditions atmosphériques ou si, en raison d'autres circonstances, elle est d'une longueur variable, le Conseil du travail pourra permettre que la durée du travail soit assujettie seulement *en moyenne* aux limites indiquées à l'article 4.

ART. 6.

Dans les cas où des phénomènes naturels, des accidents ou d'autres circonstances impossibles à prévoir ont déterminé une interruption de travail ou menacent d'amener une telle interruption ou d'endommager les propriétés, les ouvriers ayant dépassé l'âge de 18 ans accomplis peuvent être employés au delà des limites indiquées à l'article 4 ou de celles qui auront pu être fixées conformément à l'article 5, dans la mesure où ces heures supplémentaires seront nécessaires en raison des circonstances ci-dessus mentionnées. L'employeur est astreint à donner avis de tels travaux supplémentaires au chef du service de l'inspection du travail en indiquant leur cause, leur importance et leur durée, dans les vingt-quatre heures au plus tard après le commencement de ces travaux. Si les travaux supplémentaires doivent être continués au delà de cette période de vingt-quatre heures, une demande d'autorisation doit être faite au moment de la transmission de l'avis et le chef du service de l'inspection du travail doit communiquer sans délai sa décision.

ART. 7.

Si l'employeur, dans tous les autres cas que ceux visés à l'article 6, se trouve, en raison de conditions spéciales, dans la nécessité d'occuper des ouvriers pour des travaux supplémentaires en dehors des limites indiquées à l'article 4 ou établies conformément à l'article 5, il pourra le faire, en ce qui concerne les ouvriers ayant 18 ans accomplis, à raison de vingt-cinq heures au plus par mois et de cent cinquante heures au plus par an. Si une autorisation supplémentaire est nécessaire, elle pourra être accordée par le chef du service de l'inspection du travail, mais pour une durée de dix heures au plus par mois et de soixante-quinze heures au plus par an.

ART. 8.

En ce qui concerne les travaux supplémentaires, l'employeur sera astreint à les inscrire au plus tard le jour suivant sur un registre spécial tenu conformément au modèle qui sera établi par le chef du service de l'inspection du travail.

La décision du chef de l'inspection du travail dans les matières concernant les travaux supplémentaires sera jointe au registre des travaux supplémentaires au lieu de travail visé par la décision, et ledit registre, ainsi que les décisions y annexées, sera conservé au lieu de travail pendant trois ans au moins, comptés, en ce qui concerne le registre, de la date de la dernière inscription et, en ce qui concerne les décisions, de la date de celle-ci.

ART. 9.

Le Conseil du travail se composera de sept membres nommés par le Roi pour une période de deux années. Trois des membres seront choisis parmi les personnes qui ne peuvent être considérées comme représentant les intérêts des employeurs ou des travailleurs; l'un de ces membres sera désigné par le Roi comme président du Conseil du travail, un second comme vice-président. Les quatre autres membres du Conseil seront choisis, pour la moitié, parmi les personnes proposées par les associations nationales d'employeurs et, pour l'autre moitié, parmi des personnes proposées par les associations nationales ouvrières. Un nombre égal de suppléants pour les quatre membres mentionnés en dernier lieu sera choisi de la même façon.

Pour tous objets ressortissant à la présente loi, le Conseil du travail devra, en règle générale, non seulement donner aux employeurs et ouvriers intéressés le moyen d'exprimer leur opinion, mais il devra aussi consulter d'une manière appropriée les représentants des employeurs et des ouvriers dans les branches d'industrie en question.

Le Conseil est autorisé, s'il a des motifs de le faire, à notifier une décision n'ayant qu'une durée temporaire en attendant une décision définitive sur la question. Les autres prescriptions concernant le Conseil du travail et son fonctionnement seront déterminées par une ordonnance royale.

ART. 10.

Le contrôle de l'exécution de la présente loi sera exercé par les fonctionnaires du service de l'inspection du travail et à cet égard les prescriptions concernant le contrôle de la loi du 29 juin 1912 relatives à la protection des ouvriers joueront dans la mesure où elles trouveront leur application.

ART. 11.

Si des ouvriers sont occupés à un travail contrairement aux prescriptions contenues dans la présente loi, l'employeur sera puni d'amendes [illegible]. Dans le cas d'ouvriers âgés de moins de [illegible] occupés avec le consentement et la connaissance du père ou du tuteur, ledit père ou tuteur sera puni d'une amende de cinq à cinquante couronnes.

Toute personne poursuivie pour une infraction à la présente loi et [illegible] si une constatation légale de ce fait est établie, [illegible] pour chaque infraction répétée, constatée par procès-verbal, une peine [illegible] pour ladite infraction.

ART. 12.

Si l'employeur néglige de donner avis suivant les prescriptions de l'article 6 ou d'observer les obligations auxquelles il est astreint conformément à l'article 8, il sera puni d'amendes de cinq à quatre cents couronnes.

ART. 13.

Les infractions à la présente loi seront poursuivies au tribunal de police, dans les localités où un tel tribunal est établi, ou devant la chambre de police, ou, en l'absence de tel tribunal ou chambre, devant les tribunaux ordinaires. Les amendes infligées conformément à la présente loi seront versées au Trésor. Si elles ne peuvent être recouvrées complètement, elles seront converties en emprisonnement conformément à la loi pénale ordinaire.

ART. 14.

En ce qui concerne les entreprises gérées par une collectivité, les prescriptions de la présente loi concernant l'employeur s'appliqueront au directeur ou gérant de ladite entreprise.

ART. 15.

Les décisions du Conseil du travail pourront faire l'objet d'un rappel au Roi dans les délais déterminés pour les appels contre les décisions des autorités et services administratifs.

ART. 16.

Si l'application de la présente loi rend impossible la continuation de certains travaux ou entreprises, le Roi, après avis du Conseil du travail, pourra autoriser des dérogations à la présente loi.

Les prescriptions de la présente loi entreront en vigueur le 1er janvier 1920 en ce qui concerne les entreprises qui, au moment du vote de ladite loi, étaient conduites jour et nuit sans interruption, et au 1er juillet 1919 en ce qui concerne les autres travaux. Elles seront valables jusqu'à ce que le Roi en ait décrété autrement.

Si un employeur peut prouver que l'application de la présente loi à l'entreprise gérée par lui aurait pour effet de réduire la capacité de production de l'entreprise à moins que certaines transformations n'aient été faites, le Conseil du travail pourra autoriser un certain délai pour l'application de la loi à cette entreprise.

RÉPUBLIQUE TCHÉCO-SLOVAQUE.

Loi du 19 décembre 1918 relative à la journée de huit heures de travail.

Par suite d'une décision de l'Assemblée nationale, il est arrêté ce qui suit :

Durée du travail.

ARTICLE PREMIER.

I. — Dans les établissements soumis aux règlements relatifs à l'industrie, la durée réelle du travail des employés ne doit pas, en règle générale, dépasser huit heures par vingt-quatre heures, ou doit être au plus de quarante-huit heures par semaine.

II. — La présente loi s'applique également aux entreprises, usines et établissements exploités par l'État, les associations publiques ou privées, les fondations, les groupes ou sociétés, qu'ils soient destinés à produire des bénéfices, voués à la bienfaisance ou reconnus d'utilité publique.

III. — La présente loi s'applique également aux établissements miniers (mines, fours à coke, fours de scorification, hauts fourneaux), aussi bien sous le sol qu'à la surface. L'entrée et la sortie sont considérées comme des travaux auxiliaires et tombent sous le coup de l'article 7. Les changements d'équipes cependant ne sauraient se prolonger plus d'une demi-heure, à compter de l'entrée du premier ouvrier jusqu'à la sortie du dernier du même tour. Pour les travaux accomplis sous une haute température constante, avec une aération insuffisante et sous une affusion d'eau, l'administration des mines pourra, après consultation de délégués des ouvriers et de la direction de l'entreprise, réduire la durée du travail de façon qu'elle ne dépassera pas sept heures, y compris l'entrée et la sortie.

IV. — Les mesures édictées à l'article premier s'appliquent aussi aux personnes régulièrement employées dans les entreprises agricoles et forestières, personnes vivant en dehors de la famille de l'entrepreneur et recevant un salaire quotidien, hebdomadaire ou mensuel.

V. — Après accord avec les intéressés, le Ministre de la Prévoyance sociale pourra permettre à certains groupes d'entreprises, notamment aux entreprises de transport et aux entreprises agricoles, un règlement de la journée de travail différent de celui que prescrit le paragraphe 1er, à condition que la somme des heures de travail ne dépasse pas cent quatre-vingt-douze heures pour quatre semaines.

ART. 2.

Il est interdit aux employeurs de donner à leurs employés, en vue d'augmenter la durée du travail prescrite par le paragraphe 1er, du travail à faire à domicile. La seule exception admise est celle que prévoit l'article 6.

Interruption du travail.

ART. 3.

I. — La répartition des heures de travail prescrites pour la journée ou pour la semaine ainsi que la fixation d'une interruption stable, pourra avoir lieu par une entente entre employeurs et employés.

II. — Néanmoins, après au plus cinq heures de travail ininterrompu, une interruption d'au moins un quart d'heure devra être accordée. Les ouvriers et employés n'ayant pas atteint l'âge de 18 ans ne devront cependant pas être astreints à un travail ininterrompu supérieur à cinq heures. Pour les ouvriers et employés âgés de plus de 18 ans, on pourra supprimer cette interruption lorsque la marche régulière de la production laisse un temps de repos suffisant.

ART. 4.

I. — Il faut, de toute nécessité, accorder chaque semaine aux employés une période ininterrompue de repos d'au moins trente-deux heures.

II. — Dans les établissements où la production peut être interrompue sans inconvénient technique, cette période de repos coïncidera avec le dimanche si toutefois la loi sur le repos dominical n'autorise pas d'exception.

III. — D'autres exceptions au repos de trente-deux heures sont admises pour les établissements à marche ininterrompue, où les changements d'ouvriers — notamment les remplacements des équipes de nuit par des équipes de jour sont rendus de ce fait impossibles et où le travail ne peut être interrompu pour des raisons techniques ou exige un service et un contrôle constants. Dans ce cas, la durée du travail quotidien ou hebdomadaire fixée par l'article premier sera prolongée, mais les équipes seront établies de telle sorte que le repos de trente-deux heures accordé aux employés comprenne au moins un dimanche toutes les trois semaines.

IV. — On comptera, comme heures supplémentaires (art. 6) les heures qui, y compris les changements d'équipes, dépassent quarante-huit heures par semaine.

V. — Les exceptions prévues dans les paragraphes précédents seront autorisées par le Ministre de la Prévoyance sociale, après accord avec les Ministres intéressés, et pour chaque groupe d'entreprises en particulier.

ART. 5.

I. — Pour les femmes employées dans les usines, le repos ininterrompu mentionné à l'article 4 commencera le samedi au plus tard à deux heures de l'après-midi.

II. — Le Ministre de la Prévoyance sociale peut, d'accord avec les Ministres intéressés, et dans la mesure établie pour le travail hebdomadaire, autoriser des exceptions précises pour certaines sortes d'entreprises où la collaboration féminine est indispensable à la marche ininterrompue de l'établissement.

Heures supplémentaires.

ART. 6.

I. — Si l'exploitation régulière s'est trouvée interrompue par une catastrophe ou un accident, ou bien si l'intérêt public ou d'autres causes urgentes exigent une augmentation du travail, et qu'il ne soit pas possible de prendre d'autres mesures, on pourra permettre aux établissements, et même à un groupe d'établissements de prolonger la journée de travail. Cette prolongation, néanmoins, ne pourra avoir lieu plus de quatre semaines par an ni dépasser deux heures par jour. Pour les établissements dépendant de l'inspection du travail industriel, cette autorisation sera accordée par l'inspecteur du travail industriel; pour les entreprises minières, par les autorités minières de première instance; pour les travaux de chemin de fer, par le Ministère des chemins de fer; pour les entreprises agricoles et forestières, par les autorités communales, et pour les autres entreprises, usines ou établissements, par les autorités administratives de première instance.

II. — Les autorités minières de deuxième instance pour les établissements miniers, le Ministère des chemins de fer, pour les chemins de fer; les autorités administratives de première instance, pour les entreprises agricoles et forestières, et pour les autres entreprises, usines et établissements, les autorités administratives de deuxième instance peuvent, dans les mêmes cas, autoriser une prolongation maximum de deux heures par jour pendant une période d'au plus seize semaines par an.

III. — Cette prolongation du travail constituera des heures supplémentaires qui seront payées à part.

IV. — Les heures supplémentaires ne doivent pas au total dépasser vingt semaines ni deux cent quarante heures par an. Cette limitation ne s'applique pas aux travaux urgents, surtout aux travaux de réparation lorsque l'existence, la santé et l'intérêt public sont en jeu; mais il ne s'agit que d'une période transitoire et d'un travail que des raisons techniques rendent indispensable et qu'il n'est pas possible d'accomplir en observant la durée ordinaire du travail. Pour de tels travaux, il n'est pas nécessaire d'obtenir une autorisation officielle, mais il faut les annoncer aux autorités compétentes énoncées à l'article premier, s'ils doivent durer plus de trois jours.

ART. 7.

I. — De même, les travaux auxiliaires, qui doivent nécessairement précéder le travail, ou le suivre, comme, par exemple, le chauffage des chaudières, le nettoyage des locaux, les soins à donner aux bestiaux, etc., même s'ils dépassent la durée ordinaire du travail fixée pour l'établissement, n'ont pas besoin d'une autorisation particulière.

II. — Pour des groupes des travailleurs dont le changement d'équipe est nécessaire à la continuité du service, lorsque la marche du travail ou du service l'exige, ce changement est également considéré comme un travail auxiliaire du même genre.

III. — Dans les entreprises d'utilité publique, la durée du travail de certains groupes d'ouvriers et d'employés peut être prolongée lorsque l'ouvrier ou l'employé, bien que séjournant plus longtemps au lieu de son service, n'est pas astreint à plus de six heures de travail. Cette prolongation n'est autorisée que si le contrat collectif, passé à ce sujet entre employeurs et employés, a été approuvé par le Ministère de la Prévoyance sociale, après accord avec les Ministres intéressés. Dans les entreprises de chemin de fer, les décisions au sujet du règlement de ces heures de travail seront prises par le Ministre des Chemins de fer, lequel aura, au préalable, pris l'avis des délégués des ouvriers et employés.

IV. — Ces heures de service, si elles dépassent la durée régulière du travail, seront considérées comme heures supplémentaires et payées comme telles.

Travail de nuit.

ART. 8.

I. — Le travail de nuit, c'est-à-dire de 9 heures du soir à 5 heures du matin, n'est autorisé que dans les établissements à travail continu où, pour des raisons techniques, la production ne peut être arrêtée.

II. — Dans les autres établissements, le travail de nuit aux heures indiquées n'est autorisé que dans les seuls cas où l'exigent l'intérêt public ou les besoins réguliers de la population. Le Ministre de la Prévoyance sociale, d'accord avec les Ministres intéressés prendra à ce sujet les décrets nécessaires.

III. — Les travaux de nuit temporaires exigés, à la suite d'un accident, par l'indispensable réparation du matériel de l'établissement, n'ont pas besoin d'une autorisation particulière si, pendant un temps assez long, la marche régulière de l'établissement devait se trouver compromise.

ART. 9.

I. — On ne doit employer aux travaux de nuit que des travailleurs du sexe masculin âgés de plus de 16 ans. Les femmes ne doivent pas être occupées aux travaux de nuit.

II. — D'accord avec les Ministres intéressés, le Ministre de la Prévoyance sociale fera connaître les usines et établissements dans lesquels, pour l'utilisation de matières premières ou de marchandises rapidement périssables, le travail de nuit de femmes âgées de plus de 18 ans sera exceptionnellement autorisé temporairement pour une courte période.

III. — En outre, le Ministre de la Prévoyance sociale, en commun avec les Ministres intéressés, pourra exceptionnellement autoriser certains groupes d'entreprises à employer des femmes âgées de plus de 18 ans à un travail de nuit de dix heures du soir à cinq heures du matin, lorsque l'exigent le service ininterrompu de l'établissement ou des considérations d'intérêt public, et lorsque la tâche de ces femmes consiste en travaux peu fatigants. La notification d'autorisation doit être placardée dans l'établissement.

Emploi des jeunes gens.

ART. 10.

On ne devra pas, dans les établissements désignés à l'article premier, employer contre salaire des enfants n'ayant pas achevé les études scolaires obligatoires et n'ayant pas atteint l'âge de 14 ans.

ART. 11.

I. — Les jeunes gens jusqu'à 16 ans et les jeunes filles jusqu'à 18 ans ne devront être employés qu'à des travaux faciles qui ne sauraient porter préjudice à leur santé ni nuire à leur développement physique.

II. — Pour les travaux souterrains, y compris le déblaiement des galeries, on ne doit employer que des ouvriers de sexe masculin.

Personnes employées dans le ménage.

ART. 12.

I. — Aux personnes employées dans la maison de l'employeur et y habitant, engagées pour plus d'un mois ou destinées à un service personnel — y compris les personnes payées en nature — il doit être accordé un repos de douze heures par vingt-quatre heures, repos dont huit heures au moins seront consacrées à un repos nocturne ininterrompu, et au moins une demi-heure au repos de midi.

II. — Cette mesure s'applique également aux personnes engagées pour les services qui ne sont pas exécutés régulièrement et coûtent peu de fatigue, comme la surveillance et la garde de maisons, d'usines et la garde des bestiaux.

III. — Il n'est accordé d'exception au repos nocturne que dans les cas isolés, dans des circonstances urgentes. Aucun travail pénible ne doit être exécuté entre neuf heures du soir et cinq heures du matin.

IV. — La répartition du travail sera établie à l'amiable par les contractants. Néanmoins, il devra être accordé aux employés un repos hebdomadaire d'au moins dix-huit heures consécutives et, en règle générale, tombant le dimanche. Cependant, les travaux du ménage ou de la ferme qui ne peuvent être remis pourront être accomplis pendant ce repos, à condition, toutefois, que les gens du service se voient assurés de leur liberté tout l'après-midi du dimanche. S'il est nécessaire de travailler le dimanche, une période de repos équivalent doit, en compensation, être accordée un jour ouvrable.

V. — Les mesures précédentes ne s'appliquent pas aux personnes engagées pour un service auxiliaire, pour la garde des malades, pour des travaux domestiques ou des travaux champêtres, lorsque la durée de ce service auxiliaire ne dépasse pas six jours.

Pénalités.

ART. 13.

Toute infraction à la présente loi entraînera la condamnation, par les autorités administratives de première instance ou l'inspection des mines, à une amende pouvant s'élever à 2,000 couronnes ou à trois mois de contrainte par corps. En cas de récidive, l'amende pourra être portée à 5,000 couronnes, et la contrainte par corps à six mois de prison.

Mesures ultérieures.

ART. 14.

Dans les établissements où, par suite de cette loi, la journée de travail se trouvera abrégée, il ne faut pas en prendre prétexte pour diminuer les salaires calculés sur la journée de travail.

ART. 15.

I. — La présente loi est applicable quinze jours après sa promulgation.

II. — Dans le cas de nécessités techniques, ou par suite du défaut de main-d'œuvre, le Ministre de la Prévoyance sociale, après accord avec les Ministres intéressés, peut accorder à certains établissements obligés à un travail ininterrompu, ou à certains de leurs ateliers, un ajournement dans l'application de la présente loi.

ART. 16.

Le Ministre de la Prévoyance sociale est chargé, après entente avec les Ministres intéressés, de l'application de la présente loi.

Signé :

Dr Karel Kramar, T.-G. Masaryk, Dr Winter.

AMÉRIQUE.

ÉQUATEUR.

Loi du 4 septembre 1916 sur la journée de huit heures. Approuvée le 11 septembre 1916.

ARTICLE PREMIER.

Nul ouvrier, manœuvre, employé de commerce, de bureau ou d'industrie, et en général nul travailleur, quelle que soit la nature de son emploi, ne peut être tenu de travailler plus de huit heures par jour et plus de six jours par semaine, non plus que d'exécuter un travail quelconque le dimanche ou un jour de repos public.

ART. 2.

Tous contrats ou conventions visant à élude. les dispositions de l'article premier sont nuls et non avenus.

ART. 3.

Les salaires de tout ouvrier, manœuvre, employé, etc., tenu de travailler au delà de la durée de travail prescrite à l'article premier seront augmentés de 20 p. 100 pour les heures supplémentaires faites pendant le jour, de 50 p. 100 pour les heures effectuées entre six heures du soir et minuit et de 100 p. 100 pour les heures faites après minuit.

Ces suppléments de salaire seront calculés à raison d'un huitième du salaire journalier et payés pour chaque heure de travail dépassant la journée de huit heures prescrite par la présente loi.

ART. 4.

Les dispositions de l'article 3 sont également applicables aux ouvriers formant des équipes, dès que la durée de leur travail dépasse la journée de huit heures; en pareil cas, chaque heure de travail supplémentaire sera rémunérée conformément aux dispositions ci-dessus.

ART. 5.

Nul employeur ne peut congédier un travailleur, ni aucun travailleur quitter le service de l'employeur, s'il n'a dénoncé le contrat de travail trente jours à l'avance. Tout employeur qui congédie un travailleur sans observer le délai de préavis prescrit et tout travailleur qui quitte le service d'un employeur sans délai-congé est responsable du dommage qui résulte de cette inobservation pour l'autre partie.

ART. 6.

Les juges de police et juges de paix municipaux connaissent des actions en dommages-intérêts introduites en vertu des dispositions ci-dessus. Les tribunaux compétents rendront le plus tôt possible leur sentence par voie de procédure sommaire. Il ne peut être appelé des sentences qu'en ce qui concerne le fond du litige.

ÉTATS-UNIS.

Loi du 19 juin 1912 sur la journée de huit heures dans les marchés de travaux publics.

La loi américaine du 1er août 1892 interdisait aux administrations fédérales et à celles du district de Colombie ainsi qu'à leurs contractants ou sous-entrepreneurs —

[illegible] en faveur des ouvriers étrangers [illegible] à la construction du canal de Panama, ainsi qu'aux [illegible] chargés de la [illegible].

Une loi du 19 juin 1912 [illegible] étend [illegible] les dispositions [illegible] qui l'avaient [illegible] le Gouvernement fédéral [illegible] ou le district de Colombia, ou tout contrat conclu en leur nom, doivent contenir expressément l'interdiction pour les entrepreneurs ou sous-entrepreneurs d'employer un ouvrier plus de huit heures par jour.

[illegible] ne sont pas [illegible] au transport [illegible] aux approvisionnements de [illegible] fournitures d'articles courants du marché, ni à la construction [illegible] de digues et revêtements tendant à prévenir les débordements des voies navigables. En outre, la loi ne s'applique pas aux contrats de fourniture de [illegible]. En cas de guerre et jusqu'au 1er janvier 1915 en ce qui concerne les travaux de construction du canal de Panama, le Président peut suspendre l'application de ces dispositions.

Les contrats stipuleront que toute infraction aux dispositions de la loi [illegible] d'une amende de 5 dollars par ouvrier employé au delà du temps légal et par journée de contravention ; le montant en sera retenu sur les sommes dues aux adjudicataires.

La loi entrera en vigueur le 1er janvier 1913.

[illegible]

Deux ordonnances en date des [illegible] mars [illegible], rendues en application de la loi du [illegible] 1917, suspendent, pendant la durée de la guerre et jusqu'à nouvel ordre, la loi du 19 juin 1912 instituant la journée de huit heures.

La première [illegible] l'application en ce qui concerne les [illegible] [illegible]

Les ouvriers [illegible] huit heures [illegible] ordinaire.

[illegible]

[illegible]

qui allait causer une grève générale, le président Wilson convoqua les parties et proposa aux compagnies de réduire la journée de dix heures à huit heures, avec un même salaire. La réforme serait applicable à partir du 1er janvier et une commission serait chargée d'ouvrir une enquête sur la question.

Les compagnies répondirent que si la journée de huit heures était adoptée, il leur serait impossible de revenir par la suite à la base de dix heures; qu'elles subiraient, de ce fait, des pertes énormes, et qu'elles devaient être autorisées, en retour, à augmenter leurs tarifs. L'entente semblait impossible, le Président soumit l'affaire au Congrès en lui demandant de discuter et d'adopter une loi sans retard.

Le projet, en 11 articles, présenté à la Chambre des représentants, fut voté par elle à une très forte majorité; le Sénat l'adopta à son tour sans modification, malgré une légère opposition. Le Président apposa sa signature le 3 septembre.

Aux termes de l'article premier, « la journée de huit heures ... sera considérée comme constituant la journée de travail ... pour le calcul de la rémunération de tous les employés ».

L'article 8 prévoit que, pendant une certaine période, le salaire actuel doit être payé pour une journée de huit heures. De ce fait, l'augmentation accordée au personnel atteint environ 25 p. 100.

La loi est applicable à partir du 1er janvier 1917. L'augmentation sera maintenue pendant au moins trente jours après que la commission nommée par le Président aura présenté son rapport au Congrès entre le 1er août au plus tôt et le 1er novembre 1917 au plus tard.

La commission *doit* achever son travail au plus tard dix mois après le 1er janvier 1917 et *peut* le faire dans un délai de sept mois. De la sorte, les salaires ne pourront être modifiés avant au moins huit mois et, si la commission fait usage de la totalité du délai qui lui est imparti, avant onze mois à partir du 1er janvier prochain.

Cette loi devait entrer en vigueur le 1er janvier 1917. Toutefois, les Compagnies de chemins de fer, estimant que l'application des dispositions nouvelles entraînerait pour elles une augmentation de dépenses de plus de 300 millions de francs par an, attaquèrent la loi devant la Cour suprême, tout en mettant en réserve les sommes qui reviendraient aux ouvriers si la loi était appliquée.

L'affaire, entamée en novembre dernier, a été examinée par la Cour en janvier. Le 10 mars, les cheminots déclarèrent qu'ils se mettraient en grève à partir du 17.

Comme en 1916, alors que la grève générale menaçait d'interrompre tout trafic, le président Wilson intervint; les représentants des compagnies et des ouvriers eurent des conférences presque sans interruption.

Le 17 mars, la grève fut ajournée à quarante-huit heures et, le 19 mars, les compagnies cédaient aux demandes de leur personnel. Quelques heures plus tard, la Cour suprême faisait connaître sa décision affirmant le caractère constitutionnel de la *loi* de huit heures et déclarant, en outre, qu'il est conforme à la Constitution de fixer le taux des salaires, même lorsque les ouvriers ne l'acceptent pas et d'imposer l'arbitrage obligatoire.

ÉTATS-UNIS DU MEXIQUE.

Constitution du 31 janvier 1917, promulguée le 5 février 1917, abrogeant la Constitution du 5 février 1857.

TITRE VI. — *Travail et prévoyance sociale.*

Art. 123. — La durée du travail est fixée à huit heures par jour. La journée maxima est fixée à six heures pour les enfants de douze à seize ans.

Lorsque, en raison de circonstances exceptionnelles, l'ouvrier est tenu de faire des heures supplémentaires, le salaire ordinaire devra être majoré de 100 p. 100. L'ouvrier ne peut faire plus de trois heures supplémentaires par jour ni travailler ainsi plus de trois jours de suite. Ces travaux sont interdits aux femmes et aux garçons de moins de seize ans.

ÉTAT DE COAHUILA.

Loi sur le contrat de travail du 27 octobre 1917.

Le chapitre III contient des dispositions relatives à la journée maxima de travail et au minimum de salaire.

La durée maxima de la journée ne doit pas dépasser huit heures pour le travail effectué dans l'industrie, l'agriculture et les mines, et neuf heures dans les bureaux et établissements commerciaux. La section du travail (seccion de trabajo) fixe, d'accord avec les intéressés, la durée maxima de travail à effectuer la nuit et pour les catégories non visées ci-dessus. La journée légale est comptée à partir du moment où l'ouvrier se présente sur le lieu du travail, jusqu'à l'instant où il quitte le travail. Les repos, ainsi que le temps que l'ouvrier met pour se rendre de son domicile au travail et *vice versa* — lorsque la distance n'excède pas quatre kilomètres — ne sont pas comptés dans la durée du travail. La durée de la journée légale peut être prolongée de trois heures par jour — soixante jours par an au plus — en cas de circonstances extraordinaires (mais seulement d'un commun accord), en cas d'accident et dans tous les cas où la suspension du travail normal porte un préjudice grave à l'entreprise. La durée du travail des mineurs de douze à dix-huit ans ne peut dépasser six heures par jour; il est interdit de les employer à des travaux supplémentaires.

Il doit être accordé aux ouvriers un jour de repos après six jours de travail. Est réputé jour de repos celui prescrit par une loi spéciale ou par le règlement d'atelier; à défaut de prescriptions de ce genre, le dimanche est réputé jour de repos hebdomadaire. Le 1er mai et le 16 septembre sont considérés comme jours de fête. La durée du repos des femmes en couches est fixée à quarante jours; les patrons sont tenus de leur payer le salaire pendant toute la durée du repos. Pendant la période d'allaitement, les femmes ont droit, chaque jour, à deux repos d'une demi-heure chacun.

ART. 2.

La présente loi s'applique également aux ouvriers occupés à des travaux publics.

ART. 3.

La durée journalière du travail des ouvriers adultes peut être prolongée dans des cas particuliers, mais ne doit en aucun cas excéder quarante-huit heures pour six jours.

Toute modification de la durée normale du travail sera déclarée à l'autorité administrative compétente, conformément aux dispositions que le pouvoir exécutif édictera par voie d'ordonnance.

ART. 4.

Le pouvoir exécutif édictera par voie d'ordonnance les dispositions relatives aux repos journaliers et obligatoires qui doivent être accordés pendant la journée de travail aux ouvriers et employés de chaque profession.

ART. 5.

Nulle fabrique, atelier ou autre entreprise ne peut occuper des ouvriers ayant déjà fourni la journée légale de travail dans une autre entreprise. L'ouvrier qui travaille dans une autre entreprise pendant un nombre d'heures inférieur à la durée légale du travail, peut travailler dans d'autres entreprises jusqu'à concurrence de cette durée.

ART. 6.

Toute fabrique, atelier ou toute entreprise qui permet à ses ouvriers ou employés de travailler au delà de la durée légale de travail, encourt une amende s'élevant à dix piècettes pour chaque ouvrier qui a contrevenu à la loi lorsqu'il s'agit d'une première contravention, et à quinze piècettes en cas de récidive.

Les ouvriers seront punis d'amendes s'élevant au salaire qui leur a été payé pour le travail supplémentaire; toutefois aucune amende ne dépassera le salaire supplémentaire d'un mois.

ART. 7.

Le contrôle de l'application de la présente loi est confié à vingt-cinq inspecteurs spéciaux relevant de l'Office de travail et que le pouvoir exécutif attribuera en nombre suffisant aux différents départements.

Le traitement de chaque inspecteur est fixé à 1,080 piècettes par an, pour le département de Montevideo, et à 960 piècettes dans les autres départements. Conformément à l'ordonnance d'exécution qui sera édictée par le pouvoir exécutif, les inspecteurs peuvent, dans l'exercice de leurs fonctions, visiter les locaux de travail et demander tous les renseignements qui leur sont nécessaires pour l'accomplissement de leur mission.

Encourt une amende s'élevant à vingt-cinq piècettes pour chaque contravention dûment constatée, tout chef ou directeur d'entreprise qui refuse de fournir à l'inspectëur les moyens de remplir sa mission ou qui met obstacle à l'exercice d onctions que le présent article confère à l'inspecteur.

ART. 8.

La présente loi entrera en vigueur trois mois après sa promulgation.

II. — TEXTE DES AMENDEMENTS DÉPOSÉS.

(Application de l'article 86 du Règlement.)

Amendements à la proposition de loi (n° 5600) de M. Pierre Renaudel.

Amendement n° 1, présenté, le 18 mars 1919, par M. Paul Aubriot, député.

ART. 2.

Rédiger comme suit cet article :

« Le repos hebdomadaire prescrit par l'article 33 du livre II du Code du travail comprendra, en plus du dimanche, pour les ouvriers et employés des deux sexes visés à l'article premier de la présente loi, l'après-midi du samedi. »

Exposé sommaire. — La semaine anglaise véritable, c'est-à-dire le repos du samedi midi au lundi matin, peut sans perturbation aucune être appliquée à la plupart des catégories d'employés : employés d'industrie, employés de banque, de bourse, d'assurances, employés des établissements de commerce de gros, etc. Elle est déjà appliquée à un certain nombre d'entre eux.

Dans les établissements du commerce de détail, des dérogations pourraient être apportées ainsi d'ailleurs que le prévoit l'article 4 de la proposition que la Commission a bien voulu approuver de son vote. Nous préconisons pour eux l'application de la semaine anglaise commerciale, c'est-à-dire le repos du samedi soir au lundi à midi ou une heure.

Ainsi pourraient facilement se concilier les besoins du consommateur avec les nécessités du repos de l'employé.

Par l'acceptation de cet amendement, la loi qui sortira de nos délibérations, en même temps qu'elle protégera la personnalité humaine contre les dégénérescences physiques et morales qui résultent d'un travail par trop intensif, marquera notre désir de réaliser la plus urgente des réformes sociales que les travailleurs réclament. Elle sera acceptée par tous comme une conquête de la raison et de l'esprit de justice.

Amendement n° 2, présenté, le 18 mars 1919, par M. Paul Aubriot, député.

ARTICLE PREMIER.

Rédiger cet article ainsi qu'il suit :

L'article 6 du livre II du Code du travail est modifié ainsi qu'il suit :

« Dans tout établissement industriel ou commercial, ou dans ses dépendances, de quelque nature qu'il soit, public ou privé, laïque ou religieux, même s'il a un caractère d'enseignement professionnel ou de bienfaisance, dans les chantiers publics ou privés, la journée des ouvriers et employés des deux sexes ne peut pas excéder huit heures de travail effectif. »

Exposé sommaire. — Le texte proposé priverait des avantages que l'on veut obtenir les employés des deux sexes de toutes catégories et même les ouvriers travaillant dans les établissements commerciaux.

Les auteurs de la proposition ont eu le louable souci d'intervenir pour protéger la santé de la race. Ils se sont émus des longues journées passées par les travailleurs dans des locaux surpeuplés, surchauffés, remplis de gaz et de poussières, toujours incommodes, sinon nocifs, sinon toxiques. En réduisant la durée du travail, ils ont voulu remédier à l'affaiblissement de la race, résultant du surmenage dans ces locaux malsains.

Mais les mêmes causes engendrent les mêmes effets et nécessitent les mêmes remèdes. Les employés travaillent le plus souvent dans des conditions hygiéniques aussi défavorables que celles dans lesquelles travaillent les ouvriers ; que le travail est parfois aussi intensif et nécessite une attention de tous les instants comme celui de l'industrie ; que l'unité de la vie de famille se trouve rompue pour l'employé retenu de trop longues heures hors de chez lui. Le surmenage dans les bureaux ou dans les magasins, autant que le surmenage de l'ouvrier d'industrie, provoque la répartition dans l'organisme humain des mêmes déchets de désassimilation, débilite également la race, prédispose le travailleur à la tuberculose.

Avec de plus courtes journées de travail, moins de dépression physique et intellectuelle ; avec le repos d'une demi-journée, l'employé comme l'ouvrier pourra, au moment où l'organisme est le plus débilité, réparer ses forces.

Les tâches de l'employé nécessitent souvent plus d'effort intellectuel que d'effort physique. L'employé les accomplira avec d'autant plus de rapidité, de régularité et de perfection qu'il aura le cerveau plus dispos, l'esprit plus reposé. Ainsi, sans être préjudiciable au rendement du travail de l'employé, où la part d'automatisme est moins grande que partout ailleurs, pourra se réaliser la réforme que nous désirons.

DÉBATS À LA CHAMBRE DES DÉPUTÉS.

2e SÉANCE DU 16 AVRIL 1919.

M. le Président. — L'ordre du jour appelle la discussion : 1° de la proposition de loi de M. Pierre Renaudel et plusieurs de ses collègues, sur l'application généralisée à l'industrie et au commerce de la journée de huit heures et de la semaine anglaise; 2° du projet de loi sur la journée de huit heures.

La parole est à M. le Ministre du Travail.

M. Colliard, *Ministre du Travail et de la Prévoyance sociale.* — Je m'excuse de monter à la tribune à cette heure tardive, mais j'ai hâte que le projet de loi si intéressant de la journée de huit heures soit discuté. Je prie donc la Chambre de m'accorder quelques instants de sa bienveillante attention. (*Parlez ! parlez !*)

Je serai bref, mais je tiens à fournir quelques explications, en ce qui concerne le projet de loi de huit heures et les raisons qui ont amené le Gouvernement à le déposer.

La question de la réglementation de la durée du travail passionne, depuis de nombreuses années, aussi bien les ouvriers que les patrons. Avant 1900, les hommes adultes travaillaient douze heures, les femmes onze heures, les enfants dix heures. La Chambre, par la loi du 30 mars 1900, que j'ai eu l'honneur de défendre, a unifié la durée de la journée de travail et l'a ramenée par étapes à dix heures.

Depuis cette époque, le monde du travail a constamment, dans tous ses congrès, dans toutes ses assemblées, proclamé le principe de la journée de huit heures. Le projet de loi soumis à vos délibérations répond à ces désirs. (*Très bien ! très bien !*)

Comment ce projet de loi se présente-t-il devant vous?

Pendant la guerre, le Ministère du Travail s'est constamment efforcé de résoudre, par des accords, les différends qui s'élevèrent entre employeurs et employés. Des centaines de conventions intersyndicales ont été ainsi passées sous les auspices du Ministre du Travail depuis dix-sept mois. Je dois rendre hommage et aux employeurs et aux ouvriers et déclarer que les uns et les autres ont fait tous leurs efforts pour faciliter des transactions amiables. Grâce à elles, de nombreuses grèves ont pu être évitées.

Dans la question de la journée de huit heures, nous avons employé la même méthode.

La Commission des traités internationaux de travail ayant été amenée à examiner la journée de huit heures au point de vue international, c'est à elle que je me suis adressé pour étudier la question au point de vue national. A côté de parlementaires et de fonctionnaires, toutes les grandes organisations patronales et ouvrières sont représentées à cette commission par des délégués désignés par ces organisations elles-mêmes.

Je dois dire qu'au début de la discussion, les délégués des industriels se sont montrés quelque peu hostiles à l'application de la réforme, dans les circonstances actuelles. Ils faisaient valoir la concurrence des pays étrangers, les difficultés que rencontrerait le perfectionnement de notre outillage, enfin l'insuffisance numérique de notre main-d'œuvre.

La Confédération générale du travail s'est attachée à montrer qu'il appartenait aux industriels de prendre les mesures nécessaires pour maintenir, avec la journée de huit heures [illegible] en réglant le travail de telle façon que, dans le cours de la journée, des ouvriers ne restent pas inoccupés.

Je dois rendre cet hommage aux parties en présence que, dès la première réunion, elles se sont mises d'accord sur le principe de la journée de huit heures ; la discussion, pour âpre qu'elle ait été parfois, s'est toujours poursuivie courtoise et sans violence.

L'accord s'est fait ensuite sur les modalités. Ce sont celles qui sont énumérées dans le projet de loi que nous vous soumettons.

Une fois l'accord réalisé, j'ai pris l'engagement formel de soumettre le texte tel qu'il résultait de cette entente, aux délibérations de la Chambre et c'est ce texte que j'ai l'honneur de soutenir devant vous.

Si le Gouvernement l'a fait sien, c'est qu'il est convaincu que la journée de huit heures contribuera à relever le niveau moral, intellectuel et hygiénique de la classe ouvrière, et qu'elle ne compromettra pas la production nationale.

D'ailleurs, les entretiens que j'ai eus avec les organisations ouvrières m'ont [illegible] que sur beaucoup de points, les patrons [illegible] ce que m'ont dit les ouvriers.

Ne vous étonnez pas de cet accord. Lorsqu'il a été question, pour la première fois, d'appliquer la journée de huit heures, il y a eu, dans le monde patronal, un mouvement de résistance très vif.

Puis, quand la journée de huit heures s'est généralisée peu à peu à l'étranger, [illegible] que la France ne pouvait y échapper, les industriels ont examiné [illegible] le problème et, avec la souplesse de notre génie français, ils se sont efforcés de s'adapter à la situation nouvelle. Il leur est apparu que la journée de huit heures n'aurait pas que des conséquences défavorables.

Avec la journée de huit heures, par exemple, il sera possible [illegible]

[illegible]

M. le Ministre du Travail. — Volontiers !

M. Tissier. — Je veux rappeler un exemple qu'on semble oublier. M. Pelletan avait instauré la journée de huit heures dans les arsenaux, provisoirement d'abord, et les résultats constatés par les ingénieurs ont montré que le rendement de travail était supérieur à celui des journées plus longues.

M. le Ministre du Travail. — J'allais y venir. Mais il n'y a pas que dans les arsenaux qu'on ait appliqué la journée de huit heures. Elle a été réalisée également dans certaines industries privées.

M. Lauche. — Grâce à l'action de la classe ouvrière.

M. le Ministre du Travail. — Je dois rendre cet hommage aux ouvriers qu'ils ne se sont à aucun moment, tout en demandant la journée de huit heures, désintéressés de la question de production et qu'ils se sont engagés à faire, en ce qui les concerne, tous leurs efforts pour que le rendement reste le même.

M. Lauche. — Sous réserve que les patrons fassent l'effort industriel nécessaire.

M. le Ministre du Travail. — Enfin, il n'y a pas que dans notre pays que la journée de huit heures est à l'ordre du jour. Les États, qui l'ont déjà réalisée dans la loi, sont énumérés dans le projet du Gouvernement et par le rapporteur de la Commission du travail. Vous verrez figurer dans cette énumération un grand nombre de pays des deux continents : la Finlande, la Pologne, la République tchéco-slovaque, la Russie, l'Allemagne, l'Autriche allemande. Les États-Unis, l'Italie appliquent la journée de huit heures dans un grand nombre d'industries à la suite de contrats passés entre les organisations patronales et ouvrières.

Vous voyez que nous n'innovons rien.

D'ailleurs, le projet de loi, en tant qu'il prévoit, pour régler l'application de la journée de huit heures, des accords, par industrie, entre patrons et ouvriers est appliqué déjà par avance.

En ce moment même, des pourparlers sont engagés, dans les chemins de fer, entre les représentants des grandes compagnies et les délégués des cheminots, dans la métallurgie, entre le Comité des forges et la Fédération des ouvriers des métaux.

La semaine prochaine, ce sera le tour des mines et des diverses industries du bâtiment.

Nous sommes sur un terrain bien meilleur qu'en 1900, parce qu'en 1900 nous avons appliqué la loi d'une façon rigide et uniforme à toutes les industries.

Aujourd'hui, que faisons-nous?

Nous vous apportons un projet de loi qui permet de tenir compte des conditions spéciales à chaque profession et qui fait appel, sur ce point, à l'accord entre patrons et ouvriers.

Cet accord portera non seulement sur le principe de la journée de huit heures, mais sur toutes les modalités que comporte l'application de ce principe.

Il est une question qu'il n'a pas paru possible de régler dans la loi elle-même : c'est celle des salaires et je demanderai peut-être à la Commission du travail de ne pas maintenir la disposition qu'elle a ajoutée à ce sujet.

M. Ribeyre. — Très bien !

M. le Ministre du Travail. — On a rappelé à ce sujet que la loi sur la semaine anglaise était également muette sur la question des salaires. Il s'agissait aussi d'une réduction des heures de travail. Or les conventions passées pour l'application de la semaine anglaise ont toutes traité en même temps la question des salaires. Il a été entendu qu'il en serait de même pour l'application de la journée de huit heures et les patrons ont déclaré qu'ils n'avaient aucunement l'intention de profiter de la réduction des heures de travail pour diminuer les salaires.

Ce n'est pas d'ailleurs la question des salaires qui pourra être discutée à cette occasion, mais toutes les autres conditions du travail pourront être examinées.

Voilà pourquoi je demande à la Commission du travail et à son rapporteur de s'en tenir au texte du Gouvernement.

M. Lerredu. — Quel est donc votre texte sur les salaires?

M. Henri Laniel. — S'agit-il du salaire à la journée ou aux pièces?

M. le Ministre du Travail. — Je ne présente pas de texte, je demande, au contraire, à la Commission de supprimer la disposition qu'elle a introduite au sujet des salaires.

M. Henri Laniel. — Parce qu'alors ce serait très grave.

M. le Ministre du Travail. — Je ne prétends point que toutes les dispositions du texte qui vous est soumis n'ont pas été acceptées sans discussion. Les délégués patronaux ont fait des réserves, les délégués ouvriers également. Mais il y a eu accord sur l'ensemble du projet.

Je me permettrai de vous citer l'opinion autorisée du secrétaire de la Confédération générale du travail, telle que je la trouve relatée dans l'*Information ouvrière et sociale*.

« Tel quel, dit M. Jouhaux, ce projet établit le principe de la journée de huit heures, laissant le soin aux organisations patronales et ouvrières, par des contrats collectifs, de préciser les modalités d'application. Cette loi a l'avantage énorme de ne pas indiquer de dérogations, elle laisse le soin aux intéressés de les décider eux-mêmes. C'est un sensible progrès sur le passé. Du côté patronal on a proposé certains amendements comportant des dérogations pour les chauffeurs d'usines, ou ceux qui préparent l'accomplissement du labeur quotidien des ouvriers. On a également parlé des travailleurs intermittents, il s'agissait des gardes-barrières, c'est une affaire qui regarde plus particulièrement la Fédération des cheminots, mais sur tous ces amendements, les délégués ouvriers n'ont pas pris part au vote, et finalement, ces amendements n'ont pas été maintenus.

« Pour nous, conclut M. Jouhaux, il nous suffit que, dans le délai d'un mois après son entrée en application, cette loi permette que des conversations soient engagées entre patrons et ouvriers pour en faciliter l'application rapide. Au cours des débats, les patrons ont déclaré qu'il n'était pas dans leur esprit de diminuer les salaires en appliquant la journée de huit heures, mais ce qui les préoccupait le plus, c'était une question de production. »

M. Lauche. — M. Jouhaux a dit autre chose.

M. le Ministre du Travail. — C'est possible, mais je cite exactement ce que j'ai lu.

M. Lauche. — Je veux dire que ce n'est pas là toute sa pensée. C'est une partie du problème.

M. François-Fournier. — La question est uniquement dans la production. La main-d'œuvre est suppléée par la machine, il faut donc autant que possible perfectionner l'outillage mécanique.

M. Henri Laniel. — Il semble tout de même qu'il faudrait procéder par échelons.

M. le Ministre du Travail. — C'est entendu.

Le projet de loi soumis à vos délibérations est inspiré des textes déjà existant :

L'article 6 qui pose le principe de la limitation de la durée du travail emploie la formule qui a toujours été utilisée en pareil cas par les lois sur la matière.

Les articles 6 et 8 relatifs aux règlements d'administration publique reproduisent les termes mêmes employés par la loi sur la semaine anglaise.

L'article 8 prévoit notamment les dérogations. Les unes sont permanentes : elles s'appliquent notamment aux chauffeurs qui doivent revenir le matin avant et partir le soir après les autres travailleurs; patrons et ouvriers ont été d'accord pour admettre la nécessité d'une exception à ce sujet.

Le texte relatif à ces dérogations permanentes est inspiré du décret du 28 mars 1902 sur la durée du travail des adultes.

Quant aux dérogations temporaires, la disposition qui les vise est également tirée des lois et décrets sur la matière.

Pour le contrôle des heures de travail et de repos, pour le contrôle des dérogations, on s'est inspiré des articles 40 et 50 du Code de travail sur le repos hebdomadaire. Telle est l'origine du texte que le Gouvernement a déposé et que je demande à la Chambre de voter tel que le Gouvernement l'a présenté. (*Très bien! très bien!*)

M. Henri Laniel. — Vous avez parlé de régions. Qu'entendez-vous par là?

M. le Ministre du Travail. — Ce sera aux accords intervenus entre patrons et ouvriers dans chaque industrie qu'il appartiendra de déterminer à quelle région ils sont applicables. La détermination de ces régions peut varier avec les industries.

M. Henri Laniel. — Les régions n'existent pas légalement.

M. le Ministre du Travail. — L'expression « région » se trouve dans les décrets du 10 août 1899 sur les conditions de travail des ouvriers occupés à l'exécution des marchés de l'État, des départements et des communes. Des accords récents ont déterminé des régions pour l'industrie minière.

Je demande à la Chambre de s'en tenir au texte que le Gouvernement lui a soumis. Il n'est pas l'œuvre du Gouvernement; il est sorti des délibérations d'une commission dans laquelle les grandes organisations patronales et ouvrières étaient représentées par des délégués choisis par elles. Le Gouvernement n'y a rien changé.

Ce n'est pas à dire que nous cherchions à abriter notre responsabilité derrière celle des organisations ouvrières et patronales consultées. C'est le Gouvernement qui a provoqué cette consultation; il a assisté à leurs délibérations; il s'est efforcé de réaliser l'accord entre les deux parties. Et une fois cet accord obtenu, c'est en pleine connaissance de cause qu'il y a adhéré et qu'il l'a fait sien.

— 94 —

M. Charles Benoist. — Ce texte s'applique-t-il aussi [illegible] de la Chambre ?

M. le Ministre du Travail. — Pourquoi pas ?

Le projet que nous vous proposons va donner à la classe ouvrière la journée de huit heures, qu'elle appelle de ses vœux depuis si longtemps ; il va la lui donner intégrale, dans la paix corporative, et dans des conditions qui permettront [illegible] compte de sauvegarder la production.

C'est pourquoi je ne saurais trop insister auprès de la Chambre, comme je l'ai fait auprès du Sénat, pour qu'elle vote le projet d'urgence.

C'est pour cette même raison que je lui demanderai de voter le projet tel qu'il lui a été présenté. Ce n'est pas par amour-propre d'auteur, puisque le texte n'est pas de moi ; c'est dans l'intérêt d'un vote rapide à la Chambre et au Sénat, que je prie l'Assemblée de n'y apporter aucune modification, aucune addition. (*Très bien ! très bien !*)

Les modifications ou additions risqueraient, en effet, de remettre en question l'entente si heureusement intervenue, ouvriraient la voie à d'autres modifications et additions, tant à la Chambre qu'au Sénat, et retarderaient ou compromettraient [illegible] même le vote d'une réforme que nous considérons au premier chef comme une œuvre de paix sociale et de conciliation nationale. (*Vifs applaudissements.*)

Si je demande à la Commission du travail de renoncer aux quelques modifications qu'elle a apportées, c'est pour aboutir plus vite.

Ce à quoi le monde ouvrier tient, c'est à des résultats et non à des discours. (*Applaudissements répétés.*)

Voix nombreuses. A demain !

M. le Président. — J'entends demander le renvoi à demain de la suite de la discussion.

Il n'y a pas d'opposition ?...

La suite de la discussion est renvoyée à la séance de demain matin.

2e SÉANCE DU 17 AVRIL 1919.

M. le Président. — L'ordre du jour appelle la suite de la discussion [illegible] proposition de loi de M. Pierre Renaudel et plusieurs de ses collègues, [illegible] [illegible] journée de huit heures et [illegible] projet de loi sur la journée de huit heures.

La parole est à M. Albert Thomas [illegible]

M. Albert Thomas. — Messieurs, [illegible], MM. Pierre Renaudel, [illegible] [illegible] proposition de loi [illegible] [illegible] [illegible] [illegible] [illegible] [illegible]

Depuis lors, les évènements se sont précipités. Différents pays ont établi la journée de huit heures. La Conférence internationale du travail s'est réunie; la Commission française pour la législation internationale s'est saisie de la question des huit heures et le Gouvernement, après ses premières délibérations, a apporté, à la date du 8 avril, un projet de loi.

Je tiens à remercier la Commission du travail d'avoir, dès le moment où nous avions déposé notre proposition de loi, commencé l'étude de la réforme et de l'avoir poursuivie avec une diligence telle que, grâce au rapport succinct, mais excellent, de notre ami M. Justin Godart, elle en saisit la Chambre aujourd'hui.

Je ne voudrais pas, à une heure comme celle-ci, accabler la Chambre par un long discours et reprendre toutes les démonstrations de la nécessité de la journée de huit heures. Mais mes collègues ne comprendraient pas que, dans les circonstances présentes, nous n'indiquions pas à la fois la portée et la valeur de la réforme et que nous ne cherchions pas à préciser dans quelles conditions elle peut être appliquée.

Il y a quelque importance à ce que nous marquions ainsi dans nos Assemblées parlementaires, parfois tant décriées, dans quel esprit une réforme s'accomplit et l'importance que le Parlement y attache.

Je tiens, d'autre part, à rappeler que cette réforme, qui est aujourd'hui envisagée par la Chambre comme toute naturelle, cette réforme qui semble prête à être cueillie comme un fruit mûr, a suscité dans cette enceinte et hors de cette enceinte, depuis plus d'un demi-siècle, des débats nombreux et passionnés.

Nous ne pouvons pas, au moment où le Parlement va voter les huit heures, oublier que, depuis les années 1840 et 1850, la revendication des trois huit a été la revendication socialiste par excellence.

Nous ne pouvons pas oublier que des générations de travailleurs avaient fait des trois huit la revendication symbolique et que sur toutes les bannières rouges dans les 1er mai successifs qui, depuis 1891, ont été célébrés, c'était la formule des huit heures de travail, huit heures de sommeil et huit heures de loisir qui était inscrite. (*Très bien! très bien! à l'extrême gauche*).

M. Cadenat. — La journée de huit heures m'a coûté un mois de prison. (*Sourires.*)

M. Albert Thomas. — De nombreux militants ouvriers pourraient dire comme vous qu'elle leur a coûté quelques mois de prison ou quelques poursuites. Il y a aussi, nous avons le droit de le rappeler, des ouvriers et des ouvrières qui sont morts pour la journée de huit heures. Je ne voudrais pas évoquer ici — je le dois cependant — le souvenir de Fourmies et la manifestation de 1891 pour les huit heures. (*Très bien! très bien! à l'extrême gauche.*)

Lorsque les huit heures sont apparues pour la première fois au Parlement, dans un grand discours de Guesde, ce fut comme une revendication révolutionnaire, et, plus tard encore, lorsqu'on discutait des lois de réduction de travail, la loi des dix heures, par exemple, en 1912, et que Vaillant prononçait son beau discours, il semblait que c'était là une utopie généreuse, d'une réalisation extrêmement lointaine, et la journée de dix heures suscitait de la part du patronat des critiques âpres et persistantes.

Aujourd'hui, il semble bien que tout est changé. La journée de huit heures, peut-être sous la pression de la force ouvrière grandissante, se présente comme une réforme qui, je le répète, paraît mûre.

Évidemment, le grand mouvement révolutionnaire qui s'est emparé de l'Europe a modifié les esprits. Non seulement en Russie, où la révolution chaotique peut prêter à bien des interprétations, mais dans d'autres pays où la révolution revêt tout à la fois un caractère national et un caractère populaire, la journée de huit heures a été décidée, résolue presque au début du mouvement. En Allemagne, c'est un décret de loi qui l'a établie dès le lendemain de la révolution de novembre, et il y a eu un effort d'application dans un grand nombre de régions.

En Autriche, même loi. En Hongrie, mêmes dispositions. Et, dans un pays qui conçoit sa révolution comme un premier effort de reconstitution nationale, la République tchéco-slovaque, on a voté une loi mûrement étudiée jusque dans les détails, qui permet déjà une application étendue de la journée de huit heures.

Avant même ces révolutions, dans l'ensemble du monde, la revendication des huit heures avait été formulée. Aux États-Unis, où une large application en existe déjà, la Fédération américaine du travail avait indiqué que la réforme devait être internationalisée. Les conférences syndicales internationales tenues pendant tout le cours de la guerre ont réclamé l'application internationale de la journée de huit heures, et la Conférence internationale du travail, où sont représentés les ouvriers des divers pays, a étudié la réforme; c'est dans la charte intervenue entre les hautes parties contractantes qu'elle est inscrite aujourd'hui.

Ainsi, pendant toute la guerre, on s'est acheminé vers la réforme des huit heures et vers l'application internationale de la journée de huit heures.

En France même les idées ont singulièrement évolué durant ces cinq années, et les résistances anciennes sont beaucoup moins vives.

Si on faisait l'histoire du mouvement ouvrier français, on s'apercevrait que, depuis plus d'un siècle, chaque fois qu'il y a eu croissance de l'organisation ouvrière, chaque fois qu'il y a eu développement du mouvement ouvrier, on a pu noter un nouveau progrès pour la journée de huit heures.

Tout à l'origine de la renaissance du mouvement, en 1889 au Congrès de Paris, en 1891 au Congrès de Bruxelles, c'est l'affirmation de la journée de huit heures qui se trouve mise en tête des revendications ouvrières.

Un peu plus tard, le mouvement ayant grandi, la Confédération générale du travail, sentant naître sa puissance, on décide, en 1904, à Bourges, l'agitation pour les huit heures. Pendant dix-huit mois, l'agitation est poursuivie par toutes les organisations, et c'est le 1er mai un peu mouvementé de 1906, mais dont le résultat certain est, pour la Fédération du livre, la conquête de la journée de neuf heures, et, pour un grand nombre d'autres fédérations, la diminution de la journée de travail.

M. Louis Simonet. — C'est surtout le perfectionnement de l'outillage qui a [illegible] permettre de produire autant avec la journée de huit heures qu'avec celle de [illegible], car malgré les efforts des ouvriers, le temps du travail est un des grands facteurs de la production, sinon le plus important.

M. Albert Thomas. — [illegible] je prononce une parole qui soit en contradiction avec cette pensée, je demande la permission d'arriver à la partie de ma démonstration qui concerne précisément le perfectionnement de l'outillage. Mais j'ai le droit de dire, au début de ce discours, que ce n'est pas seulement le perfectionnement de l'outillage qui amène automatiquement la diminution de la journée de travail. L'histoire de notre mouvement ouvrier nous enseigne que c'est bien plus la revendication de la courte journée de travail qui a imposé à un patronat trop souvent routinier la réforme de son outillage, que la réforme de l'outillage qui a causé la diminution de la journée de travail. (*Très bien! très bien! à l'extrême gauche.*)

M. Louis Simonet. — Ne voyez pas dans mes paroles une opposition à la journée de huit heures que vous, socialistes, vous avez demandée peut-être avant nous. Nous

nous trouverez derrière vous pour la voter, parce que nous estimons qu'elle est juste. Je dis que les circonstances sont plus favorables en ce moment-ci qu'elles ne l'étaient il y a vingt ans, par exemple, quand vous posiez les principes de l'idée, parce qu'aujourd'hui nous avons un outillage perfectionné qui empêchera la diminution du rendement et cet outillage, nous pourrons encore le rendre plus parfait.

M. Albert THOMAS. — A quelques nuances près, nous nous trouverons d'accord au cours de cette discussion.

M. Louis SIMONET. — Absolument.

M. Albert THOMAS. — Je me féliciterai de l'adhésion que je rencontrerai de ce côté de la Chambre (*le centre*), puisqu'aussi bien, de ce côté-ci (*l'extrême gauche*), nous sommes depuis très longtemps convaincus.

Je tenais néanmoins à démontrer que c'est sous la pression du mouvement ouvrier moderne que la journée de huit heures a, aujourd'hui, cause gagnée, et je veux indiquer encore que la guerre n'a pas été étrangère à cette évolution des esprits, d'une part en apportant au patronat la possibilité de perfectionnements d'outillage, et d'autre part, en développant dans le monde ouvrier l'idée que, si cette guerre a été véritablement la guerre du droit, la guerre de la justice, il faut qu'au point de vue social aussi cette conception du droit et de la justice se trouve réalisée.

Aujourd'hui donc, la journée de huit heures — et les premières interruptions qui se sont produites nous l'indiquent — aurait à peu près cause gagnée.

Mais si nos collègues du centre et de la droite donnent leur adhésion, si, comme l'indiquait hier M. le Ministre du Travail, le patronat donne son adhésion à la journée de huit heures, je désire cependant préciser un peu dans quel esprit.

Je lis dans l'exposé des motifs que le projet est le résultat d'une discussion où les deux parties se sont trouvées en présence, où elles ont semblé animées — je cite l'exposé des motifs — « d'une entière bonne foi et où il est apparu qu'elles avaient le désir loyal et sincère d'aboutir à une entente ». J'ai eu l'occasion de vivre, pendant un certain temps de la guerre, en contact avec le monde patronal, où s'est accomplie une profonde modification des idées. Aujourd'hui beaucoup de patrons ont admis la nécessité des transformations techniques et se sont rendu compte qu'on ne pourrait produire abondamment, produire pour l'exportation qu'avec des méthodes perfectionnées et avec une main-d'œuvre en bon état physique et moral. Ainsi beaucoup de patrons ont reconnu la nécessité des courtes journées de travail.

Est-ce à dire que tout le patronat se range aujourd'hui à cet avis? Est-ce à dire qu'il n'y a pas encore au sein du monde patronal de nombreuses résistances?

M. le Ministre du Travail ne me démentira pas, les discussions qui ont conduit à l'accord révèlent dans une partie du patronat des réserves et des oppositions inquiétantes. J'ajoute, que même depuis que l'accord a été réalisé, il ne paraît pas, dans les campagnes de journaux, que l'on respecte toujours cet accord; au moment où l'on vient de donner son acquiescement à la réforme, on multiplie toutes sortes d'objections, qui se ressentent un peu trop des déclarations patronales, des déclarations des chambres de commerce et de certaines grandes associations. Au sein même de la Commission des traités internationaux du travail, je me rappelle que certaines déclarations manifestaient bien dans quel état d'esprit divers patrons, encore aujourd'hui, accueillent la réforme.

C'était la délégation des chambres de commerce qui disait que « l'heure n'étant pas aux expériences, on commettait une erreur économique en voulant imposer la journée de huit heures et que les chambres de commerce en laissaient la pleine [illegible] chambres de commerce [illegible] responsabilité, l'erreur économique qu'à leur avis on allait commettre.

En somme, Messieurs, nous comprenons bien la pensée d'un certain nombre de patrons ; ils se bornent à dire : « Les ouvriers veulent les huit heures, le Gouvernement cède aux ouvriers, nous nous résignons. Il va être commis une grave erreur économique. Tant pis pour le pays ! »

M. Ferdinand Bougère. — Ce n'est pas tout à fait cela.

M. Albert Thomas. — Messieurs, si c'était dans cet état d'esprit que l'on votait la journée de huit heures, nous dirions que le Parlement serait indigne de sa tâche. Si nous avions la conviction que la journée de huit heures constitue une erreur économique, nous aurions le devoir de le dire au [illegible] le devoir de s'insurger ici contre la mesure. On ne peut pas admettre qu'une erreur économique soit accueillie sous la pression de telle ou telle classe de la société ; on ne peut pas admettre que le Parlement abdique devant des influences extérieures.

Nous demandons, nous, à la Chambre, en reprenant tous les arguments, [illegible] en nous autorisant de leur [illegible], mais en demandant qu'on les juge et qu'on les apprécie, nous demandons à la Chambre de donner à la réforme que nous sollicitons son entière adhésion et de la voter avec la conviction qu'elle vote une réforme utile, non seulement pour la classe ouvrière, mais aussi pour l'ensemble du pays et pour sa grandeur. (Applaudissements.)

Je ne voudrais pas, plus que ne l'a fait dans son rapport [illegible]

[illegible]

à une moins-value d'environ 30 p. 100 dans la capacité de production, et occasionnerait, sur le chiffre de 50 milliards précité, une perte de 11 à 12 milliards dont une faible partie seulement pourra être récupérée par une augmentation de la production.

Ils insistent, enfin, sur la situation économique du pays qui, disent-ils, est grave.

« Les pertes que le pays a subies par la guerre l'ont plus éprouvé qu'aucun autre, alors que ses effectifs étaient déjà notoirement insuffisants. De plus les destructions systématiques ont paralysé, temporairement ou à demeure, une fraction de ses moyens de production plus élevée que chez aucun de ses concurrents.

« Dans ces conditions, disent-ils, les délégués patronaux se seraient estimés infidèles à la fois au devoir professionnel et au devoir civique s'ils avaient caché au Gouvernement et à l'opinion publique la certitude où ils sont qu'une réduction uniforme et rapide de la journée de travail et, à plus forte raison, son abaissement en fin de compte à huit heures, aura sur la plupart des branches de la production nationale une influence désastreuse. »

Je disais que nous avons le devoir de voter la réforme en pleine connaissance des conditions dans lesquelles nous la votons. En ce qui me concerne, je ne saurais demeurer indifférent aux inquiétudes dont témoigne cette note.

Ces jours-ci encore, un grand journal, le *Journal des Débats*, faisait valoir un argument qui peut frapper les esprits :

« Ce n'est pas au moment où l'on mobilise — et la reconstruction constitue une véritable mobilisation — que l'on doit changer ses méthodes. »

Tous ces arguments, je le répète, ont leur valeur ; ils ont surtout une valeur de propagande à l'heure actuelle dans le pays, et ils reposent sur un grand nombre de faits certains.

Je dirai plus. Je suis de ceux qui en ce moment sont extrêmement préoccupés de l'état de la production dans le monde. Si la France se trouvait en présence d'autres pays industriellement actifs, si elle avait à faire l'effort indispensable de concurrence internationale, je ne serais pas autrement alarmé, car dans cette concurrence il y aurait néanmoins, étant données les conditions dans lesquelles nous nous trouvons, un stimulant, une excitation à la production générale. Mais, actuellement, j'estime que c'est dans le monde entier qu'on doit envisager avec inquiétude le problème de la production. S'il m'est permis d'élargir la question, je voudrais dire ma crainte, ma hantise d'une décadence, d'une régression universelle de la civilisation qui, toutes proportions gardées, ferait penser à une sorte de retour au moyen âge.

Il y a quelques jours, je recevais un voyageur qui revenait de Russie et me faisait le tableau des villages russes à l'heure actuelle. Il me disait comment peu à peu, par une sorte de régression à laquelle on se résignait, les paysans des villages russes revenaient à un état de civilisation primitif, ayant abandonné l'habitude si précieuse de la chemise blanche, n'étant plus vêtus que de peaux de bêtes, enveloppant leurs pieds de paille et n'ayant plus même le souci de rechercher les bottes auxquelles ils tenaient tant.

M. Maurice Sibille. — C'est un beau tableau du régime bolcheviste.

M. Albert Thomas. — Je laisse de côté, Monsieur Sibille, ce que vous voulez attribuer au bolchevisme. Je n'ai pas eu l'occasion de m'exprimer à la Chambre sur la question du bolchevisme. J'ai cependant assez souvent exprimé mon état d'esprit...

M. Maurice Sibille. — Je suis très heureux de vous l'entendre formuler ici.

M. Albert Thomas. — . . . pour qu'on ne cherche pas là telle ou telle tendance politique. Seulement, au moment même où vous prétendez, pour introduire le jeu politique dans cette discussion, que c'est là une des conséquences du régime bolchéviste, je dis qu'il faudra faire la part tout à la fois du bolchévisme et de la guerre, et tenir compte de l'état auquel la guerre, même du temps du tsarisme, avait réduit la Russie.

D'ailleurs la diminution de civilisation n'est pas propre à la seule Russie. Vous la trouvez dans beaucoup d'autres pays, à cette heure même dans les pays victorieux. Par suite de l'épuisement des stocks dans le monde entier, par suite de la diminution des ressources, je dirai plus, par suite de certaines habitudes de privation, nous assistons dans des proportions diverses à une sorte de régression générale.

Et j'ai, pour ma part, la conviction que ce mouvement peut se développer avec beaucoup d'ampleur, que les accès de « nitchevisme », et non pas de bolchévisme, comme je les ai appelés à la Chambre même, ces accès de lassitude, d'abandon du travail, de renoncement à l'effort sont universels après la guerre. C'est ainsi qu'on voit dans les cités allemandes, chez ce peuple dont on doit, malgré ses crimes, reconnaître les qualités d'organisation et de travail, se produire le même phénomène dangereux.

C'est ainsi que les mineurs de la Ruhr refusent de descendre à la mine et de reprendre le travail intense d'avant la guerre.

Voyez-vous, les progrès de la civilisation exigent une volonté persévérante, un travail de tous les instants et on est en droit de se demander si l'humanité reste capable de cet effort constant dans une période comme celle que nous traversons, le ressort étant détendu.

M. Maurice Sibille. — C'est pour cela que nous désirons le maintien d'une certaine union sacrée.

M. Albert Thomas. — Puisque vous agitez ici tant de questions, alors qu'il s'agit de la journée de huit heures — mais tout est dans tout, surtout en pareille matière — laissez-moi vous dire que, parmi les hommes de mon parti, j'ai été et je reste un de ceux qui veulent que, malgré la lutte et l'opposition des classes, il y ait après la guerre, quelque chose qui subsiste de l'union de guerre. (*Très bien! très bien!*)

M. Mauger. — Il est à souhaiter que cela soit compris par tous.

M. Albert Thomas. — Je suis de ceux qui, sans nier les oppositions nécessaires, ont constamment, devant mon parti, soutenu l'idée que la lutte ne devait pas revêtir demain les mêmes formes qu'hier.

Il y a une conception de la lutte de classes qui, aujourd'hui, prête à des critiques. J'entends qu'il y a, à nouveau, à faire la critique des réalités sociales, qu'il y a tout à la fois les nouveaux riches et les nouveaux pauvres. Il y a une opposition de classes qui s'est exacerbée à la suite de la guerre et je ne crois pas que les constitutions anciennes de concentration économique gardent toute leur valeur.

J'essaie de comprendre, j'essaie de voir la réalité sociale nouvelle, pour mieux saisir l'orientation que nos organisations et notre parti doivent prendre.

Seulement, permettez-moi de dire qu'au moment où vous invoquez l'union sacrée, ceux qui de ce côté (*l'extrême gauche*) tentent cet effort sont souvent payés d'une singulière manière de la part. . . (*Mouvements divers.*)

A l'heure où nous parlons d'union sacrée, j'ai le droit de rappeler à cette tribune que, lorsque, au-dessus de l'opposition des classes, nous entendions défendre l'intérêt supérieur du pays, nous entendions répondre à l'esprit nouveau de la Confédération générale du travail et du monde ouvrier, on répondait de ce côté (*la droite*), souvent par des excitations reproduisant le parti pris des anciennes luttes politiques. Les excitations reviennent ; le vieil appel aux anciennes luttes politiques, aux luttes antiparlementaires, antisocialistes, antipolitiqueistes, c'est tout cela qu'on voit encore dans le pays à l'heure où les organisations ouvrières, où la C. G. T., tout en défendant les intérêts de la classe ouvrière, apparaissent animées d'un autre état d'esprit et soucieuses de l'orientation nouvelle. (*Applaudissements.*)

M. Maurice Sibille. — Nous sommes d'accord : soyons unis contre tous les extrêmes, ceux de droite comme ceux de gauche. (*Applaudissements.*)

M. le Président de la Commission. — Revenons maintenant au projet de loi.

M. Albert Thomas. — J'ai l'impression que nous ne nous en sommes pas écartés. Je marquais les oppositions qu'un certain nombre de patrons pouvaient encore, à l'heure actuelle, apporter à notre projet de loi et je disais que j'ai, autant que quiconque, le souci de la production.

Le problème qui se pose, c'est le problème de savoir dans quelle mesure et par quelles méthodes on peut intensifier la production.

La question est de savoir si les nouvelles méthodes de production permettront de compenser la diminution des heures de travail, si étant donné le déficit résultant d'une faible natalité et de l'état arriéré du pays, nous pourrons néanmoins faire face à la nécessité d'une production plus intense.

Je tiens à dire d'abord que si vous voulez faire un effort de reconstitution nationale, si vous voulez non pas replâtrer la France d'hier, mais, au contraire, construire une France nouvelle, vous êtes obligés de vous acheminer vers la journée de huit heures. Car la France nouvelle, soit dans les provinces non atteintes, soit dans les provinces dévastées, vous voudrez la refaire selon les nouvelles méthodes, vous voudrez y appliquer le machinisme moderne, les méthodes de production nouvelles.

M. Mauger. — C'est tout naturel.

M. Albert Thomas. — C'est tout naturel et c'est nécessaire pour l'avenir du pays, mais ce que je tiens à dire c'est que si vous faites cela vous êtes contraints à la courte journée de travail.

M. Mauger. — Absolument.

M. Albert Thomas. — Si vous vouliez à la fois augmenter le rendement et l'intensité de travail réclamés à l'ouvrier pendant sa journée, vous ne pourriez pas lui demander l'effort de durée en même temps. En vue de l'œuvre de reconstruction, notre choix doit être fait. Il est fait d'avance. Il est pour les courtes journées et non pas pour les longues journées continues.

Il faut, en outre, qu'il y ait un effort de volonté pour produire davantage. Avant la guerre, bien souvent, en reprenant telle ou telle parole, telle ou telle phrase de congrès, on apportait ici des critiques contre la classe ouvrière française et on disait : si la France est en état d'infériorité c'est que les ouvriers ne veulent pas produire.

L'accusation, dans sa généralité, était injuste. Mais il faut reconnaître que, dans l'état de l'industrie française d'alors, étant donnée l'infériorité de son organisation et de son machinisme, presque fatalement, beaucoup d'ouvriers se trouvaient ame-

[illegible] une sorte de [illegible] et d'abandon dans le travail. De là [illegible] qu'on donnait au travail ce que l'on recevait comme salaire, il n'y avait qu'un pas.

Pendant la guerre, la pensée de la classe ouvrière française s'est complètement transformée. Tous les congrès successifs, congrès des fédérations, congrès de la Confédération, attestent un souci de la production nationale que vous ne trouverez peut-être dans aucune autre classe. Ce souci de la production nationale, aujourd'hui, étonne même nos alliés.

Je me souviens de la surprise qu'éprouvaient, il y a quelques jours, des délégations américaines à qui je montrais tous les articles, toutes les déclarations des chefs syndicalistes français et qui auguraient bien de l'avenir du pays en constatant l'esprit dans lequel se trouvaient nos ouvriers au point de vue de la production nationale.

Cet état d'esprit, ce pourrait être aujourd'hui seulement un vœu pieux s'il n'était pas possible de faire des transformations de machinisme, des transformations d'organisation du travail assez intenses pour pouvoir matériellement répondre aux nécessités de la production.

Mais ici je dirai presque que notre retard peut nous servir et que, si nous voulons nous appliquer à la réforme intensive du machinisme et à l'organisation du travail, nous pouvons certainement augmenter dans des proportions considérables le rendement du travail en France. Il ne faut pas nous dissimuler que nous sommes encore terriblement arriérés. Dès leur arrivée en France, en temps de guerre, les Américains étaient stupéfaits de voir dans quelles conditions se trouvaient nos systèmes d'embarquement ou de débarquement des marchandises, l'organisation intérieure de nos usines, notre vieux machinisme, l'absence de moyens de transport à l'intérieur même des usines, etc.

Dans les *Lettres d'un vieil Américain* — je ne sais si elles ont été écrites par un vieil Américain, ou plutôt par un Français qui aurait longtemps vécu en Amérique et qui aurait pu juger de l'opposition des deux méthodes — tout cela est expliqué en un style savoureux et humoristique dont je voudrais, par manière de résumé, vous donner quelques extraits.

« Quand nous débarquons, dit-il, au Havre, à Bordeaux, à Rouen, à Marseille, et que nous voyons encore des hommes porter des sacs de charbon sur leurs épaules, nous nous demandons véritablement si nous n'allons pas voir un homme porter un cheval sur son dos, ignorez-vous que le charbon a comme principal emploi de [illegible] l'homme et non d'être porté par lui ? Si Denis Papin assistait à ce spectacle, [illegible] arracherait les cheveux de voir de la force humaine dépensée à charrier [illegible] [illegible] qui doit la remplacer. Allez en Amérique, vous verrez la vapeur, la force électrique remplacer le travail de l'homme partout où cela est possible, et cela [illegible] partout.

[illegible] le plus [illegible] terrains pour installer l'industrie et les [illegible] modernes, parce que tout est à faire et que l'intelligence ne manque pas [illegible] capital pour établir d'un [illegible] que la nécessité nous [illegible] trente ou quarante ans plus tôt. »

M. [illegible]. — [illegible]

M. Albert Thomas. — [illegible] [illegible] [illegible] [illegible] [illegible] [illegible] la diminution de production que l'on redoute.

Notre effort ne doit pas porter seulement sur cette organisation de machinisme, où tout est à faire, mais également sur des méthodes auxquelles, trop longtemps, soit dans le monde patronal, soit dans le monde ouvrier, on a répugné, les méthodes d'organisation du travail.

M. MAGNIAUDÉ. — Notre organisation industrielle manque de capitaux, les capitaux français allant à l'étranger solliciter l'industrie étrangère.

M. Albert THOMAS. — J'avais bien raison de dire tout à l'heure que tout est dans tout; mais je dois répéter que si la journée de huit heures nous semble présenter aujourd'hui ce caractère de poser toutes les questions, ce nous est une raison de la voter, parce que, voyez-vous, voici déjà cinq mois que l'armistice a été signé, cinq mois qu'on parle constamment de reconstruction nationale et que rien n'est commencé. Or, si vous faites la journée de huit heures et si elle a toutes les conséquences dont nous parlons, ce sera vraiment le commencement de la reconstruction nationale. Et c'est dans cet état d'esprit qu'il faut la voter.

Je disais qu'il ne s'agissait pas seulement de la question du machinisme et du perfectionnement apporté dans l'atelier, où les machines sont moins nécessaires; il s'agit aussi de la question du bon aménagement du travail.

Là encore, on peut, comme Taylor l'a indiqué dans son admirable livre, beaucoup gagner. A la « Bethleem Steel Company », le nombre des ouvriers est passé, par exemple, de 500 à 140 pour un même rendement, lorsqu'il s'est agi des ouvriers pelleteurs dont on a bien réglé le travail. Et de même, dans un atelier de vérification de billes de bicylettes, le nombre des ouvrières, pour un même rendement, par l'application du système Taylor, est descendu de 120 à 35.

Dans des métiers où il ne s'agit que de force humaine, de bon aménagement, de l'énergie apportée, d'une agilité plus grande des doigts, on peut économiser de la main-d'œuvre en quantité considérable.

Pendant la guerre même, dans nos établissements des poudres, pour ce travail délicat et spécial qu'est le bottelage des brins de poudre, nous étions arrivés, par le système Taylor, à augmenter le rendement du même nombre de femmes de plus de moitié. Cela indique que, dans ce domaine, nous pouvons réaliser des progrès énormes et que l'inquiétude que les patrons manifestaient au point de vue de la production est dans beaucoup de domaines injustifiée.

Mais l'on me dira : « S'il en est ainsi là où il y a du machinisme, là où il y a du rendement meilleur à obtenir par une bonne organisation du travail, il est des cas dans lesquels il faut de toute nécessité une main-d'œuvre nouvelle; où allez-vous trouver cette main-d'œuvre indispensable? Est-ce que, du fait même que vous ne trouverez pas la main-d'œuvre, votre production ne va pas diminuer? »

Il est une première réponse, c'est que, si nous libérons de la main-d'œuvre par le perfectionnement du machinisme et par l'organisation meilleure du travail, nous aurons là une main-d'œuvre à récupérer pour d'autres travaux. C'est une opération que nous avons faite tout au long de la guerre, lorsque, manquant non seulement de spécialistes, de professionnels, mais même de manœuvres, nous nous efforcions de les reporter d'une usine à l'autre; ce que nous faisions d'autorité peut s'accomplir automatiquement et spontanément sur le marché du travail et dans un certain nombre d'entreprises qui peuvent grandir et essaimer.

Mais cela ne se fera peut-être pas, — surtout s'il n'y a pas d'organisme, ou gouvernemental, ou extraparlementaire, capable de le faire. Je tiens à rappeler ici que, pendant tout le temps de la guerre, les services les plus considérables ont été rendus par une commission composée de patrons, d'ouvriers et de représentants ouvriers du Parlement, mes amis MM. Lauche, Voilin et Dumas, pour récupérer la main-d'œuvre et reporter dans les différentes usines la main-d'œuvre qui manquait ici et qui était en abondance là.

Un système analogue doit être maintenu. C'est par un meilleur procédé d'organisation du travail qu'on pourra récupérer de la main-d'œuvre. Puis il faudra bien, Monsieur le Ministre du Travail, vous le pensez certainement comme moi, avoir une politique de main-d'œuvre. Les immigrations que nous avons eues pendant la guerre, il faudra, si nous voulons être un grand pays producteur, y recourir après la guerre. La main-d'œuvre coloniale a été quelquefois regardée sans faveur par nos ouvriers français. La main-d'œuvre étrangère, c'était un stade à passer. Je crois savoir que dans certaines ententes qui se font, en ce moment même, la considération de la main-d'œuvre étrangère intervient. Par exemple, dans la discussion entre la fédération des métaux et l'union métallurgique, les conditions concernant la main-d'œuvre étrangère sont envisagées.

J'ajoute qu'à côté de cet appoint, il peut y avoir, dans des milieux où le travail d'industrie, d'atelier, n'est pas développé, il peut y avoir venue à l'usine d'hommes ou de femmes qui n'y seraient pas allés sous le régime ancien de la journée prolongée. On me cite l'exemple, dans une région voisine de Paris, dans une petite ville, de nombreuses femmes d'ouvriers qui n'avaient pas, avant la période de guerre, l'habitude du travail. On a établi dans un tissage la journée de huit heures avec deux équipes, et les femmes, qui font huit heures de travail, sont venues en grand nombre à l'usine, à ce point que l'usine est aujourd'hui triplée. Ce fait est significatif : dans beaucoup de milieux — je ne veux pas parler de ceux qu'il faudra peut-être un jour contraindre au travail, car ils sont des parasites et des inutiles dans la société (*Très bien! très bien!*) — mais sans parler de ceux-là, il y a, parce que la vie est mal organisée et mal réglée, des populations qui n'ont pas l'habitude d'aller vers le travail et qui, cependant, pourraient rendre. Il y a, là encore, beaucoup de main-d'œuvre à récupérer dans notre pays.

S'il est possible, après le perfectionnement du machinisme, d'augmenter en nombre la main-d'œuvre existante ou de la mieux utiliser, il reste le gros problème de l'amélioration en qualité de notre main-d'œuvre, le problème du meilleur rendement du travail.

Comme nous avions raison de marquer que tout se tient dans la question de la journée de huit heures! Quand la journée de huit heures sera votée, ce sera de toute nécessité la transformation des conditions de vie pour le monde ouvrier.

Notre rapporteur a dit très justement que l'amélioration en qualité de la main-d'œuvre résulte presque automatiquement de la journée de huit heures, c'est-à-dire que, même sans transformation de l'outillage, l'effet automatique de la réforme est tel qu'après une diminution momentanée du rendement dans les usines, où l'on passe des dix heures, à neuf heures et à huit heures, les dispositions physiologiques des ouvriers s'améliorent au point qu'au bout de peu de temps il y a augmentation de rendement.

Mais cela ne suffit pas; si on y ajoute l'appel au meilleur rendement, cela peut n'être pas inutile. En raison de la mauvaise organisation du travail, beaucoup d'habitudes détestables ont été prises; on n'apporte pas dans un travail prolongé, — et cela est fatal — l'effort, l'intensité de travail qu'on peut apporter dans une journée plus courte. Si l'on rend attentif à l'effort à donner, une amélioration complémentaire peut être obtenue, mais cette amélioration ne peut être grande que si l'ouvrier se trouve lui-même en bonne disposition et en bon état pour produire. Or, il est matériellement impossible à des milliers d'ouvriers français, à l'heure actuelle, de se trouver en bonne disposition pour le travail, en raison des conditions de vie qu'ils ont hors de l'usine. (*Très bien! très bien!*)

Regardez le spectacle de nos banlieues parisiennes, voyez dans quelles conditions tant d'ouvriers se rendent à leur travail et en reviennent le soir, l'accumulation dans des tramways insuffisants, les longs trajets dans les chemins de fer de banlieue; regardez dans quelles conditions ils arrivent, l'impossibilité pour eux de retourner ensuite chez eux à l'heure du repas; le soir, la journée de travail allongée encore par le retour, et, quand ils arrivent, dans quels logements, dans quels taudis, dans quelles misérables habitations, je n'ai pas besoin de le décrire.

Si on veut obtenir des ouvriers un rendement de travail intense pendant la courte journée, si l'on veut voir ce travail intense augmenter la production, il est nécessaire de leur créer d'autres conditions de vie. (*Applaudissements.*)

Il ne s'agit pas, pour nous, d'organiser leurs loisirs. C'est souvent du point de vue philanthropique que l'on parle des cités-jardins, des cinémas, des théâtres. Il faudra, là encore, faire beaucoup, et il faudra faire en sorte que la loi soit organisée. Mais je dis que c'est du point de vue même de la production, pour que le travail devienne une sorte de sport, pour que l'on apporte dans le travail toute la vigueur, toute l'intensité des producteurs, qu'il faut partir et qu'il faut transformer totalement le monde ouvrier.

Monsieur le Ministre, il y a le devoir du patron pour le machinisme, le devoir des ouvriers pour l'organisation plus grande dans le travail; il ne faut pas oublier qu'il y a aussi le devoir de l'État. Nous en avons parlé lors de la discussion des derniers crédits, nous avons voté 5 millions pour les habitations ouvrières; ce n'est rien.

Nous sommes d'accord pour penser qu'il faut apporter un grand programme d'habitations salubres et à bon marché pour résoudre la question des loyers et faire que l'ouvrier français soit en état de produire. Un milliard est un minimum. L'Angleterre a voté 3 milliards de contribution de l'État, avec un appoint des comtés et des communes, pour construire les trois cent mille habitations salubres qu'elle juge aujourd'hui nécessaires.

Vous voyez, Messieurs, que, dans la journée de huit heures, se trouvent incluses toute une série d'autres réformes. Nous courons peut-être un risque: nous allons peut-être, comme certains le disent, à l'aventure; tout dépendra de l'ensemble de la politique que nous allons suivre en matière sociale.

Ou bien on fera une réforme plus ou moins mensongère, par suite de l'inertie, de l'abandon, du laisser-aller, des résistances des uns ou des autres. On aura inscrit au frontispice de nos réformes sociales la journée de huit heures. Et puis les règlements d'administration publique s'appliqueront plus ou moins, il y aura plus ou moins d'application réelle, ou même, si l'on applique, il n'y aura pas toute la réforme de machinisme, d'organisation du travail, de conditions de la vie ouvrière. Et alors c'est la diminution de la production, c'est vraiment, comme certains le disent, une ruine, une diminution pour le pays.

M. Bouveri. — L'exemple des mines est frappant.

M. Albert Thomas. — Ou bien alors ce n'est pas seulement le Parlement, ce ne sont pas seulement les ouvriers, c'est l'ensemble du pays qui aborde franchement l'œuvre de réforme, qui pousse le Parlement vers de nouvelles réformes. Et alors je dis que pour la réforme des trois-huit c'est la vieille efficacité révolutionnaire qui transformera tout l'ensemble du pays, qui obligera la France à se reconstruire comme nous l'avons tous souhaité.

C'est dans ces conditions que nous concevons la journée de huit heures et j'ose dire que la loi, telle qu'elle vous est apportée, peut, sous certaines réserves, former le cadre où s'accomplira cette réforme.

M. Albert Thomas. — Ce qui importe, c'est qu'en cette matière de salaires, nous ne votions pas un texte de loi qui peut marquer une régression. Avant la guerre, dans une loi concernant les conditions du travail, ou la réglementation de la journée de travail, on estimait que les questions de salaires devaient rester en dehors de la législation.

Il s'est produit pendant la guerre toute une série d'événements qui ont amené les collectivités, Gouvernement ou Parlement, à intervenir dans ces questions de salaires. Je dis que c'est là un progrès que cette intervention du tiers parti, dans un but de paix sociale ou de bonne production. C'est cela qu'il ne faudrait pas abandonner, c'est pour cela, qu'avec un texte très clair, il sera possible d'introduire dans la loi les dispositions nécessaires.

Mais, Messieurs, ces réserves faites, étant entendu que le cadre de la loi sera suffisamment solide et rigide pour comporter toutes les améliorations dont je parle, je dis que c'est un fait nouveau que cet appel aux organisations intéressées, à leur entente, et la consécration par le règlement d'administration publique des accords qui ont pu intervenir entre elles. Bien souvent, surtout de ce côté de l'Assemblée (*la droite*), on nous disait : Vous voulez intervenir, légiférer dans des matières où il n'y a aucune place pour le Parlement.

Nous disons aujourd'hui qu'au vieux reproche qu'on pouvait adresser à l'État purement administratif, à l'État purement bureaucratique, à une démocratie trop centralisée, par une loi comme celle qu'on vous demande, vous répondez en consacrant cette démocratie sociale, souple, ardente, dans le cadre d'une loi qui peut comporter toutes les réalités vivantes.

C'est dans cet état d'esprit que nous sommes disposés à voter la loi.

Il importe de la voter maintenant. On nous dit souvent : « L'heure est-elle aux expériences? Est-ce maintenant, avec les prix élevés, avec le chômage étendu, avec l'incertitude du monde international, que vous pouvez la réaliser? »

Oui, c'est maintenant qu'il faut faire les expériences, maintenant ou jamais; ce n'est pas à l'heure où chacun sera revenu dans sa petite case, où les préjugés auront repris leurs forces, où les rancunes sociales ou politiques auront reparu, que nous pourrons faire un effort d'initiative utile.

Ce n'est pas dans trois mois ou dans un an qu'il faudra songer à reconstruire le pays. C'est tout de suite, et nous n'avons que trop tardé.

L'argument des prix de revient ne vaut pas. Les hauts prix tiennent à quantité d'autres causes et, en quelque manière, ils facilitent, à l'heure actuelle, la réforme.

Le chômage? Mais est-ce au moment où vous aurez tous les ouvriers casés, tant bien que mal, dans tel ou tel coin, que vous pourrez faire l'effort d'augmentation nécessaire?

Comme nous le disions avec MM. Lauche, Voilin et Renaudel, c'est à cette heure qu'il faut que nous trouvions la possibilité d'utiliser toutes les forces enfin disponibles. (*Très bien! très bien!*)

Enfin, au point de vue international même, la journée de huit heures peut prétendre à une meilleure production, un meilleur rendement.

Ce n'est pas dans deux ans, dans trois ans, dans quatre ans, qu'il faudra l'établir. C'est maintenant. Ce n'est pas quand elle a cette vertu et cette efficacité que nous pouvons permettre aux autres de nous handicaper, de prendre sur nous certains avantages. Il ne faut pas que nous soyons un jour obligés de dire, comme ce grand industriel de l'automobile, M. Delage : « Si nous avions eu la journée de huit heures il y a huit ou dix ans, dans quelle bonne situation nous serions aujourd'hui? » (*Très bien! très bien!*)

Nous enregistrons le regret ou le remords du grand industriel. Ce n'est pas nous qui avons négligé la campagne nécessaire pour demander les huit heures, il y a huit ou dix ans.

M. Mauger. — A Bourges, on les a demandées en 1904.

M. Albert Thomas. — La journée de huit heures a aujourd'hui cause gagnée, et nous nous félicitons, en même temps que nous saluons la mémoire de ceux qui, depuis tant d'années, dans le monde ouvrier, ont lutté pour la journée de huit heures, d'accueillir aujourd'hui l'adhésion de toute l'Assemblée. (*Applaudissements*).

Nous croyons que ceux qui donnent aujourd'hui leur adhésion dans l'esprit d'union qu'a indiqué M. Sibille, font un acte de politique sociale fécond et salutaire pour le pays.

Cette journée de huit heures que, tout au début de l'effort pour la réduction du travail, Marx saluait comme un grand principe révolutionnaire et non pas simplement comme un avantage momentané pour la classe ouvrière, obligera le pays, nous en avons la conviction, à une rénovation profonde. Cette rénovation, cette transformation quasi révolutionnaire qui commence, nous affirmons qu'il la faut.

Vous invoquiez, Monsieur Sibille, le bolchévisme. J'en ai combattu et j'en combattrai avec énergie les méthodes, les procédures brutales. (*Très bien! très bien!*)

M. Maurice Sibille. — Nous voilà d'accord.

M. Albert Thomas. — Efforçons-nous de l'être jusqu'au bout.

Mais j'ajoute que le bolchévisme n'exerce à l'heure actuelle sur les prolétariats, sur les classes ouvrières de tous les pays une séduction aussi étrange, que parce que, indépendamment de ses méthodes, il représente, sous la forme extrême de la rêverie slave, quelque chose qui tourmente obscurément toutes les classes ouvrières du monde.

Il importe que, par des réformes hardies, des réformes d'un caractère révolutionnaire, les grandes démocraties comme la France, l'Angleterre, l'Amérique, donnent satisfaction à leurs classes ouvrières. Il importe que toutes entendent, pour leur salut, les revendications, les aspirations du monde du travail. (*Très bien! très bien!*)

C'est dans cet esprit, avec cette volonté d'audace, que nous demandons à tous, sans réserve et sans arrière-pensée, de voter la journée de huit heures. (*Vifs applaudissements.*)

M. Maurice Sibille. — Je demande la parole pour un rappel au règlement.

M. le Président. — La parole est à M. Sibille.

M. Maurice Sibille. — Messieurs, d'après les observations qui viennent d'être présentées et les approbations qui ont été données à des orateurs, nous paraissons être d'accord pour passer à la discussion des articles et modifier la disposition relative aux salaires.

Si je suis bien renseigné, la Commission elle-même doit modifier le texte qu'elle a rédigé.

Je prie la Commission de bien vouloir nous faire connaître le plus tôt possible la nouvelle rédaction, car il est bien inutile de laisser critiquer dans la discussion générale un texte qui est abandonné.

M. le Président. — Vous voudrez bien reconnaître, Monsieur Sibille, que votre observation n'a pas le caractère d'un rappel au règlement.

Cette constatation faite, je vous demande de ne pas insister, et je donne la parole à M. Pottevin, qui est maintenant le premier orateur inscrit dans la discussion générale.

M. Arthur Groussier, *président de la Commission du travail.* — Si nos collègues veulent être brefs, nous pourrons passer rapidement à la discussion des articles.

M. le Président. — La parole est à M. Pottevin.

M. Pottevin. — Vous pensez bien, Messieurs, qu'après l'orateur qui descend de cette tribune, je n'aurais pas l'imprudence de risquer un discours.

Je veux seulement présenter quelques observations pour examiner la loi au point de vue simple et strict de l'hygiéniste.

La loi que nous allons voter aujourd'hui est une loi d'hygiène sociale et, probablement, la plus importante qui jamais ait été soumise au Parlement.

M. Thomas faisait, tout à l'heure, non sans quelque humour, le tableau des oppositions qui, d'abord très vives, s'étaient peu à peu atténuées, jusqu'à constituer l'unanimité dans laquelle nous allons voter tout à l'heure.

M. Marius Valette. — Sous la poussée des événements.

M. Pottevin. — Vous me permettrez de vous faire observer, mon cher collègue, qu'il y a ici des hommes qui n'ont pas attendu les événements. Depuis longtemps ils ont puisé dans la seule observation des réalités vivantes, dans la seule considération des données de la science, le sentiment qu'il fallait en venir à la journée de huit heures et ils l'ont proclamé. (*Très bien! très bien!*)

Il est une maladie qu'on peut appeler la maladie industrielle par excellence. Elle est responsable de plus de la moitié des décès de l'âge adulte, et sa fréquence peut être prise comme index pour caractériser les conditions sanitaires du milieu ouvrier : c'est la tuberculose. Or, en 1903, un des hommes, dont le nom a fait, dans le monde, le plus justement autorité en matière de tuberculose, le professeur Grancher, qui essayait alors de réagir contre l'engouement manifesté pour la conception allemande du sanatorium populaire, disait :

« Que ferons-nous, nous, médecins, pour guérir ou tâcher de guérir l'ouvrier tuberculeux ? Nous lui donnerons simplement ce qui lui a manqué jusqu'ici : de l'air, des aliments, du repos.

« Pourquoi ne pas les lui donner d'avance, si la chose est possible ? Et cela est possible puisque l'Angleterre l'a fait, et, le faisant, a diminué sa mortalité tuberculeuse de moitié.

« La journée de huit heures n'est-elle pas à l'étude au Parlement ? Que nos législateurs la votent ; elle contribuera puissamment à l'amélioration du sort de nos ouvriers et au recul de la tuberculose. »

Il n'y avait dans ces paroles aucun souci d'opportunisme. Il n'y avait qu'une question de conscience et de vérité scientifique. (*Très bien! très bien!*)

Aujourd'hui, la loi de huit heures va devenir une réalité. Mais pour qu'elle puisse donner, au point de vue de l'hygiène sociale, les résultats que nous en attendons, il y faudra quelques précautions. C'est sur ces précautions que je veux appeler l'attention du Gouvernement et de la Chambre.

J'ai compulsé un grand nombre de publications relatives à des cas particuliers d'application du système Taylor. Je n'ai pas la prétention d'avoir tout vu, mais pour ceux que j'ai vus, j'ai été frappé d'une particularité. S'ils contiennent, en abondance, des tables, des relevés et des graphiques permettant d'apprécier l'accroissement de la production, je n'y ai trouvé nulle part des tables de morbidité permettant d'apporter la preuve que la surproduction n'avait pas, comme contre-partie, le surmenage.

Je suis sûr que la preuve peut être faite; je ne suis pas sûr qu'elle ne l'ait pas été; mais je dois constater que, dans le très grand nombre de relations que j'ai compulsées, on ne s'en était pas préoccupé.

C'est un élément dont il faudra tenir compte. Des études approfondies faites en commun entre patrons, ouvriers et techniciens réussiront sans aucun doute à lever les difficultés. Mais ce sera un des points les plus délicats de l'organisation qui devra préparer l'application de la journée de huit heures.

Et je suis amené à me demander si, pour cette œuvre difficile, nos services administratifs ont bien ce qu'il leur faut. Jusqu'ici le Ministère du Travail et le Ministère de l'Intérieur qui est le Ministère de l'Hygiène publique...

M. Jean Bon. — Le Ministère de l'Intérieur, c'est le Ministère de la police.

M. Pottevin. — ... sont assez distants l'un de l'autre. On s'est bien attaché à établir entre eux des points de contact, mais ils sont très insuffisants. Nous sommes très loin d'avoir réalisé la pénétration réciproque et la coopération étroite des deux administrations; c'est pourtant à ce prix seulement que les préoccupations hygiéniques auront dans l'administration du travail le rôle capital qui doit leur revenir. Je voudrais, par un exemple, faire apprécier clairement les inconvénients qui en résultent.

La tuberculose est, je l'ai dit en commençant, la maladie industrielle par excellence. Une étude officielle anglaise, toute récente, puisqu'elle a été publiée en janvier 1919, aboutit encore à cette conclusion que le travail individuel est, en grande partie, responsable du développement de la tuberculose.

M. Inghels. — La cause en est que les enfants travaillent plus jeunes en Angleterre que chez nous. Ils peuvent, en effet, commencer à travailler à douze ans.

M. Pottevin. — Mon cher collègue, bien que les enfants travaillent plus jeunes en Angleterre, cela n'empêche pas que la mortalité tuberculeuse n'y soit, à l'heure présente, à peu près la moitié de ce qu'elle est chez nous. Nous sommes, à cet égard, en retard sur nos voisins d'un demi-siècle.

Depuis trente ans, l'Angleterre publie pour chaque période décennale une statistique de la mortalité par profession; elle a constitué ainsi toute une documentation qui permet d'apprécier l'état de salubrité relative de chaque industrie.

En France, nous n'avons, jusqu'à présent, rien fait dans cette voie.

Parmi les industries que les statistiques anglaises et, d'ailleurs, les statistiques mondiales, dénoncent comme étant les plus frappées par la tuberculose, celle qui tient la tête est l'industrie de la chaussure; elle présente en Angleterre une mortalité tuberculeuse trois fois plus grande que celle des professions salubres. Une enquête minutieuse publiée en 1916 a défini ses causes d'insalubrité spéciales et indiqué la voie dans laquelle on devait en poursuivre l'assainissement.

En France, on a fait aussi, à l'occasion de l'enquête générale sur le travail à domicile, une enquête particulière sur l'industrie de la chaussure; les résultats en ont été publiés sous la forme d'un rapport au Ministre daté du 24 décembre 1913. Dans ce rapport qui tient tout un volume, la question sanitaire est traitée en quelques lignes, les voici :

« Sur 290 personnes visitées qui souffrent des troubles de la santé, plus ou moins graves et qui les attribuent à leur profession, 141 souffrent de l'estomac et de l'intestin; 14 se plaignent de leur vue. 11 femmes disent avoir des « douleurs » ou « une maladie dans le ventre », 24 déclarent, sans plus spécifier, qu'elles sont dans un mauvais état de santé. »

C'est tout. Nous voilà maintenant renseignés sur l'état hygiénique de l'industrie de la chaussure en France !

Je dis que si nous persévérions et si nous ne voulions pas creuser davantage les facteurs d'hygiène, dans l'élaboration des règles qui doivent présider à l'application de la loi sur la journée de huit heures, nous nous exposerions à de graves mécomptes. (*Très bien! très bien!*)

Messieurs, soyez certains qu'il n'y a dans ma pensée aucune intention de critique visant les hommes qui sont placés à la tête de la direction du travail. La Chambre les connaît, elle sait leur haute compétence et leur dévouement éprouvé. Il en est un en particulier qui siège aujourd'hui parmi nous comme commissaire du Gouvernement. Douze ans de collaboration ont créé entre lui et moi des liens d'estime et d'affection. Il n'a pu se méprendre sur mes sentiments.

Je critique un régime administratif qui les laisse, pour les examiner et résoudre, les problèmes relatifs à l'assainissement, non pas de l'atelier, mais du milieu industriel en général, à peu près dépourvu de tout moyen d'action.

M. Lauche. — Ces problèmes importants ont toujours été négligés.

M. Pottevin. — Toujours, et aujourd'hui, j'appelle plus spécialement sur eux l'attention de la Chambre parce que l'application de la loi de huit heures les pose avec une acuité nouvelle.

Nous aurons une organisation rationnelle répondant à nos besoins réels, le jour prochain, je l'espère, où le Parlement aura décidé, comme je le lui demande dans une proposition dont j'ai déjà saisi la Chambre, la création d'un Ministère du Travail de l'Hygiène et de la Prévoyance sociales.

D'ici là, je suis certain que M. le Ministre du Travail saura donner aux questions que nous venons d'évoquer devant lui toute l'attention qu'elles méritent.

Je désire lui signaler spécialement un point particulier.

Le traité de paix doit créer une organisation internationale du travail avec un bureau permanent à Genève. Ce bureau sera chargé notamment des études relatives à l'élaboration des projets de réglementation du travail. Je demande à M. le Ministre de veiller à ce que, dans sa composition, une part aussi large que possible soit faite à ceux qui auront charge d'y représenter les intérêts de l'hygiène publique. (*Très bien! très bien!*)

J'en ai fini avec les observations relatives aux questions d'hygiène que soulève la loi. Mais puisque je suis à la tribune, et pour éviter d'être obligé d'y revenir, je dirai quelques mots sur un amendement qu'avec MM. Mauger et Dumas nous avons présenté à l'article 1er.

Le texte de la Commission ne vise pas les travailleurs de la terre. L'article 1er, en effet, ne les nomme pas. Or, il existe un prolétariat rural comme il existe un prolétariat industriel. Pendant la guerre, ils ont fait l'un et l'autre leur devoir suivant les conditions où les circonstances les ont placés. On ne comprendrait pas que nous

nous occupions de l'un et que nous passions l'autre sous silence. (*Très bien! très bien!*)

Nous demandons qu'après les mots : «les établissements de bienfaisance», on ajoute : «. . . et les exploitations agricoles, forestières ou viticoles».

Messieurs, j'ai terminé. Je voudrais que de ce que j'ai dit pût sortir un peu de bien. Je remercie la Chambre de l'attention qu'elle a bien voulu me prêter. (*Applaudissements*).

M. le Président. — La parole est à M. Valette.

M. Marius Valette. — L'exposé de notre ami, M. Albert Thomas, l'intervention que vient de faire M. Pottevin vont abréger considérablement les observations que j'ai à présenter.

La loi qui nous est proposée a négligé deux catégories de travailleurs, dans l'application de la journée de huit heures : une qui a réalisé en fait la journée de huit heures, les mineurs; l'autre qui n'est pas suffisamment groupée nationalement, les travailleurs agricoles.

En ce qui concerne les mineurs, mon intervention n'a pas d'autre objet que de demander au Gouvernement et à la Commission s'ils sont disposés à faire venir en discussion à la Chambre, le plus rapidement possible, la proposition de loi déposée par M. Durafour et un certain nombre de nous, représentants de régions minières, tendant à l'application intégrale de la journée de huit heures pour les mineurs, depuis l'entrée dans la mine jusqu'à la sortie. . .

M. Lauche. — Ceci ne concerne pas la Commission du travail, mais la Commission des mines.

M. Marius Valette. — Oui, mais la Commission du travail sera appelée à donner son avis.

Je demande au Gouvernement s'il est décidé à donner son adhésion à cette proposition, faite il y a quelques jours, qui organise pour les mineurs la journée de huit heures y compris le temps de la descente et de la montée et le temps consacré au «briquet» ou repas dans la mine.

En ce qui concerne les travailleurs agricoles, je ne voudrais pas me livrer au torpillage de la loi. M. le Président et M. le Rapporteur savent avec quelle insistance je leur ai fait remarquer que les travailleurs agricoles ne figuraient pas dans le texte qui nous est proposé.

Il était pourtant simple de commencer l'article 6 par les mots : «Dans les établissements agricoles. . .» et le vote en eût été d'autant plus facile qu'à la fin de l'article 6 vous prenez soin d'indiquer que l'application de la loi n'est pas forcément limitée à la journée, mais peut s'étendre à la semaine ou à une période de temps autre que la semaine.

Le texte présentait donc une élasticité suffisante pour pouvoir s'appliquer aux travailleurs agricoles.

J'ajoute que dans le deuxième article de notre proposition vous avez prévu les modalités nécessaires, par le texte suivant :

«Des règlements d'administration publique détermineront par profession, par industrie ou par catégorie professionnelle. . .», pour l'ensemble du territoire ou d'une région, «les délais et conditions dans lesquels sera appliquée la limitation journalière ou hebdomadaire prévue à l'article précédent. . .»

Vous comprendrez alors que si vous aviez ajouté ces mots : « dans les établissements agricoles », vous pouviez prendre tout le temps désirable pour donner à l'application de la loi aux travailleurs agricoles la souplesse nécessaire.

M. Lefas. — Voulez-vous me permettre une observation ? Ce n'est pas moi, bien entendu, qui m'opposerai, dans le monde agricole, ou ailleurs, à l'introduction d'un progrès, s'il est réalisable.

Mais permettez-moi de vous faire remarquer que les conditions du travail à la campagne sont extrêmement différentes de celles du travail dans l'industrie ou dans les mines.

M. Mauger. — Nous les connaissons, mon cher collègue.

M. Lefas. — Le travail se fait en plein air, avec une intensité et une usure beaucoup moindres.

Il dépend en outre des circonstances atmosphériques. D'autre part, il y a autre chose qui conditionne la durée de la journée de travail. Ce sont les soins à donner aux animaux. Dans nos pays agricoles, où l'on manque déjà de main-d'œuvre, il faut que les mêmes personnes, qui travaillent aux champs pourvoient au pansage des animaux, qui doit être fait matin et soir, que vous le veuilliez ou non. Il prolongera la journée de travail — je le crains — au delà de la limite que vous voulez lui fixer.

M. Mauger. — Vous accordez des dérogations à la loi.

M. Marius Valette. — Je ne voudrais pas entrer dans les détails. Je crois m'être assez clairement expliqué quand je disais que le texte même de la Commission, aux articles 6 et 7, permettait toute la souplesse nécessaire en ce qui concerne les travailleurs agricoles.

L'observation de M. Lefas ne porte pas, parce qu'il est des industries, des établissements commerciaux, où l'application de la loi sur la journée de huit heures sera plus difficile qu'aux travailleurs agricoles.

Je demande au Gouvernement s'il est disposé à déposer très rapidement un projet visant les travailleurs agricoles ou s'il se contente de la phrase que le rapporteur a inséré dans son exposé des motifs et qui dit :

« L'expérience de ce régime permettra sûrement d'arriver pour les ouvriers agricoles à la protection légale qu'ils réclament. »

M. Justin Godart, *rapporteur*. — C'est une indication qui vous montre que la Commission du travail a prévu cette réalisation.

Elle demandera la disjonction de l'amendement de M. Mauger afin de l'étudier, d'accord avec la Commission de l'agriculture, dans l'esprit qui est déjà indiqué dans la phrase que vous venez de citer.

M. Mauger. — Il en sera de cet amendement comme de la loi sur les accidents agricoles qui doit, depuis cinq ans, être au Sénat.

Les mêmes éléments agiront de la même façon.

M. Marius Valette. — Je ne veux pas insister, mais je tiens à marquer que, si les travailleurs agricoles ne sont pas compris dans la loi, c'est, il faut bien le dire, parce que leur organisation nationale n'est pas aussi puissante que les autres organisations corporatives.

Mais il n'en est pas moins vrai que, dans la plupart des régions, la durée de la journée de travail ne dépasse pas huit heures chez les travailleurs agricoles. J'en appelle au témoignage de mes collègues de l'Hérault et du Gard qui pourront vous dire que, dans toutes les régions viticoles, la journée de huit heures est en usage dans la grande majorité des exploitations viticoles.

La loi que vous nous présentez est une loi de généralisation pour l'établissement de la journée de huit heures et je tiens à dire immédiatement que, si j'ai applaudi à l'exposé de M. Albert Thomas, je ne partage pas ses espérances au sujet de la survivance, après la guerre, de l'esprit d'union sacrée pour faciliter le règlement des conflits sociaux.

Une loi n'institue pas un fait économique ou social; elle enregistre, consacre, codifie simplement les grands courants qui se manifestent dans une nation; elle ne les détermine pas. (*Très bien! très bien!*)

Il est certain que, si vous ne vous trouviez pas en présence d'organisations ouvrières très puissantes qui veulent formellement la journée de huit heures, et qui exercent sur les pouvoirs publics une action indéniable, vous opposeriez plus de résistance au vote de la journée de huit heures. Je n'ai donc aucune inquiétude à cet égard; je sais que la loi sera votée, non seulement par la Chambre, mais aussi par le Sénat, car il est des courants économiques et sociaux qui ont raison des plus fortes oppositions parlementaires.

Ce qu'il m'importe de savoir, ce que je désire que la Commission et le Gouvernement nous disent, c'est d'abord, en ce qui concerne les mineurs qui ont été écartés délibérément de cette loi, ce dont nous ne nous plaignons pas, puisque nous avons déposé en leur faveur une proposition spéciale...

M. LE PRÉSIDENT DE LA COMMISSION. — Ils n'en sont pas écartés.

M. LE MINISTRE DU TRAVAIL. — Monsieur Valette, vous commettez une erreur complète. Jamais nous n'avons eu l'intention d'écarter les mineurs de ce projet.

Bien plus, c'est d'accord avec eux que nous avons décidé qu'ils seront compris dans la loi.

M. Marius VALETTE. — Alors, il s'est établi une confusion.

La réponse que vient de faire M. le Ministre n'est pas conforme aux termes du rapport de M. Godart, qui dit, en effet, dans l'exposé des motifs :

« En ce qui concerne les mines, une proposition de loi est annoncée : elle tendrait à rendre effective la journée de huit heures qui, présentement, laisse en dehors de son calcul les descentes et remontées, certains trajets et le repos pour le petit repas apporté par le mineur. »

Il faut donc que le Gouvernement et la Commission nous disent si vraiment l'on prétend revenir en arrière, en ce qui concerne les mineurs, auxquels sont actuellement appliquées les lois de 1905 et de décembre 1913, ou si, au contraire, cette loi laisse en dehors les mineurs, étant entendu que vous allez sous peu examiner la proposition de M. Durafour, relative à l'application intégrale des huit heures dans les mines. Voilà la question.

M. Léon PERRIER. — Il n'y a aucune contradiction dans ce que vient de dire la Commission.

M. Marius VALETTE. — Vous n'avez certainement pas entendu l'observation de M. le Ministre.

M. Léon Perrier. — Si ! C'est justement pour l'expliquer que je prends la parole. Je tiens à préciser la question.

Le projet de loi qui nous est soumis modifie le chapitre 2 du titre 1er du livre II du Code du travail. Ce chapitre comporte trois sections. Parmi celles-ci, la deuxième réglemente le travail dans les mines.

A vrai dire, le texte qui nous est proposé ne modifie pas les dispositions du chapitre 2, mais soumet toutes ces dernières aux nouvelles dispositions générales qui sont prévues dans le projet.

Il y a là une importante modification et la Chambre me permettra de protester ici contre le fait que cette loi ait pu venir devant elle sans que l'avis de la Commission des mines ait été sollicité.

Remplacer des dispositions légales précises par la possibilité pour le Gouvernement de modifier ces dernières par un règlement d'administration publique est chose grave.

C'est pourquoi, j'ai déposé un amendement tendant à ne pas faire porter le poids et l'action des dispositions nouvelles sur la deuxième section.

Nous en discuterons dans un instant. Je tiens du reste à dire que je ne mettrais aucune intransigeance à le soutenir et que je suis prêt à laisser la loi suivre son cours et à le retirer. Mais à une condition, c'est que le Gouvernement prendra l'engagement net, précis, formel, non seulement de ne pas s'opposer à la mise en discussion de la proposition de loi que notre collègue Durafour a déposée et qui tend à apporter des modifications au régime actuel du travail dans les mines, mais encore d'aider et de soutenir la Commission des mines dans l'effort que cette dernière fera pour la faire aboutir rapidement. (*Très bien ! très bien !*)

M. le Président de la Commission. — Nous n'avons pas intérêt à traiter toutes les questions en même temps. Celle-ci viendra tout à l'heure.

M. le Ministre du Travail. — Quand l'amendement viendra, à l'article 1er, je donnerai des explications.

M. Marius Valette. — Permettez-moi de vous dire que je ne veux pas déposer un amendement pour ne pas retarder le vote de la loi.

M. le Rapporteur. — Nous avons un amendement de M. Mauger pour les travailleurs agricoles et un de M. Périer sur la question des mines. La Commission et le Gouvernement pensaient qu'il était préférable de s'expliquer au moment où ces amendements seraient présentés et non pas dans la discussion générale.

M. le Président. — C'est, en effet, la meilleure méthode de discussion.

M. Marius Valette. — Je prends acte de la déclaration de M. le Rapporteur. Il est entendu qu'à l'article 1er nous examinerons cette question, mais je croyais qu'on aurait pu se mettre d'accord dans la discussion générale.

M. Lauche. — Nous sommes d'accord; c'est cet accord que nous marquerons tout à l'heure.

M. Marius Valette. — J'écourte donc mes observations et je déclare que je voterai la loi, même si aucune modification n'y est apportée. Je la voterai, parce qu'elle a l'avantage de généraliser l'application de la journée de huit heures à toutes les corporations qui n'en bénéficient pas encore.

En ce qui concerne les travailleurs agricoles, je n'ai pas déposé d'amendement, mais je me rallierai à celui qui a été présenté par MM. Dumas, Mauger et Pottevin. (*Applaudissements.*)

M. le Président. — La parole est à M. Tournade.

M. Tournade. — Messieurs, après la perturbation mondiale qui vient d'avoir lieu, il est certain que des méthodes nouvelles d'organisation du travail et des applications nouvelles s'imposent, et, en ce qui me concerne, j'estime que le projet de loi qui nous est soumis vient à son heure.

Il est nécessaire, en effet, que tout le monde comprenne qu'il y a quelque chose de changé et que c'est le moment d'organiser le renouveau. Je ne vais peut-être pas aussi loin que M. Albert Thomas en pensant qu'à la suite de la guerre, il va résulter pour la France une reconstruction nationale. C'est désirable, c'est une très belle formule, mais on ne fait pas tout à la fois, et je ne vois pas la société rénovée avec toutes les vertus, étant données les difficultés dans lesquelles nous allons nous trouver à tous les points de vue. Néanmoins, il ne faut pas qu'il soit dit qu'une partie de la société ne s'associe pas aux réformes nécessaires. (*Très bien! très bien!*)

La seule différence qu'il y a à constater entre le projet du Gouvernement et celui de la Commission, c'est que le projet du Gouvernement n'avait pas mêlé les deux questions, celle des salaires et celle de la durée du travail.

J'estime qu'en effet il faudra qu'une réglementation autre intervienne pour les salaires. Je comprends pourquoi la Commission l'a fait cependant. Je regrette de voir dans le texte de la Commission, et non dans le texte du Gouvernement, l'introduction de cette question du salaire. C'est une question grave.

Il y a longtemps que l'on en parle dans ce pays, et dans beaucoup d'autres.

Il faut qu'elle soit traitée à part. Je comprends donc très bien la préoccupation de la Commission.

Lorsqu'un patron sera obligé d'exécuter la loi de la journée de huit heures, lorsqu'il l'aura exécutée, de bonne volonté ou non peu m'importe, il faut bien qu'ayant obtenu seulement huit heures de travail de son personnel, il ne puisse pas venir lui dire : « Maintenant vous ne travaillez plus que huit heures, je réduis votre salaire d'autant. »

Cela, la loi ne l'a pas voulu et je le comprends. J'espère que la Commission nous présentera un texte acceptable.

M. Lauche. — Il y a un amendement qui vous donnera satisfaction.

M. Tournade. — Si, en effet, la rédaction actuelle était maintenue, nous serions obligés de demander la suppression du 8e paragraphe de l'article 8. Nous nous heurterions alors à l'argument qui consiste à dire qu'il ne faut pas que l'ouvrier soit victime de la réduction de la journée de travail; il ne faut pas que l'on réduise pour cette raison son salaire.

Mais faites attention! Nous ne sommes pas dans une période normale. Si vous preniez pour base le salaire actuel, vous feriez une chose préjudiciable aux intérêts généraux du pays.

Nous sommes sous le régime de la vie chère. J'espère qu'un moment viendra où le coût de la vie diminuera.

M. Cadenat. — Croyez-vous que les salaires vont diminuer?

M. Tourneur. — [illegible] que le chef [illegible] unanimement dans la situation déplorable où nous sommes. La question de [illegible] [illegible] après ne [illegible] l'application de la journée de huit heures. Sur ce point nous sommes d'accord.

Vous nous présentez un nouveau texte, nous le discuterons et j'espère que nous pourrons l'adapter, car le principe de la journée de huit heures n'est plus contesté aujourd'hui et il y aurait à peu près unanimité dans cette Chambre pour comprendre qu'il faut en arriver à cette solution.

Personnellement, je n'ai jamais été d'avis de prolonger la journée de travail; en ce qui me concerne, j'ai fait ce que j'ai pu pour la diminuer.

M. [illegible]. — Vous admettez que la loi doit s'appliquer à tout le monde.

M. Tourneur. — Oui, à tout le monde, des ouvriers et des employés, [illegible]

M. [illegible]. — [illegible] il faut que l'ouvrier travaille [illegible] pas oublier. Un ouvrier, un artisan travaillera avec d'autant plus [illegible] trouvera un plus grand intérêt.

M. Jean Bon. — Les deux se confondent.

M. [illegible]. — [illegible] dans le projet de loi en [illegible] dans celui du Gouvernement, qui ne diffère pas beaucoup de celui de la Commission, [illegible] cette question [illegible] Permettez-moi de [illegible]

M. [illegible]. — L'apprenti!

M. Tourneur. — Je voudrais [illegible] il travaillera avec beaucoup plus de joie, plus de cœur qu'il [illegible].

[illegible]

M. Jean LONGUET. — C'est prouvé au point de vue scientifique.

M. TOURNADE. — Je crains bien qu'il y ait là une déception pour l'avenir, mais cela ne nous empêchera pas de faire l'expérience.

M. BOUVERI. — Il n'y a qu'à moderniser l'outillage.

M. TOURNADE. — Cela est fait dans certaines professions, mais dans celles où il n'y a pas de machinerie et où il ne peut pas y en avoir ?...

M. Jean LONGUET. — Elles sont rares.

M. TOURNADE. — Elles sont moins rares que vous le supposez.

M. Léon PERRIER. — Dans l'extraction du charbon, il n'y a pas de machines spéciales aidant le travail de l'ouvrier, cependant l'application de la loi de huit heures a donné d'excellents résultats et a montré que la production pouvait demeurer aussi importante qu'auparavant.

M. Jean LONGUET. — On l'avait depuis longtemps en Australie.

M. TOURNADE. — Vous parlez toujours des professions où l'on peut employer des machines. Je vous parle, moi, des professions où l'on ne peut pas en employer.

A l'extrême gauche. — Lesquelles ?

M. TOURNADE. — Lesquelles ? Un employé de magasin de nouveautés, pour vendre toute la journée à la clientèle, n'emploie pas de machines.

M. LE RAPPORTEUR. — Ce n'est pas une question de production.

M. Jean LONGUET. — L'organisation des services dans les grands magasins peut être plus moderne.

M. TOURNADE. — D'ailleurs, il est inutile de discuter davantage sur ce point, l'avenir nous départagera. J'émets un doute sur vos espoirs, je crains qu'ils soient exagérés. Je voudrais qu'ils se réalisent. Je crains que vous ayez été un peu trop optimistes et que plus tard nous trouvions que les résultats ne sont pas ceux que nous désirons. Seule la pratique pourra déterminer qui a tort et qui a raison.

En tout cas, nous voterons la journée de huit heures et sans arrière-pensée, sincèrement. (*Très bien ! très bien !*) Nous sommes beaucoup dans ce cas, si j'en crois ce que j'ai entendu dire tous ces temps-ci.

Il y a longtemps qu'on parle de la journée de huit heures. Il faut qu'elle vienne. Nous verrons si elle donne ce qu'elle peut donner. C'est un essai social nécessaire, mais qui ne peut, Monsieur le Ministre, donner de bons résultats qu'autant que vous l'étayerez par d'autres réformes qui sont ses corollaires qui devraient venir sinon à la même minute, du moins très prochainement. En effet, si le loisir de l'ouvrier n'est pas organisé, ah ! j'ai bien peur que nous ayons, à côté du bienfait, quelque chose qui l'amoindrira.

J'ai terminé. J'ai voulu seulement attirer l'attention de la Commission et du Gouvernement sur la nécessité de continuer dans cette voie, non pour donner à la classe des travailleurs des espoirs exagérés, mais pour faire l'accord. Vous l'avez réalisé déjà, dans votre cabinet, entre employeurs et employés, patrons et ouvriers. J'espère que, dans la pratique, vous continuerez à nous aider à le réaliser. (*Applaudissements au centre et à droite.*)

M. le Président. — La parole est à M. Lauche.

M. Lauche. — Je renonce à la parole, parce que, comme la Commission, je voudrais aboutir. D'ailleurs, je ne ferais que des redites. Tout a été dit. Le principe est posé. Je demande donc à la Chambre de passer le plus vite possible à la discussion des articles. (*Très bien! très bien!*)

M. le Président. — La parole est à M. Louis Dubois.

M. Louis Dubois. — Je regrette que les conditions dans lesquelles se poursuit cette discussion ne permettent pas aux divers orateurs d'exposer toute leur manière de voir, toute leur pensée, tous leurs arguments. J'aurais été notamment très heureux de répondre à M. Albert Thomas sur bien des points qu'il a touchés avec le talent et la documentation qui lui sont habituels.

Malheureusement, je le répète, les conditions dans lesquelles se poursuit la discussion ne s'y prêtent pas.

Je me borne donc à dire que la loi de huit heures s'impose à l'heure actuelle.

Je ne suis pas de ceux qui, même dans des circonstances différentes, auraient pris la parole pour combattre le principe de la loi. Il est de toute évidence qu'il faut profiter des circonstances nouvelles mondiales, dans lesquelles nous nous trouvons, pour régler une fois pour toutes cette question. Il faut la régler dans l'intérêt général de la production, dans l'intérêt particulier des ouvriers. Je ne parle pas de l'intérêt du capital ou des patrons.

Je crois qu'il est possible du reste d'harmoniser ces trois ordres d'intérêts.

Puisqu'on a parlé d'union sacrée, je me permets d'ajouter que cette union est plus que jamais nécessaire, plus nécessaire peut-être pour le temps de paix dans lequel nous allons entrer que pour le temps de guerre d'où nous venons de sortir. J'ose espérer que cette union se fera plus intime, plus forte que jamais, pour arriver non seulement à améliorer les conditions du travail, mais aussi à augmenter la production...

M. Mauger. — C'est le point principal.

M. Louis Dubois. — ... qui profitera à l'universalité du peuple français dont nous faisons tous partie, à quelque classe — je n'aime pas ce mot qui, à mes yeux, ne répond pas à la réalité — à quelque classe, dis-je, à quelque catégorie sociale que nous appartenions. (*Très bien! très bien!*)

Je ne fais donc et je n'aurais fait, en d'autres circonstances, aucune opposition au principe de la loi.

Dans une matière aussi complexe et aussi délicate, en ne posant guère que le principe et en laissant à des règlements d'administration publique élaborés d'accord entre les intéressés et le Gouvernement, le soin de fixer les règles d'application pratique, je crois que vous avez fait au point de vue législatif une œuvre utile, réalisé un progrès.

M. le Président de la Commission. — Très bien !

M. Louis Dubois. — Les textes présentés, celui du Gouvernement et celui de la Commission, tranchent sur la plupart des textes habituellement soumis à nos délibérations. Ils sont clairs, on peut en connaissance de cause se prononcer pour ou contre et les discuter sans crainte de s'égarer en des interprétations erronées. Ils ont été élaborés sérieusement.

M. Louis Simonet. — Et surtout il n'y a pas eu trop d'amendements.

M. Maurice Sibille. — Les amendements sont quelquefois utiles, mon cher collègue.

M. Louis Dubois. — A ces divers points de vue de fond et de forme, j'approuve le projet qui nous est soumis.

Je demande que, dans la pratique, on soit d'une grande prudence et qu'on tienne compte des conditions très différentes dans lesquelles fonctionnent les diverses branches de l'industrie ou du commerce.

J'ose espérer que la porte ouverte aux études et discussions entre les intéressés et le Gouvernement restera toujours largement ouverte, que le Gouvernement ne violentera rien, ni les faits, ni les consciences, et que, s'il est nécessaire, son intervention servira surtout à établir entre les deux agents du travail, le patron et l'ouvrier, cette harmonie si souhaitable pour la paix publique et pour la production nationale. (*Applaudissements.*)

Voilà, sans vouloir développer autrement ces simples prémisses, dans quelles conditions je voterai, réserve faite pour certaines dispositions, le projet qui nous est soumis, réforme indispensable pour asseoir le travail français, et je dirai universel, de demain, indispensable pour assurer une production régulière, avec une meilleure utilisation des forces humaines, pour maintenir et accroître, dans toute la mesure du possible, l'harmonie sociale, pour obtenir enfin une sécurité plus grande dans le travail, une plus grande somme de bien-être en France et dans le monde. (*Applaudissements.*)

M. le Président. — La parole est à M. Rameil.

M. Pierre Rameil. — M. Dubois dit que cette loi est indispensable pour tous les travailleurs. Il a raison, la loi est juste, aussi sommes-nous étonnés que les ouvriers agricoles ne soient point appelés à en bénéficier.

Pourquoi les a-t-on exclus du bénéfice de cette loi ?

Tous les jours, on clame que les lois sociales doivent être appliquées aux ouvriers ruraux et, tous les jours, on s'arrange pour que ces lois bienfaisantes ne leur soient pas appliquées.

Au cours de la guerre, chaque fois que l'occasion s'en est présentée, nous n'avons pas ménagé nos éloges à nos agriculteurs, nous avons rendu hommage à nos soldats-paysans.

Aujourd'hui qu'il s'agit de réaliser une réforme heureuse pour la démocratie, je regrette qu'on néglige encore de s'occuper du travailleur des champs. Sans doute, me dira-t-on, le travail agricole n'est pas susceptible d'une réglementation aussi rigoureuse que le travail industriel. Nous savons qu'il est subordonné à des conditions climatériques, mais rien ne nous empêcherait de prévoir pour lui des modalités d'application différentes. Qui nous empêche, par exemple, d'instituer pour lui, comme vient de le faire l'Angleterre (loi du 22 août 1917) un minimum de salaire, basé, suivant les saisons, sur une journée de travail dont la durée serait portée à huit heures — chaque heure supplémentaire étant rétribuée en conséquence? Quand nous sommes arrivés ici, au début de cette législature, soucieux de réaliser les promesses que nous avions faites au cours des élections, nous avons tout de suite mis en discussion l'application de la loi de 1898 aux ouvriers agricoles. De longs débats s'engagèrent sur cette question. La loi fut votée sur le rapport de M. Manger. Elle est pendante devant le Sénat depuis cinq ans. (*Mouvements divers.*) Les deux Chambres vont retourner demain devant leurs électeurs et elles feront encore de belles promesses! Quand donc les réalisera-t-on? (*Applaudissements.*)

M. le Président. — La parole est à M. Emmanuel Brousse.

M. Emmanuel Brousse. — Je n'ai qu'une simple question à poser. La loi de huit heures s'appliquera-t-elle aux fonctionnaires des services et administrations publics? (*Mouvements divers.*)

M. Charles Bernard. — Pourquoi pas?

M. le Rapporteur. — Ils ne sont pas visés dans le texte actuel. Il vous appartient de déposer un amendement à leur sujet, si vous le jugez utile.

M. le Président. — Personne ne demande plus la parole dans la discussion générale?...

La discussion générale est close.

Je consulte la Chambre sur la question de savoir si elle entend passer à la discussion des articles.

(La Chambre, consultée, décide qu'elle passe à la discussion des articles.)

M. le Président. — « Art. 1er. — Le chapitre II (*Durée du travail*) du titre Ier du livre II du Code du travail et de la prévoyance sociale est modifié comme suit : ... »

M. Perrier propose de modifier comme suit le premier paragraphe de cet article :

Au lieu de :

« Le chapitre II (*Durée du travail*) du titre Ier du livre II du Code du travail et de la prévoyance sociale est modifié comme suit : .... »

Libeller ainsi :

« Les sections première et troisième du chapitre II (*Durée du travail*) du titre Ier du livre II du Code du travail et de la prévoyance sociale sont modifiés comme suit : ... »

La parole est à M. Perrier.

M. Léon Perrier. — Toutes explications utiles sur cet amendement ont été données dans la discussion générale par mon collègue Valette et par moi.

Je veux donc simplement demander de nouveau au Gouvernement si, dans le cas où je retirerais mon amendement, il prendra l'engagement très net, très ferme, de nous aider à faire aboutir la proposition de loi de notre collègue M. Durafour qui modifie la deuxième section du chapitre II du titre Ier du livre II du Code du travail.

Les auteurs de la proposition tiennent absolument à ce que la situation des mineurs au point de vue du travail soit réglée par la loi et non par des décrets. J'ajoute que la Commission des mines est absolument de leur avis.

Êtes-vous décidé à nous aider à faire aboutir la loi ? Voilà ce que je vous demande. Si oui, je retirerai mon amendement ; si non, afin que la question soit posée très nettement, je le maintiendrais et je poserais la question devant la Chambre. (*Très bien ! très bien !*)

M. le Président. — La parole est à M. le Ministre du Travail.

M. le Ministre du Travail. — Je réponds d'un mot à M. le Président de la Commission des mines. Tout d'abord, je le remercie de bien vouloir retirer son amendement.

M. Léon Perrier. — Je ne le retire qu'à la condition que vous preniez un engagement très net.

M. le Ministre du Travail. — C'est entendu. Vous retirez votre amendement à la condition que le Gouvernement prenne l'engagement de prêter tout son concours à la proposition de loi de M. Durafour.

Cette proposition n'étant pas encore imprimée et distribuée, j'ignore ce qu'elle contient. Mais dans tous les cas, aussitôt que j'aurai pu en prendre connaissance, je promets à M. Perrier de me mettre à la disposition de la Commission des mines pour discuter ensemble. Nous nous efforcerons, comme nous l'avons fait jusqu'à maintenant, et autant que possible d'accord avec les intéressés, d'apporter aux mineurs les satisfactions qu'ils méritent.

M. le Président. — La parole est à M. Cadot.

M. Cadot. — Je tiens à manifester le désir que la question vienne le plus tôt possible. Mardi dernier, a eu lieu pour le Nord et le Pas-de-Calais une réunion de syndicats des ouvriers mineurs et de patrons qui ont examiné entr'autres questions celle de la journée de huit heures.

Vous connaissez les souffrances des mineurs depuis quatre ans et demi, les efforts qu'ils ont faits, les services qu'ils ont rendus à la défense nationale et au pays. Ils attendent cette journée de huit heures, descente, remonte et repas compris ; ils désirent qu'on mette un terme à une tâche qui est trop épuisante pour eux et surtout pour les enfants et les vieux ouvriers.

Je crois que, avec de la bonne volonté de part et d'autre, on peut arriver à leur accorder satisfaction.

Je vous remercie de l'engagement que vous avez pris. Je demande que la question soit étudiée et résolue le plus vite possible. (*Très bien ! très bien !*)

M. le Ministre du Travail. — M. Cadot a absolument satisfaction avec le texte du projet de loi en discussion.

J'ai reçu hier de M. Bartuel, secrétaire de la Fédération nationale des travailleurs du sous-sol, une lettre m'annonçant que les pourparlers allaient s'engager entre les délégués du Comité central des houillères de France et les délégués des ouvriers pour déterminer précisément les conditions d'application de la journée de huit heures. Des négociations analogues se poursuivent entre les organisations patronales et ouvrières des mines du Pas-de-Calais.

Dès que les accords seront intervenus, le règlement d'administration publique prévu par la présente loi les sanctionnera. (*Très bien! très bien!*)

M. Cadot. — Ce que je voulais signaler à M. le Ministre, c'est l'agitation actuelle qu'il doit connaître comme nous et lui demander d'examiner cette question de la façon la plus minutieuse.

M. le Président. — La parole est à M. Valette.

M. Marius Valette. — Je n'ai rien à ajouter à ce qu'a dit M. Perrier et aux déclarations de M. le Ministre. Il faut que l'on sache que la seule divergence qui existe, dans les pays houillers, entre mineurs et patrons, porte purement et simplement sur les faits suivants : les mineurs veulent la journée de huit heures en comprenant dans cette journée la descente et la remontée ainsi que le temps du petit repas, dit «briquet», dans la mine. En outre, ils ne veulent plus de dérogations.

Ce sont les quatre points essentiels de l'application intégrale de la journée de huit heures demandée par les mineurs. Je répète qu'il y a une proposition de loi déposée par M. Durafour et un certain nombre d'entre nous. Que la Commission et le Gouvernement s'engagent à la discuter le plus rapidement possible devant la Chambre. De notre côté, nous ferons toute diligence pour la voter. (*Très bien! très bien!*)

M. le Président. — M. Perrier, retirez-vous votre amendement?

M. Léon Perrier. — L'engagement du Ministre est assez net pour que je puisse retirer mon amendement. Il est donc bien entendu que, ainsi que M. Valette l'a précisé, l'effort du Gouvernement tendra vers l'application aux mineurs de la journée de huit heures intégrale, c'est-à-dire en y comprenant le temps du repas, ainsi que la durée de la descente et la remontée. (*Très bien! très bien!*)

M. le Président. — La parole est à M. Albert Thomas.

M. Albert Thomas. — J'ai suivi attentivement le débat qui s'est engagé entre nos collègues représentant les mineurs et le Gouvernement. Je crois que nous pouvons facilement nous mettre d'accord si nous agissons à l'égard de la corporation minière selon ses vœux et en toute bonne foi.

Quelle est la situation? Les mineurs ont une loi réglementant spécialement leur journée de travail; cette loi leur a donné un certain nombre de garanties qu'ils trouvent insuffisantes, et ils participent au mouvement général. Le 23, doit avoir lieu la rencontre entre le Comité des houillères et la Fédération des mineurs.

Il y a intérêt à laisser les mineurs, compris dans la loi d'ensemble, attendre le résultat des négociations actuellement engagées. Ou bien la négociation aura dépassé la loi actuelle en ce qui concerne la durée du travail, et dans ce cas nous pourrons, pour répondre aux vœux de la corporation minière, demander que ces garanties soient consacrées par la loi, ou bien elle ne leur donnera pas satisfaction et, à plus forte raison, nous reviendrons, nous, à la loi.

Je conclus donc, d'accord, je crois, avec mes collègues, qu'il y a lieu de les laisser compris dans la loi générale avec l'engagement formel du Gouvernement que la garantie accordée antérieurement aux mineurs sera maintenue et consacrera l'accord qui va intervenir. (*Très bien! très bien!*)

M. Léon Perrier. — C'est dans ces conditions et sous les réserves que M. Thomas a parfaitement précisées que l'amendement est retiré.

M. le Président. — L'amendement est retiré.

Je mets aux voix le premier paragraphe de l'article 1er.

(Le premier paragraphe, mis aux voix, est adopté.)

M. le Président. —

Chapitre II.

Durée du travail.

« *Art. 6.* — Dans les établissements industriels et commerciaux ou dans leurs dépendances, de quelque nature qu'ils soient, publics ou privés, laïques ou religieux, même s'ils ont un caractère d'enseignement professionnel ou de bienfaisance, la durée du travail effectif des ouvriers ou employés de l'un ou de l'autre sexe et de tout âge, ne peut excéder soit huit heures par jour, soit quarante-huit heures par semaine, soit une limitation équivalente établie sur une période de temps autre que la semaine. »

Nous avons ici plusieurs amendements.

Le premier, signé de M. Nouhaud, tend à rédiger comme suit cet article :

« *Art. 6.* — La durée du travail effectif des ouvriers ou employés de l'un et l'autre sexe et de tout âge dans les entreprises de l'industrie et du commerce ne pourra excéder huit heures par jour avec une interruption de une ou deux heures selon la région et l'intensité du travail. »

La parole est à M. Nouhaud.

M. Nouhaud. — J'ai pensé qu'il n'était pas possible de travailler huit heures sans prendre de repos. Je reconnais bien que le projet parle de règlement d'administration publique.

M. Tournade. — Le mot consécutif n'est pas dans le texte. La loi ne dit pas du tout : huit heures consécutives.

M. Nouhaud. — Ce que je propose existe ailleurs. Lisez le rapport de M. Godart, vous verrez que ces heures de repos sont mentionnées dans les textes des lois analogues à celle que nous discutons à cette heure en Russie, en Allemagne, dans la République tchéco-slovaque. L'application de la journée de huit heures ne serait qu'un leurre pour le bonheur de l'ouvrier si vous ne lui permettiez pas — j'envisage les grandes régions industrielles et surtout Paris — d'aller prendre son repas au sein de sa famille. La ruine du ménage ouvrier, la gêne pour certains, la misère pour beaucoup, c'est la vie de restaurant. Il n'est pas possible à l'ouvrier de prendre son repas chez lui si vous ne lui donnez pas un repos variant, selon la région, ainsi que je l'indique, de une à deux heures. (*Très bien! très bien!*)

M. le Président de la Commission. — Les ouvriers sauront mieux que vous ce qu'il leur faut. C'est par des accords que la question doit se régler.

[illegible]

M. Jean Lo[illegible]. — Il faut laisser aux organisations ouvrières le soin de [illegible] les modalités.

M. [illegible]. — Je crois qu'il serait bon de [illegible] par la loi.

M. le Président de la Commission. — Il y aurait bien d'autres questions très importantes à insérer dans le texte. Nous ne l'avons pas fait, parce que nous voulons que ce soient les ouvriers et les patrons qui établissent d'un commun accord les conditions dans lesquelles doit être appliquée la journée de huit heures. (Très bien ! très bien !)

M. [illegible]. — Le règlement est [illegible] point de vue technique que matériel [illegible] l'amélioration de la vie de l'ouvrier [illegible] [illegible] de transport rapides [illegible] [illegible] inopérantes [illegible].

M. le Président. — La parole est à M. le Rapporteur.

M. le Rapporteur. — Il n'est pas douteux que l'amendement de M. [illegible] excellente. Notre collègue [illegible] les exemples [illegible] dans mon rapport. [illegible] compatible avec les législations [illegible].

M. [illegible]. — [illegible]

M. le Rapporteur. — [illegible] les heures de repos [illegible] [illegible] agricole [illegible] région [illegible] (Très bien !)

[illegible]

[illegible] la Commission [illegible]

M. [illegible] — [illegible]

M. le Président. — [illegible]

[illegible]

[illegible]

au texte qui fixe à huit heures la journée de travail des employés de commerce au même titre que celle des ouvriers d'industrie.

M. le Président. — Nous arrivons à un amendement de MM. Auger, Émile Dumas, Pottevin et Pierre Rameil qui tend à insérer après les mots : « . . . enseignement professionnel ou de bienfaisance », ceux-ci : « . . . ainsi que dans tous les travaux forestiers, agricoles et viticoles ».

La parole est à M. Mauger.

M. Mauger. — Messieurs, un de nos collègues a signalé avec juste raison l'oubli constant des travailleurs agricoles dans les lois ouvrières. Il est impossible d'admettre que les éléments qui travaillent, moyennant salaire, dans les mêmes conditions que les ouvriers de l'industrie ou du commerce puissent être traités de façon différente quand il s'agit de la réglementation du travail. Il est même vraiment pénible de constater que dans les conférences relatives à la législation internationale du travail, si j'en crois les textes publiés, nulle part il ne soit fait allusion à la législation internationale du travail agricole.

Il serait cependant nécessaire que des garanties soient données au monde des travailleurs agricoles tant au point de vue national qu'au point de vue international.

Allons-nous continuer à la Chambre à commettre aujourd'hui les mêmes oublis vis-à-vis des travailleurs agricoles que ceux qui ont été commis lors du vote des lois ouvrières? On a signalé les obstacles que rencontre aujourd'hui au Sénat la loi étendant le bénéfice de la législation des accidents du travail aux ouvriers et employés de l'agriculture votée en 1915.

Elle dort dans les cartons et, vingt ans après que les ouvriers de l'industrie voient leurs accidents du travail garantis, les travailleurs agricoles attendent et attendront peut-être longtemps encore, je le crains, que joue enfin pour eux la garantie des accidents.

Pourquoi? parce que, lors du vote de la loi du 9 avril 1898, on n'a pas eu le courage ou la volonté de pousser à fond la réforme et de comprendre dans la loi tous les travailleurs, qu'ils appartiennent au commerce ou à l'agriculture?

En ce moment, nous faisons une loi relative à la réglementation du travail. Elle englobe les ouvriers de l'industrie et les employés du commerce; elle fixe la durée de leur journée de travail dans des conditions que précisent les divers articles soumis à notre délibération. Rien n'est prévu pour les travailleurs agricoles. Il y a cependant un prolétariat agricole, comme il y a un prolétariat industriel. Pourquoi le tenir en dehors de la loi?

M. Emmanuel Brousse. — C'est impossible.

M. Josse. — C'est très difficile à préciser.

M. Mauger. — J'ai souvent répété ici que lorsque nous parlions des intérêts du monde agricole nous semblions ne pas nous comprendre et ne pas parler le même langage, tout en étant les uns et les autres animés des meilleurs sentiments. Cela tient à ce que nous, nous trouvions dans des régions où le système de la propriété terrienne n'a aucune ressemblance. Mais, tout de même vous êtes bien obligés de reconnaître qu'il y a un prolétariat agricole, qu'il y a des journaliers agricoles, des gens qui louent leurs services moyennant salaire et qui, ne possédant rien, ont droit aux mêmes garanties que ceux qui louent leurs services à l'industrie ou au commerce.

M. Emmanuel BROUSSE. — Voulez-vous me permettre une brève observation ?

M. MAUGER. — Volontiers.

M. Emmanuel BROUSSE. — Comment ferez-vous dans une région comme celle que je représente, par exemple, où l'on est sous la neige pendant six mois et où tous les exploitants agricoles gardent quand même les ouvriers en les payant, où, enfin, au moment de la belle saison, on est obligé de faire un effort surhumain pour pouvoir rentrer les récoltes ? On travaille de jour à jour, depuis le lever jusqu'au coucher du soleil, parfois de une heure du matin à neuf heures du soir, quand il faut précipitamment rentrer les charretées de foin, de gerbes de seigle ou de sacs de pommes de terre. Il faut en trois mois, labourer, semer et récolter. Comment voulez-vous appliquer la journée de huit heures dans nos campagnes ? C'est pratiquement impossible, quelque désir que l'on ait de donner satisfaction aux travailleurs dont nous apprécions tous le dévouement et le labeur.

Comment ferez-vous pour appliquer votre loi de huit heures sous de pareils climats ? Je pose la question. A vous d'y répondre. (*Très bien ! très bien !*)

Plusieurs voix. — Il y a les dérogations.

M. MAUGER. — C'est le projet de loi lui-même qui vous répond, ce n'est pas moi. Le projet de loi vous dit que des dérogations pourront être accordées.

Je vous apporte un autre argument. Quand l'ouvrier agricole loue son temps de la journée, ce temps est indéterminé. Si vous votez mon amendement, c'est la journée de huit heures qui sera la base du salaire. La loi prévoit des dérogations consenties d'accord entre organisations patronales et ouvrières, s'il est nécessaire, dans des circonstances particulières, de recourir à des heures supplémentaires; vous les accordez dans l'industrie, vous les accorderez dans l'agriculture. En quoi cela peut-il gêner les agriculteurs ?

De cette façon, vous n'aurez pas deux catégories de travailleurs, les uns, ceux de l'industrie, bénéficiant des avantages de la loi, les autres, ceux de l'agriculture, qui en seraient exclus. Une telle situation pourrait être grave. On l'a dit assez souvent pour que je me permette de le répéter encore aujourd'hui : les travailleurs agricoles ont fait largement leur devoir, quand il s'est agi de défendre le pays. (*Très bien ! très bien !*)

M. Emmanuel BROUSSE. — Nous sommes d'accord.

M. MAUGER. — Que leur apportez-vous comme récompense ? Vous leur aviez promis la loi sur les accidents du travail. Ils ne l'ont pas. Ils n'ont rien pour l'invalidité, pour la maladie. Que vont-ils avoir dans la réglementation du travail ? Rien encore.

Voilà le cadeau que vous leur apportez. J'estime que la Chambre doit faire mieux, qu'elle ne doit pas créer deux catégories d'ouvriers. Il n'y a qu'une catégorie de travailleurs, ceux qui louent leurs bras, et, tous, en compensation, doivent jouir des mêmes avantages : c'est ce que je vous demande de dire en votant mon amendement. (*Très bien ! très bien ! sur divers bancs.*)

M. LE PRÉSIDENT. — La parole est à M. Brousse.

M. Emmanuel Brousse. — Je reconnais la force des arguments de M. Mauger, mais il faut se placer devant la réalité, il faut voir comment on cultive dans nos campagnes, comment se font les travaux agricoles, commandés...

M. Mauger. — Par les saisons, c'est entendu.

M. Emmanuel Brousse. — ... par les saisons et par les intempéries. Vous parliez des ouvriers viticoles; s'il y a des pluies, vous ne pouvez pas faire les sulfatages, sans quoi le sulfate de cuivre ne tiendrait pas sur les feuilles. Quand le beau temps est revenu, ce n'est pas huit heures qu'on fait, c'est dix, douze, quatorze heures; on travaille tant qu'on peut, sans quoi la vigne périrait et on ne pourrait pas faire les récoltes.

Il en est de même pour les vendanges, pour la fenaison, pour la moisson, pour la rentrée des bois d'affouage à la merci des pluies et des coups de vent.

Vous me dites : il y aura des dérogations. Mais tous les agriculteurs seront alors contraints de vous en demander. Alors à quoi aboutit votre amendement ? A rien. Il est inapplicable dans nos campagnes. Il faut voir les choses comme elles sont et non comme elles devraient être. (*Très bien ! très bien !*)

J'ajoute qu'on ne peut pas improviser en séance un texte aussi important. Il faut tenir compte, dans un pays comme la France, de la diversité des régions, des climats et des intérêts en présence.

Je vais plus loin : votre amendement va contre l'intérêt des ouvriers agricoles que nous voulons tous, au même titre, défendre et soutenir, car on les paye même dans beaucoup d'exploitations de nos campagnes si le mauvais temps les empêche de travailler, parce qu'on leur demandera après un effort supplémentaire indispensable. On fait, à certains jours, quatre, six heures de travail, pour en faire dix et douze quand le temps s'y prête.

Si, au contraire, vous appliquez rigoureusement aux ouvriers agricoles la loi en discussion et si vous ne pouvez pas employer un viticulteur plus de huit heures, on ne lui payera pas les journées où il sera obligé de chômer en totalité ou en partie.

Voilà à quel résultat vous arriverez avec votre amendement : à desservir les ouvriers agricoles que vous croyez défendre par un texte inspiré par des sentiments que je partage, mais inapplicable dans l'état actuel d'inorganisation du prolétariat agricole.

Je suis plus que quiconque disposé à soutenir les ouvriers agricoles. J'en représente un certain nombre, et je sais quels sont les besoins de tous ces excellents travailleurs, laborieux, dévoués et si dignes d'intérêt. Mais vous faites un mauvais cadeau à ces braves gens qui ont le tort de ne pas être organisés comme les ouvriers de l'industrie, et je vous supplie de ne pas maintenir votre amendement, complètement inapplicable dans nos campagnes dans l'état actuel des choses. (*Très bien ! très bien !*)

M. le Président. — La parole est à M. Emile Dumas.

M. Emile Dumas. — Vous vous plaignez de la dépopulation des campagnes et vous gémissez contre une pareille situation, mais vous n'avez pas d'ouvriers agricoles, parce que la vie est absolument intolérable pour eux et qu'ils trouvent à la ville des conditions de travail bien plus avantageuses et d'ailleurs accrues par la loi des huit heures.

Vous venez d'énumérer les conditions du travail agricole. Mais dans le Midi et chez vous, Monsieur Brousse, c'est grâce aux émigrants espagnols que le travail agricole peut être fait. Vos autochtones ont rejoint les villes. Ce sont ceux de l'autre côté de la frontière qui font le travail.

Les travailleurs français, lors du labeur saisonnier, sont le petit nombre en Catalogne.

M. Emmanuel Brousse. — Dans la plupart de nos exploitations, vous ne trouverez pas un seul ouvrier espagnol.

M. le Président. — La parole est à M. de Monzie.

M. de Monzie. — Vous voyez combien il est dangereux, à midi dix, d'ouvrir une discussion de cet ordre et de mettre ceux qui sont partisans de la journée de huit heures dans la cruelle alternative où nos collègues, MM. Mauger et Rameil nous ont placés tout à l'heure.

Le point de vue développé par eux est incontestablement de nature à justifier un vote qui assimile enfin les ouvriers agricoles aux ouvriers industriels.

Mais je me permets une observation très simple. La loi est l'œuvre des congrès internationaux ouvriers. Elle est le résultat de l'effort syndical français et international.

Née de la volonté syndicale, notre loi ne sera applicable que par l'intervention syndicale. Entendez par là qu'il serait impossible d'adapter la règle des huit heures à la diversité des situations économiques, si l'on n'avait recours à l'accord des syndicats patronaux et ouvriers.

La loi suppose l'existence d'assemblées paritaires. Et c'est la nouveauté louable de ce texte. Elle implique, elle confirme, elle consacre la collaboration technique des employeurs et des employés. (*Très bien! très bien!*)

C'est une assemblée paritaire qui préparera le règlement d'administration publique que le Conseil d'État et le Ministère du travail se borneront à mettre en style juridique.

Or, Messieurs, dans l'ordre de l'économie agricole, il n'y a pas eu préparation de la loi par un travail corporatif. Le prolétariat agricole n'est pas assez organisé. . .

M. Émile-Dumas. — Quelle erreur !

M. de Monzie. — Si vous parlez du Cher, vous avez peut-être raison.

M. Émile-Dumas. — Je parle aussi de l'Aude.

M. de Monzie. — Dans l'ensemble du pays. . .

M. Jean Longuet. — Malheureusement, c'est vrai.

M. de Monzie. — Dans l'ensemble du pays, l'organisation syndicale agricole n'a rien de comparable avec l'organisation syndicale industrielle. Vous le savez bien. Il n'existe pas une organisation générale. Quels que soient les efforts poursuivis sur certains points du territoire pour organiser les syndicats agricoles, il n'en est pas moins vrai que, dans l'ensemble, les vœux du prolétariat agricole ne sont pas exprimés avec la même force collective, en suite des mêmes délibérés que les revendications des travailleurs d'usines.

M. Jean Bon. — Ce n'est pas contestable.

M. de Monzie. — Voilà la cause de ce ralentissement dans la législation agricole dont se plaignait si justement mon ami M. Rameil. Il en résulte aussi cette conséquence, qu'il serait impossible d'appliquer la loi de huit heures aux ouvriers agricoles de la même manière qu'on l'appliquera aux ouvriers industriels, parce que la collaboration paritaire du patron et des ouvriers n'est pas encore organisée.

Je voudrais donc obtenir à la fois de la Commission et de M. le Ministre du Travail l'engagement de procéder à une étude immédiate de l'amendement Mauger, en faisant appel, sinon aux organisations, puisqu'elles sont à créer, du moins à ceux qui peuvent être les promoteurs du syndicalisme agricole, afin de préparer l'opinion rurale à cette législation nouvelle de la même manière que, pendant de longues années, s'est préparée à la loi que nous discutons l'opinion du monde industriel. Car vous entendez bien que tout ce que nous ferions aujourd'hui pour le monde agricole serait lettre morte. Nous inscririons, dans des textes inapplicables, ces dérogations qui créent tant de difficultés pratiques. S'en rapporter aux dérogations, c'est introduire le désordre, l'incohérence et l'arbitraire. Nous devons de plus en plus, en matière sociale, nous dessaisir au bénéfice des techniciens réunis en assemblées paritaires. (*Très bien! très bien!*)

Je conclus. Qu'on étudie l'application des huit heures au travail agricole. Mais pour l'heure, s'agissant d'aboutir vite, il importe de réduire au minimum les difficultés, les objections, par quoi l'approbation du Sénat pourrait être à tout le moins retardée. On a été vite en Italie et en Espagne pour installer cette même réforme. Désireux de voir la loi votée, sans retard, je demande donc à mes collègues, dont j'approuve l'initiative, de ne pas insister sur un texte prématuré. (*Applaudissements.*)

M. le Président. — La parole est à M. le Rapporteur.

M. le Rapporteur. — La Commission du travail insiste, elle aussi, pour que la Chambre décide la disjonction de l'amendement Mauger, s'engageant à rapporter très rapidement la question, d'accord, d'ailleurs, avec le Gouvernement et la Commission d'agriculture. (*Très bien! très bien!*)

M. le Président. — La parole est à M. James Hennessy.

M. James Hennessy. — Nous prenons acte de la déclaration de M. le Rapporteur. Il est nécessaire que de cette discussion ressorte cette idée très nette que les ouvriers agricoles ne seront pas oubliés dans nos préoccupations et que dans un avenir très rapproché, on réglera cette question si difficile et délicate.

M. le Rapporteur. — En tous cas, la Commission sera saisie de l'amendement Mauger, si la Chambre prononce la disjonction. (*Très bien! très bien!*)

M. le Président. — La parole est à M. Ragheboom.

M. Ragheboom. — Je prends acte des déclarations qui ont été faites ici. Je tiens à vous signaler la situation très critique des ouvriers agricoles dans la région que je représente. On a parlé tout à l'heure des travaux agricoles de l'été qui se poursuivent en hiver; dans ma région on travaille beaucoup l'été et très peu l'hiver. Les ouvriers commencent à travailler l'hiver à dix heures du matin et finissent à quatre heures du soir. Savez-vous combien on donne à ces malheureux pour leur travail ? 25 francs ou 30 francs par mois. Comment voulez-vous que dans ces conditions ils puissent avoir leur famille ?

M. LE PRÉSIDENT. — La parole est à M. le Ministre du Travail.

M. LE MINISTRE DU TRAVAIL. — Je ne méconnais nullement l'intérêt des arguments qu'a fait valoir M. Mauger pour la défense des ouvriers agricoles.

Au point de vue des accidents du travail, leur situation sera bientôt réglée. Le projet de loi est devant le Sénat, et il sera, je l'espère, voté à bref délai.

Si notre collègue veut bien retirer son amendement, le Gouvernement s'engage formellement à étudier la question dans le sens qu'il a indiqué et à déposer un projet de loi que la Commission du travail, j'en suis convaincu, rapportera le plus rapidement possible. *(Très bien! très bien!)*

M. LE PRÉSIDENT. — La parole est à M. Émile-Dumas.

M. ÉMILE-DUMAS. — Les travailleurs agricoles ne sont pas organisés; voilà l'argument que M. de Monzie a invoqué pour réclamer la disjonction...

M. LE PRÉSIDENT DE LA COMMISSION. — Si nous visons dans la loi les ouvriers agricoles, nous n'aurons rien. Voilà l'argument, il n'y en a pas d'autre. Si nous pouvions faire voter par les deux Assemblées l'adjonction immédiate de l'agriculture, nous l'aurions proposé nous-mêmes, sans attendre le dépôt d'un amendement.

M. ÉMILE-DUMAS. — Il est certaines hérésies qu'il n'est pas possible de ne pas discuter. M. de Monzie signalait que la difficulté d'application de la loi venait de l'absence d'organisations ouvrières chez les travailleurs dont nous prenons la défense dans notre amendement. Pourtant — et c'est là un fait — les ouvriers sont groupés dans leurs syndicats et fédérations, qu'il s'agisse des jardiniers, des travailleurs agricoles du Nord, des ouvriers betteraviers de l'Aisne et de la Somme, des vignerons du Midi, des bûcherons ou des agriculteurs du centre. Tous ceux-là représentent une organisation et une puissance ouvrière qu'il n'est pas possible de contester et dont il m'appartient de signaler l'existence, ainsi que la puissance de leur action associée en 1904, à Bourges, dans la fédération terrienne.

Dans leurs réunions syndicales, dans leurs congrès fédéraux, dans les congrès confédéraux, ils ont examiné la question de la durée du travail. Cette idée n'est donc pas nouvelle chez eux et ce sont les travailleurs groupés dans des organisations puissantes et résolues qui l'ont étudiée.

Mais il y autre chose dans l'amendement : vous y trouvez les bûcherons. Ceux-là sont des ouvriers d'industrie, travaillant une matière première, le bois. Je demande instamment au Gouvernement et à la commission de ne pas les confondre dans le même oubli ou la même réprobation.

Pour ce cas précis, qu'est-ce que la disjonction ? C'est le renvoi aux lenteurs parlementaires. C'est souvent l'abandon d'une idée, car en ce qui concerne tout ce qui a été tenté pour l'amélioration du sort des travailleurs de la terre, nous nous heurtons à la Commission de l'agriculture, qui n'est elle-même que le reflet du Ministère de l'agriculture. Et aussitôt nous trouvons là l'inadmissible rivalité du Ministre de l'Agriculture contre le Ministre du Travail.

Il faut qu'une bonne fois cela soit dit à la Chambre, ce sont les employés du Ministère de l'Agriculture qui, craignant de voir diminuer une fonction qu'ils n'accomplissent d'ailleurs pas et n'ont pas à accomplir, ont, depuis de longues années, — depuis le jour où M. Viviani, premier ministre du Travail, a tenté de coordonner toute l'action en faveur du travail, — paralysé tout effort, et tout en geignant d'un côté sur la dépopulation des campagnes, se sont refusés à étudier et à appliquer la moindre mesure destinée à y retenir les habitants.

Si la Commission du travail était disposée à accepter notre amendement, le Ministère de l'agriculture s'y opposerait, car il n'admet pas que le Ministre du Travail applique des lois qui protègent le serf d'hier, qui est encore indifférent aujourd'hui au Ministère de l'Agriculture, non préparé à assurer la protection d'une main-d'œuvre qui lui échappe. Ou alors, qu'il nous fasse connaître ce qu'il a fait, hors des niaiseries inopérantes et inefficaces, en faveur des travailleurs agricoles. (*Très bien! très bien! à l'extrême gauche.*)

M. le Président. — La parole est à M. Albert Thomas.

M. Albert Thomas. — Je me rends à l'objurgation de M. le Président de la Commission et je ne soutiendrai pas le maintien de l'amendement. Néanmoins, je dois présenter deux remarques qui me paraissent avoir leur importance.

Je ne puis pas souscrire complètement aux observations de M. de Monzie. M. de Monzie a dit, appuyant la disjonction, que la Commission, le Gouvernement, le Parlement, feront l'effort de propagande nécessaire pour que, dans le pays, se réalise l'accord que permettra la loi. Prenez garde. Autant je suis partisan, partout où il peut être réalisé, de l'accord entre organisations patronales et ouvrières, autant je ne voudrais pas oublier le devoir de protection légale qu'a le Parlement.

En particulier en ce qui concerne les travailleurs agricoles, malgré la vitalité et le nombre des organisations agricoles, il y a toute une classe ouvrière, tout un prolétariat qui risquerait de n'être pas protégé, et c'est pourquoi je demande au Gouvernement et à la Commission de rédiger un projet de loi qui comporte sans doute, partout où l'accord pourra être réalisé, la consécration de cet accord, mais aussi ou bien la loi comme pour les mineurs, ou bien le règlement d'administration publique, pour le cas où il n'y a pas accord. C'est dans ce sens que j'accepte la disjonction, mais je tenais à insister sur la nécessité de la protection du travail. (*Très bien! très bien!*)

M. le Président de la Commission. — Nous sommes tout à fait d'accord.

M. le Président. — La parole est à M. Mauger.

M. Mauger. — Je ne voudrais pas, en pareille circonstance et dans un tel moment, faire échouer un projet auquel j'ai collaboré et auquel je tiens autant que vous tous, mais je tenais à apporter ici la protestation du monde des travailleurs agricoles. Et puisque notre honorable collègue M. de Monzie a dit ici qu'il n'y avait pas eu d'organisation agricole, si nous n'étions pas à une heure aussi avancée, je vous montrerais que ce n'est pas depuis 1904, mais depuis 1892, que les ouvriers agricoles se sont organisés dans nos régions, que la fédération terrienne s'est fondée en 1904 au congrès de la confédération générale du travail et que si ces fédérations ont mis dans leurs revendications la journée de huit heures comme une obligation, ce n'est pas, comme le disait tout à l'heure M. Brousse, dans le but de faire que, lorsque se présentaient des périodes de mauvais temps ou dans les périodes de surtravail, on soit obligé de réduire à huit heures cette durée de journée, mais c'était pour bien marquer que la durée de la journée de travail de l'ouvrier agricole n'était pas illimitée, qu'elle avait les mêmes besoins d'être précise comme avait besoin de l'être celle des ouvriers de l'industrie.

J'accepte donc la disjonction, mais sous cette condition précise, et sur l'engagement du Gouvernement et de la Commission, qu'on rapportera le plus tôt possible notre amendement et que cette question ne sera pas enterrée comme l'ont été jusqu'à ce jour toutes celles relatives à l'élément agricole.

Je ne sais qui reviendra ici après les élections, mais il ne faut pas que les ouvriers agricoles aillent aux urnes avec cette pensée qu'on les a encore abandonnés et qu'une fois encore ils sont exclus du bénéfice des lois ouvrières. (*Très bien! très bien!*)

M. LE PRÉSIDENT. — Il n'y a pas d'opposition à la disjonction de l'amendement acceptée par ses auteurs?

La disjonction est prononcée.

Voix nombreuses. — A cet après-midi!

M. LE PRÉSIDENT. — J'entends demander le renvoi de la discussion à la prochaine séance?

Il n'y a pas d'opposition?

Le renvoi est prononcé.

2e SÉANCE DU 17 AVRIL 1919.

M. LE PRÉSIDENT. — L'ordre du jour appelle la suite de la discussion : 1° de la proposition de loi de M. Pierre Renaudel et plusieurs de ses collègues, sur l'application généralisée à l'industrie et au commerce de la journée de huit heures et de la semaine anglaise; 2° du projet de loi sur la journée de huit heures.

La Chambre s'est arrêtée ce matin à un amendement de M. Brousse au deuxième paragraphe de l'article 1er (article 6 du Code du travail, chapitre 2 du titre premier du livre II). J'en donne lecture :

« Avant les mots : « la durée du travail », ajouter : « dans les administrations et services publics ».

La parole est à M. Brousse.

M. Emmanuel BROUSSE. — Je suis un partisan convaincu de la journée de huit heures. Je ne retarderai donc pas le vote de la loi. Je me bornerai à de courtes observations. L'amendement que j'ai l'honneur de présenter est très simple. J'espère que la Chambre l'approuvera à l'unanimité. Je demande l'application de la journée de huit heures aux diverses administrations et services publics.

M. Charles BERNARD. — Très bien! Ajoutez-y les employés de commerce.

M. Emmanuel BROUSSE. — J'ai vu que MM. les fonctionnaires s'étaient affiliés à la Confédération générale du travail; par conséquent, ils approuvent les textes de loi qu'ils font soumettre au Parlement et, par cela même, la journée de huit heures. C'est pourquoi je demande l'application de la journée de huit heures aux fonctionnaires publics. (*Très bien! très bien! sur divers bancs.*)

M. LAUCHE. — Ceux qui sont affiliés à la Confédération générale du travail ne sont pas des fonctionnaires au sens exact du mot, ce sont des travailleurs d'État qui n'ont pas les huit heures. Il y a une différence.

M. Emmanuel BROUSSE. — Si vous vous rendez dans les ministères, vous constaterez que les fonctionnaires sont absents la plupart du temps. Ils ne sont là que pour toucher les heures supplémentaires, les seules qu'ils fassent. (*Rires.*) Elles coûtent très cher au budget. Si on applique mon amendement, les fonctionnaires feront huit heures de travail comme les ouvriers de l'industrie.

Ce sera très bien, et, comme ils travailleront davantage, nous pourrons en réduire le nombre.

M. Arthur GROUSSIER, *président de la Commission.* — Le texte dit que la durée du travail « ne peut excéder » huit heures par jour.

M. Charles BERNARD. — Il faut viser également les employés des P. T. T.

M. Emmanuel BROUSSE. — Je répète que je réduis ainsi considérablement le nombre des fonctionnaires et contribue à faire une économie importante dans le budget à l'heure même où le déficit ne cesse de grandir. (*Très bien! très bien!*)

J'espère que la Chambre voudra bien ratifier mon amendement à l'heure où il est indispensable de faire des économies.

Je dépose une demande de scrutin. Chacun prendra ses responsabilités. (*Mouvements divers.*)

M. LE PRÉSIDENT. — La parole est à M. le Ministre du Travail.

M. COLLIARD, *Ministre du Travail et de la Prévoyance sociale.* — Je voudrais d'un mot répondre à M. Brousse. Nous examinons un projet de loi que nous devons prendre tout à fait au sérieux. Que M. Brousse me permette de lui dire que les fonctionnaires ne sont pas visés par le Code du travail.

M. Jean BON. — Ils ne travaillent pas. (*Rires.*)

M. LE MINISTRE DU TRAVAIL. — On ne voit pas d'ailleurs pourquoi on leur appliquerait une loi qui fixe la durée de huit heures non comme un minimum, mais comme un maximum.

M. Emmanuel BROUSSE. — Ils n'auront plus besoin de faire des heures supplémentaires.

M. LE MINISTRE DU TRAVAIL. — La loi donc serait inopérante.

M. Emmanuel BROUSSE. — Ils ne feront jamais rien. J'en prends acte.

M. LE MINISTRE DU TRAVAIL. — Je n'ai pas dit cela. Je connais des fonctionnaires qui font volontairement plus de huit heures et sans rétribution supplémentaire.

Votre amendement n'a rien à voir avec notre loi. C'est une loi pour l'industrie et le commerce; elle ne saurait viser les fonctionnaires. C'est lorsque nous établirons le statut des fonctionnaires que votre proposition pourra trouver sa place.

Je demande à la Chambre de repousser l'amendement de M. Brousse.

M. le Président. — La parole est à M. Brousse.

M. Emmanuel Brousse. — Je proteste contre les paroles de M. le Ministre du Travail. J'ai l'habitude de faire ici des propositions sérieuses et de les soutenir sérieusement. (*Très bien! très bien!*)

Je constate que le Gouvernement, qui veut faire appliquer la loi de huit heures à l'industrie privée, ne veut pas l'appliquer dans ses bureaux et ses ateliers.

M. le Ministre du Travail. — Mais si!

M. Emmanuel Brousse. — Je proteste énergiquement. L'État doit être le premier à donner l'exemple en appliquant la journée de huit heures à son personnel. Je suis persuadé que j'aurai avec moi la Chambre et les contribuables, excédés de payer des employés qui ne font rien ou qui sont trop souvent absents lorsque le public a besoin d'eux. (*Très bien! très bien!*)

M. Charles Bernard. — Il faut appliquer la loi aux gardiens de la paix, aux employés des postes, télégraphes et téléphones et aux balayeurs.

M. le Président. — La parole est à M. Levasseur.

M. Levasseur. — Je tiens à protester contre une des paroles de M. Brousse. Il est peut-être des fonctionnaires qui ne travaillent pas, mais il n'en est pas ainsi pour les ouvriers des ateliers de l'État. Depuis la guerre, les journées ont atteint douze et quatorze heures, et avant la guerre, elles dépassaient huit heures.

M. Emmanuel Brousse. — Je n'ai jamais dit cela!

M. Levasseur. — J'avais entendu le mot «ouvriers»; c'est pourquoi je protestais.

M. le Président. — La parole est à M. Albert Thomas.

M. Albert Thomas. — Je ne pense pas qu'il soit utile de discuter longuement la proposition de notre collègue. Je comprends le sentiment qui l'anime. M. Brousse, à tout instant, a signalé, rendant ainsi d'éminents services, toute une série de fautes qui ont pu être commises dans des administrations publiques, mais je tiens à dire à la Chambre, d'après ma modeste expérience, qu'il serait injuste de généraliser ces reproches et de les adresser à l'ensemble des fonctionnaires de l'État.

S'il n'y a pas toujours, dans tous les ministères, huit heures effectives de travail, quantité de corps de fonctionnaires ont fourni un travail intense, surtout dans la période de guerre que nous venons de traverser. Dans son ensemble, l'administration française a rendu au pays des services que nous devrions être les premiers à reconnaître. (*Très bien! très bien!*)

Il me sera permis de signaler que l'amendement ne pourrait pas être introduit dans le projet en discussion.

Qu'indique ce projet ? Qu'il y a maximum d'heures de travail qui ne peut pas être dépassé. Il décide que, dans l'ensemble des corporations de l'industrie et du commerce, on ne fera pas plus de huit heures.

Ce que demande M. Brousse, c'est l'indication d'un minimum d'heures de travail.

Je déclare qu'il est impossible d'incorporer dans le projet de loi, autrement que par un procédé qui ne serait pas un procédé sérieux, comme disait M. le Ministre du Travail, un amendement de cette nature. Je demande à la Chambre de le repousser. (*Très bien ! très bien !*)

M. LE PRÉSIDENT. — La parole est à M. Emmanuel Brousse.

M. Emmanuel BROUSSE. — Je remercie M. Albert Thomas des compliments qu'il a bien voulu tout d'abord m'adresser, mais je ne me contente pas de vaseline, je vais droit au but. (*Sourires.*)

Il est un fait certain : les fonctionnaires de la plupart de nos administrations et services d'État sont rarement présents quand il faut servir le public. (*Mouvements divers.*)

M. LE PRÉSIDENT DE LA COMMISSION. — Quel rapport cela a-t-il avec le projet en discussion ?

M. Emmanuel BROUSSE. — Vous avez beau protester, c'est un fait indéniable. Il faut rappeler à ces fonctionnaires qu'ils sont à la disposition des contribuables qui les payent et qu'ils doivent être à leur service aux heures réglementaires et ne pas se contenter de venir aux heures supplémentaires, qui coûtent très cher, je le répète, au budget national. (*Très bien ! très bien !*) Ce n'est pas trop leur demander que de leur imposer huit heures de travail comme aux ouvriers.

Je maintiens mon amendement.

M. René BESNARD. — Ce sont, dans l'ensemble, de très braves gens et qui font très bien leur travail.

M. Justin GODART, *rapporteur.* — La Commission du travail demande la disjonction de l'amendement de M. Brousse.

M. LE MINISTRE DU TRAVAIL. — Le Gouvernement également.

M. LE PRÉSIDENT. — Je consulte la Chambre sur la disjonction de l'amendement de M. Brousse, demandée par le Gouvernement et par la Commission.

Il y a une demande de scrutin, signée de MM. Ribeyre, Crolard, de Pomereu, Bouctot, Eymond, Le Brecq, Josse, Jean Hennessy, Brousse, Tournade, Leredu, Gilbert Laurent, Sibille, Jacques Stern, Haudos.

Le scrutin est ouvert.

(Les votes sont recueillis. — MM. les secrétaires en font le dépouillement.)

M. le Président. — Voici le résultat du dépouillement du scrutin :

Nombre de votants 441

Majorité absolue 221

Pour l'adoption 406

Contre 35

La Chambre des députés a adopté.

La parole est à M. Chassaing.

M. Chassaing. — Je demande à M. le Ministre du Travail de veiller, lors de l'élaboration des règlements d'administration publique, à ce que certains établissements, tels que les ouvroirs, n'invoquent pas le titre d'établissement de bienfaisance ou d'enseignement pour soustraire les élèves qu'ils occupent au bénéfice de la loi.

La vigilance du Ministre doit être d'autant plus grande qu'il y a eu dans le passé plus d'abus à cet égard. (*Très bien! très bien!*)

M. Jean Bon. — Le Bon Pasteur, par exemple!

M. le Ministre du Travail. — Notre collègue peut compter que le nécessaire sera fait pour que la loi soit appliquée partout. Le texte est formel à cet égard. Il s'applique à tout le personnel qui travaille.

M. Chassaing. — J'enregistre la réponse de M. le Ministre et l'en remercie.

M. le Président. — La parole est à M. François-Fournier.

M. François-Fournier. — D'après les journaux, certains patrons se proposent de faire faire, après la journée de huit heures terminée et sous prétexte d'apprentissage, des heures supplémentaires, ce qui leur permettrait de violer la loi. Je demande au Ministre de bien vouloir prendre les dispositions nécessaires afin d'empêcher tout abus de ce genre.

M. le Ministre du Travail. — La loi s'applique sans contestation possible aux ouvroirs et des mesures seront prises pour qu'elle y soit observée.

M. le Président. — Je mets aux voix l'ensemble de l'article 6.

(L'ensemble de l'article 6, mis aux voix, est adopté.)

M. le Président. « *Art.* 7. — Des règlements d'administration publique déterminent par profession, par industrie, par commerce ou par catégorie professionnelle, pour l'ensemble du territoire ou pour une région, les délais et conditions d'application de l'article précédent.

« Ces règlements sont pris soit d'office, soit à la demande d'une ou plusieurs organisations patronales ou ouvrières nationales ou régionales intéressées. Dans l'un et l'autre cas les organisations patronales et ouvrières intéressées devront être consultées : elles devront donner leur avis dans le délai d'un mois. Ils sont revisés dans les mêmes formes.

« Ces règlements devront se référer, dans le cas où il en existera, aux accords intervenus entre les organisations patronales et ouvrières nationales ou régionales intéressées.

« Ils devront être obligatoirement revisés lorsque les délais et conditions qui y seront prévus seront contraires aux stipulations des conventions internationales sur la matière. »

Personne ne demande la parole sur l'article 7 ?...

Je le mets aux voix.

(L'article 7, mis aux voix, est adopté.)

M. le Président. « *Art. 8.* — Les règlements d'administration publique prévus à l'article précédent détermineront notamment :

« 1° La répartition des heures de travail dans la semaine de quarante-huit heures afin de permettre le repos de l'après-midi du samedi ou toute autre modalité équivalente ;

« 2° La répartition des heures de travail dans une période de temps autre que la semaine ;

« 3° Les délais dans lesquels la durée actuellement pratiquée dans la profession, dans l'industrie, le commerce ou la catégorie professionnelle considérée, sera ramenée en une ou plusieurs étapes aux limitations fixées à l'article 6.

« 4° Les dérogations permanentes qu'il y aura lieu d'admettre pour les travaux préparatoires ou complémentaires qui doivent être nécessairement exécutés en dehors de la limite assignée au travail général de l'établissement ou pour certaines catégories d'agents dont le travail est essentiellement intermittent.

« 5° Les dérogations temporaires qu'il y aura lieu d'admettre pour permettre aux entreprises de faire face à des surcroîts de travail extraordinaires, à des nécessités d'ordre national ou à des accidents survenus ou imminents.

« 6° Les mesures de contrôle des heures de travail et de repos et de la durée du travail effectif, ainsi que la procédure suivant laquelle seront accordées ou utilisées les dérogations.

« 7° La région à laquelle ils sont applicables.

« 8° La fixation des salaires sans qu'ils soient inférieurs aux salaires payés au jour de la promulgation de la présente loi et du tarif des heures supplémentaires prévues aux paragraphes 4 et 5. »

Il y a sur cet article deux amendements de M. Aubriot.

M. le Rapporteur. — Les deux amendements de M. Aubriot ont reçu satisfaction.

M. François-Fournier. — Je demande la parole.

M. le Président. — La parole est à M. Fournier.

M. François-Fournier. — Je demande à M. le Ministre du Travail s'il pense renforcer le corps des inspecteurs du travail. Réellement pour l'application de l'alinéa 7, il serait absolument impossible d'assurer un contrôle efficace du travail si le corps des inspecteurs du travail n'était pas renforcé.

M. le Ministre du Travail. — Comme M. Fournier, je reconnais que les inspecteurs du travail rendent les plus grands services. Mais leur nombre est insuffisant et ils sont accablés par les missions de tout genre qui leur ont été confiées en raison de leur compétence technique et de leur connaissance des milieux industriels et ouvriers. Malheureusement les traitements qu'ils touchent rendent leur recrutement très difficile. (*Très bien! très bien!*) Je viens cependant d'ouvrir deux concours, l'un pour les inspecteurs, l'autre pour les inspectrices du travail. Mais en même temps j'ai demandé au Ministre des Finances de vouloir bien relever leurs traitements, qui n'ont pas été modifiés depuis 1892.

M. Jean Lerolle. — C'est tout à fait indispensable.

M. le Ministre du Travail. — Je dois déclarer d'une façon très nette que si nous maintenons les traitements que nous allouons aux inspecteurs du travail, non seulement nous n'en recruterons plus, mais ceux que nous avons s'en iront. Un certain nombre ont déjà quitté le service parce qu'ils ont trouvé ailleurs des situations infiniment plus avantageuses.

Pour remédier à cette situation, le Ministre du Travail fait tous ses efforts, aussi bien au point de vue du recrutement des inspecteurs qu'au point de vue de l'amélioration de leur situation. (*Très bien! très bien!*)

M. Émile-Dumas. — Et de leur nombre.

M. le Ministre du Travail. — Et de leur nombre, c'est entendu.

M. François-Fournier. — Je me déclare satisfait par la réponse de M. le Ministre du Travail, et j'ose espérer que le corps des inspecteurs sera renforcé en nombre et recevra des traitements plus conformes à la situation qu'il occupe.

M. le Président. — La parole est à M. Bouveri.

M. Bouveri. — En ce qui concerne le contrôle, l'expérience du passé prouve que les industries actuellement contrôlées, comme les mines ou les chemins de fer, n'ont été jusqu'ici contrôlées que sur le carreau ou dans les bureaux.

La loi que nous votons est une innovation dans le monde du travail. Je demande, pour que, désormais, le contrôle soit plus efficace, que les délégués des syndicats de toutes les corporations atteintes par cette loi soient entendus chaque fois que des dérogations sont demandées. Si vous n'entendez pas les délégués des syndicats, vous n'aurez rien fait. (*Très bien! très bien!*)

M. le Président de la Commission. — C'est dans la loi.

M. Bouveri. — Prenez toutes les dispositions que vous voudrez dans vos règlements d'adminstration publique, mais il faut qu'il soit dit dans la loi que les délégués des syndicats seront entendus.

M. le Ministre du Travail. — C'est la loi elle-même.

M. Bouveri. — Ce n'est pas dans l'article 8.

M. LE RAPPORTEUR. — C'est dans l'article 7.

M. Jean LEROLLE. — C'est un des points les plus intéressants de la loi.

M. LE PRÉSIDENT. — La parole est à M. Émile-Dumas.

M. ÉMILE-DUMAS. — Je ne voudrais pas m'étonner de la timidité de cette loi eu égard à la formule sommaire du traité de paix, mais tout de même les futurs co-signataires des traités ont été un peu plus avant que dans la loi présentée au Parlement de la démocratie française.

Il ne s'agit pas d'innover, il ne s'agit pas de créer, mais d'inscrire dans la loi quelque chose qui existe, qui fonctionne dans toute l'industrie et dans les modalités du ministère du travail.

Quel est, pour les inspecteurs du travail, le critérium, quand il s'agit de décider s'il y a lieu d'accorder les dérogations demandées par les industriels à la loi de 1900?

Si le patron qui demande la dérogation accorde l'augmentation de salaire, la dérogation est considérée comme indiscutable. Dans presque tous les cas, les inspecteurs, auxquels on ne saura jamais trop rendre hommage, prennent ce point comme base d'appréciation pour accorder la dérogation.

Or, dans le rapport si intéressant de la Commission, nous trouvons en annexe la législation étrangère relative aux dérogations, notamment celles des États alliés et associés et des États ennemis qui signeront ensemble le traité de paix. Nous constatons que la Finlande, la Pologne, la Russie, l'Équateur, les États-Unis, le Mexique et l'État de Panama ont inscrit dans la loi quelque chose qui existe dans nos usines et que mes camarades ouvriers appellent le « pourcentage ».

Toute heure supplémentaire doit comporter une augmentation de salaire. Dans la loi que nous votons, je ne trouve aucune indication relative à l'obligation pour le patron de payer la dérogation qu'il demande, justifiant ainsi que la demande de dérogation correspond bien à un besoin réel et non à l'idée de tourner la loi.

Je ne veux pas déposer d'amendement. Nous avons tous hâte de voir voter la loi.

Je me déclarerais satisfait si M. le Ministre ou la Commission voulait bien indiquer que ce système du pourcentage doit être appliqué pour fournir la preuve indiscutable de la nécessité à la dérogation. (*Très bien! très bien!*)

M. LE PRÉSIDENT. — La parole est à M. Lauche.

M. LAUCHE. — Je réponds au nom de la Commission : cette question a été traitée à l'article 7. Les dérogations ne sont accordées que s'il y a accord entre les syndicats patronaux et les syndicats ouvriers.

Il est tout naturel que chaque fois que des patrons demanderont des dérogations, les syndicats ouvriers demandent, comme contre-partie, l'application du pourcentage pour les heures supplémentaires. Nous laissons cela à l'action ouvrière; c'est une prime à l'organisation ouvrière.

Les travailleurs doivent savoir — et de plus en plus ils s'en rendront compte — que c'est en se groupant dans les syndicats, en s'unissant et en s'organisant entre eux qu'ils obtiendront des conditions de travail meilleures. (*Très bien! très bien!*)

Je pense que M. Dumas se déclarera ainsi satisfait.

M. ÉMILE-DUMAS. — Je vous remercie.

M. le Président. — La parole est à M. Fournier.

M. François-Fournier. — Avant le vote de cet article, je veux faire remarquer que nous déléguons en quelque sorte nos pouvoirs au pouvoir exécutif, puisque pour les huit paragraphes de l'article 8, nous prévoyons qu'il faudra rédiger un règlement d'administration publique.

Il est évident que c'est le Conseil d'État qui aura à statuer sur la plupart des points qui sont contenus dans ces huit paragraphes.

Il n'est peut-être pas inopportun de demander à M. le Ministre du Travail ce qu'il pense faire en ce qui concerne le travail à domicile. Il n'est pas douteux que dans certaines industries, par exemple celle du vêtement, les patrons vont, autant que possible, supprimer leurs ateliers collectifs, leurs manufactures et qu'ils feront travailler à domicile, bien entendu en réduisant le prix de la pièce de travail. On arrivera ainsi, par un moyen détourné, à obliger les ouvriers à travailler beaucoup plus de huit heures et à sortir, par conséquent, du cadre de la loi.

M. Jean Lerolle. — Il y a la loi sur le travail à domicile.

M. Paul Constant. — Oui, il y a la loi.

M. François-Fournier. — Il me semble que, dans le règlement d'administration publique, il sera nécessaire de se référer aux lois antérieures et de rappeler dans quelles conditions doit s'effectuer le travail à domicile, de façon que la loi limitant la journée à huit heures ne puisse pas être tournée par des patrons dans une préoccupation d'intérêt personnel.

M. le Président. — La parole est à M. le Ministre du Travail.

M. le Ministre du Travail. — Il y a une loi qui réglemente le travail à domicile, au point de vue des salaires dans l'industrie du vêtement.

Mais en ce qui concerne la loi de huit heures, comment pourrions-nous l'appliquer aux travailleurs à domicile?

M. François-Fournier. — Je n'ai pas demandé cela.

M. le Ministre du Travail. — J'ajoute que la loi sur le salaire des ouvriers à domicile fonctionne et que son application est rigoureusement contrôlée. (*Très bien! très bien!*)

M. le Président. — La parole est à M. François-Fournier.

M. François-Fournier. — Je n'ai pas parlé de l'application de la loi sur la journée de huit heures au travail à domicile.

J'ai simplement indiqué que par des taux de salaire, de travail aux pièces, inférieurs à ce qu'ils doivent être, on pourrait tourner la loi sur la journée de huit heures. Il est bon de le dire, au cours de cette discussion, parce que ceux qui sont appelés à appliquer une loi se réfèrent généralement aux commentaires fournis par la discussion et aux interprétations qu'elle suggère.

M. Jean Lerolle. — Ils se réfèrent aussi aux lois existantes.

M. François-Fournier. — Voilà pourquoi il était nécessaire d'appeler sur ce point l'attention de la Chambre et de M. le Ministre du Travail.

M. le Président. — La parole est à M. Josse.

M. Josse. — J'avais l'intention de déposer un amendement sur l'alinéa 8°. J'y renonce pour ne pas retarder le vote de la loi; mais je tiens à exprimer l'espoir que dans la rédaction du règlement d'administration publique, M. le Ministre du Travail voudra bien tenir le plus grand compte de l'intérêt évident qu'il y a à favoriser les heures de travail supplémentaires.

Pour arriver à ce résultat si désirable, il suffira de laisser aux patrons et aux ouvriers le soin de fixer d'un commun accord le salaire de ces heures supplémentaires.

M. Émile-Dumas. — Cela se fait tous les jours.

M. Josse. — Les ouvriers qui n'auront pas d'autre source de gain en dehors de leurs journées normales trouveront, si tel est leur désir, en usant de ce moyen, un avantage très sérieux en même temps que l'industrie nationale y gagnera.

En effet, l'accroissement de la production générale, en facilitant la lutte contre la concurrence étrangère plus dangereuse aujourd'hui que jamais, aura comme conséquence directe une augmentation parallèle de la richesse du pays. C'est un fait dont il faut tenir compte.

M. le Président de la Commission. — La question posée par M. Josse sera soulevée à propos des amendements.

M. le Ministre du Travail. — Monsieur le Président, y a-t-il des amendements sur l'alinéa 8°?

M. le Président. — Il y a deux amendements, l'un de M. Ribeyre, l'autre de M. Sibille, tendant l'un et l'autre à la suppression complète de cet alinéa.

M. Maurice Sibille. — Quel est le texte de la Commission?

M. le Rapporteur. — C'est le texte de l'alinéa 8° de l'article 8, tel que vous l'avez sous les yeux.

M. Maurice Sibille. — Le texte contenu dans le rapport supplémentaire est maintenu?

M. le Rapporteur. — Oui, actuellement. Il va peut-être être modifié. Votre amendement et celui de M. Ribeyre tendent à la suppression du paragraphe 8°.

D'autre part, M. Albert Thomas propose une nouvelle rédaction de ce même paragraphe.

M. Maurice Sibille. — Acceptez-vous l'amendement de M. Thomas ou maintenez-vous votre texte?

M. le Rapporteur. — Nous attendons que M. Thomas ait donné ses explications.

M. le Président. — La parole est à M. Ribeyre.

M. Paul Ribeyre. — Je demande la suppression de l'alinéa 8e de l'article qui est ainsi conçu :

« Art. 8. — Les règlements d'administration publique prévus à l'article précédent détermineront notamment :

« . . . 8e La fixation des salaires sans qu'ils soient inférieurs aux salaires payés au jour de la promulgation de la présente loi et du tarif des heures supplémentaires prévues aux paragraphes 4 et 5. »

Je ne sais point encore quelle sera la nouvelle rédaction proposée par la Commission. Si je m'en tiens à celle que je connais, et qui figure dans le projet qui nous est soumis . . .

M. le Président. — C'est celle qui est en discussion.

M. Paul Ribeyre. — . . . je fais respectueusement remarquer à la Commission que ou bien cette rédaction ne correspond pas à l'idée de M. le Rapporteur et peut faire naître, dans l'esprit des ouvriers, des espérances qui ne se réaliseront pas, ou bien, si vraiment il faut interpréter à la lettre cette rédaction, nous risquons de mettre demain notre production française en état d'infériorité absolue dans la lutte contre la production des États étrangers.

M. Paul Constans. — C'est là un cliché qui a trop servi.

M. Théo Bretin. — C'est la Conférence de la paix qui a imposé les huit heures.

M. Paul Constans. — C'est peut-être ce que les conditions de la paix contiendront de meilleur.

M. Paul Ribeyre. — Si vous le voulez bien, examinons quelles seront les conséquences de la rédaction qui nous est proposée. Au point de vue grammatical, on peut l'analyser ainsi : en tout état de cause, jamais, postérieurement à la promulgation de la loi, les salaires ne pourront être abaissés à un taux inférieur au taux actuel, quelles que soient les conditions de la vie.

Si telle est vraiment la pensée de la Commission, je crois qu'elle va à la fois à l'encontre des intérêts de la production française et à l'encontre d'une loi économique certaine, la loi de l'offre et de la demande, qui joue pour le travail comme pour les autres éléments de la production.

Il est impossible, en effet, de refuser à considérer ce qui est à la base des taux élevés de nos salaires actuels : c'est précisément la cherté de la vie. Nous avons des salaires élevés parce que la vie est chère, et non parce que nous manquons de main-d'œuvre, puisqu'à l'heure actuelle il y a du chômage.

Or, si vraiment la loi de l'offre et de la demande jouait pour le travail comme elle peut jouer pour les autres éléments de production, on ne pourrait voir, en même temps, des salaires très élevés et une crise de chômage.

M. Parny. — Ce que vous dites est très grave. Prenez garde.

M. Paul Ribeyre. — Une des causes des salaires élevés c'est la vie chère. Mais il faut bien espérer que cette crise de la vie chère, due à une moindre production et surtout à la difficulté des transports (*Très bien! très bien!*), ne sera qu'une crise passagère et que le coût de la vie, s'il ne revient pas au taux d'avant-guerre, aura néanmoins, dans un délai de quelques années, une tendance à redevenir normal. Il faut en conclure que, peut-être le taux des salaires pourrait se modifier, la raison de leur élévation ayant disparu.

Mais je ne crois point, Messieurs, que ce soit cette interprétation littéraire du texte de l'alinéa 8°, qui exprime vraiment le sentiment de M. le Rapporteur. Je crois plutôt — et sur ce point nous pourrons nous trouver facilement d'accord — que M. le Rapporteur a voulu nous dire : « Ce que nous ne voulons pas, c'est que le patron profite de la réduction de la durée légale du travail à huit heures, par exemple, pour faire subir au salaire une réduction correspondante qui ne trouverait sa base que dans la réduction de la durée du travail ».

Si c'est cela, nous sommes d'accord. Mais pourquoi le mettre dans la loi, ou tout au moins pourquoi le mettre sous cette forme générale et impérative qui ne répond pas du tout, je l'espère, aux intentions de M. le Rapporteur? (*Très bien! très bien!*)

Dans ces conditions et avant que je connaisse de façon précise la nouvelle rédaction proposée par M. Albert Thomas, je propose à la Commission de supprimer purement et simplement l'alinéa 8°, quitte peut-être à nous entendre sur une nouvelle rédaction ou sur un article additionnel qui ferait apercevoir ce que je crois être le véritable désir de la Commission, et que je résume dans cette formule : pas de réduction de salaire qui n'aurait sa base que dans la réduction de la durée du travail. (*Applaudissements sur divers bancs.*)

M. Émile-Dumas. — Nous le trouvons, nous, insuffisant, cet alinéa 8°.

M. le Président de la Commission. — Je demande la parole.

M. André Hesse. — Il serait logique que M. Albert Thomas voulût bien nous donner connaissance du texte de son amendement.

Comment pourrons-nous nous faire une opinion même sur la nouvelle rédaction de la Commission, si nous ne connaissons pas l'amendement de notre collègue? (*Assentiment.*)

M. le Président. — La parole est à M. Sibille.

M. Maurice Sibille. — L'observation de M. Hesse est très juste. Si la Chambre vote la suppression du paragraphe, comme le demande M. Ribeyre, et comme je le demande moi-même, M. Albert Thomas sera forclos, la Chambre ne pourra pas statuer sur son amendement.

Pour qu'il y ait un loyal échange d'explications, pour que toutes les opinions soient émises, il faut que notre collègue M. Thomas expose l'économie de son amendement.

Si la Commission se rallie à cet amendement, nous n'aurons d'ailleurs à examiner qu'un seul texte. (*Assentiment.*)

M. le Président. — L'amendement présenté par MM. Albert Thomas, Renaudel, Lauche et Voilin tend à rédiger ainsi l'alinéa 8° :

« 8° Les modalités par lesquelles le salaire de la journée réduite demeurera équivalent au salaire de la journée ancienne. »

La parole est à M. Albert Thomas.

M. Albert THOMAS. — Messieurs, le texte proposé par la Commission portait :

« 8° La fixation des salaires, sans qu'ils soient inférieurs aux salaires payés au jour de la promulgation de la présente loi, et du tarif des heures supplémentaires prévues aux paragraphes 4 et 5. »

Dès hier soir, plusieurs de nos collègues, après avoir pris connaissance de ce texte avaient fait certaines des observations que M. Ribeyre vient de présenter. Je ne discuterai pas avec M. Ribeyre de la cherté de la vie, de ses causes, de la loi de l'offre et de la demande; il y a là toute une économie politique à laquelle je ne veux pas m'attacher.

Mais je tiens à dire que les observations de M. Ribeyre, quant au fond, ont leur raison d'être. Des collègues nous ont dit : « Si vous fixez d'une manière nette des tarifs consacrés par des règlements d'administration publique, qui ne seront revisables qu'à de très lointaines époques, vous gênez l'effort de l'industrie française; vous pouvez vous trouver en présence d'un mouvement économique tel que, tout en gardant leur réalité, les salaires nominaux deviennent gênants pour l'ensemble de l'industrie. »

Nous nous sommes rendus à cet argument et nous avons examiné ce que devait indiquer l'alinéa 8°.

Il est arrivé souvent, lors de la réduction de la journée de travail, que cette réduction amenait un déséquilibre de salaire ou fournissait aux patrons un prétexte à payer moins cher.

En votant des réductions de journées de travail, nous voulons que l'ouvrier puisse continuer à vivre, tout en bénéficiant de la plus courte journée. Nous ne ferions qu'une réforme médiocre, incertaine et qui serait un véritable leurre si nous prenions simplement ce détour pour avoir des augmentations momentanées de salaires. Nous voulons que la réduction de la journée soit une réalité et nous voulons garantir les ouvriers contre une réduction de salaire au moment de la réduction de la journée, C'est la préoccupation de la Commission du travail; c'est, en tous cas, notre préoccupation.

Pour répondre aux inquiétudes de M. Ribeyre et de ses collègues, nous proposons de substituer au texte de la commission la rédaction suivante :

« 8° Les règlements d'administration publique prévus à l'article précédent détermineront notamment les modalités par lesquelles le salaire de la journée réduite demeurera équivalent au salaire de la journée ancienne. »

C'est-à-dire qu'au moment du changement de régime le salaire reste équivalent, notre texte laissant de côté les variations ultérieures qui pourront résulter de modifications dans la situation de l'industrie.

M. Paul RIBEYRE. — Il y aura la même équivoque sur le mot « demeurera ». Ce sont les mots employés qui sont dangereux; nous sommes d'accord sur l'idée, mais avec votre rédaction, vous laisseriez croire que le taux des salaires est intangible, qu'il « demeurera » toujours le même et que jamais il ne pourrait changer.

M. Albert THOMAS. — Si vous avez un texte, cela vaudra mieux que la suppression.

M. Paul RIBEYRE. — Je crois, Monsieur Albert Thomas, qu'il vaut mieux disjoindre l'alinéa n° 8°. Cependant, s'il fallait un texte, je préférerais celui-ci :

« Un règlement d'administration publique déterminera les modalités qui pourraient empêcher la réduction de la journée de travail d'être la cause d'une réduction correspondante de salaire. »

M. Albert Thomas. — Je ne vois pas si avec ces conditionnels successifs nous donnerons aux ouvriers les garanties nécessaires. Lorsque nous présentons des textes, l'essentiel c'est d'obtenir à la suite de nos discussions qui servent souvent à l'interprétation les garanties indispensables.

C'est pour cela que nous nous élevons contre la demande de suppression du paragraphe 8, quelle que soit la rédaction qu'on apporte.

A plusieurs reprises on a invoqué le règlement d'administration publique qui interviendrait après accord entre les ouvriers et les patrons.

J'entends bien que dans de nombreuses corporations ou fédérations où la discussion publique peut amener un accord, il n'y a pas de danger à ce que la loi vise ou ne vise pas les conditions de salaire, mais il y a de nombreux autres cas : ceux où les corporations ne seront pas nationalement organisées ou même ceux où il n'y a pas d'organisation ouvrière, alors qu'il n'y a pas eu de règlement d'administration publique national.

Dans ces conditions, il m'apparaît indispensable que le Gouvernement reçoive l'indication que ces règlements d'administration publique devront tenir compte du moment où l'on passera de la journée ancienne à la journée nouvelle et d'assurer à ce moment au monde ouvrier le salaire qu'il touchait la veille.

Voilà le sens que nous attachons à notre amendement.

Il me paraît, en ce cas, impossible qu'à l'heure où nous nous en remettons aux règlements d'administration publique nous n'indiquions pas au Gouvernement la nécessité de prévoir la question des salaires.

Souvenez-vous que nous avons voté ici un certain nombre de lois de réduction de la journée de travail et que la thèse constante du Parlement a été de dire : « Le Parlement légifère pour la durée de la journée de travail, la question du salaire ne le regarde pas. » Le lendemain même, au moment où on passait d'un palier à l'autre, des grèves se sont produites, en 1903, en 1905, en ce qui concerne le textile par exemple, des troubles ont eu lieu dans le pays, parce que vous n'aviez pas voulu, comme pourtant vous en aviez le droit, comme vous en aviez le devoir même au point de vue de l'intérêt national, légiférer en matière de salaire. (*Applaudissements à l'extrême gauche.*)

M. le Président. — La parole est à M. le Ministre du Travail.

M. le Ministre du Travail. — Les préoccupations de notre collègue me paraissent très légitimes. Mais je me permets, au nom du Gouvernement, de présenter quelques courtes observations.

Qu'est-ce qu'a voulu la Commission du travail en insérant le paragraphe 8? C'est garantir les salaires des ouvriers, malgré la réduction des heures de travail.

Cette question a été examinée par les délégués des organisations patronales et ouvrières, dans la Commission qui a élaboré le projet de loi soumis à vos délibérations. Naturellement, les ouvriers n'ont pas manqué de dire : Réduction de la journée de travail à huit heures ne doit pas entraîner la diminution des salaires. Les industriels ont répondu très nettement qu'il n'était nullement dans leur pensée de profiter de la réduction des heures de travail pour diminuer les salaires.

En présence de cette déclaration, les ouvriers n'ont pas insisté pour l'insertion dans le projet de loi d'une clause relative aux salaires.

M. François-Fournier. — Je demande la parole.

M. le Ministre du Travail. — Ils se sont réservé la faculté, quand les collectivités organisées, quand les syndicats patronaux et ouvriers discuteraient l'application de la loi de huit heures, de demander non seulement le maintien du salaire actuel, mais, s'il y a lieu, dans certaines industries des augmentations de salaires.

Dans le projet de loi qui vous est soumis, qui je l'espère sera voté à l'unanimité, la Commission a apporté quelques modifications de forme. Pour faciliter le vote de la loi, et malgré les réserves que j'ai faites hier, je les accepte. Mais quant à l'alinéa 8° permettez-moi de rester d'accord avec les représentants des ouvriers et des industriels pour laisser la question de la fixation des salaires en dehors de la loi.

Je suis convaincu que cette loi favorisera l'organisation des travailleurs et qu'ils sauront défendre leurs intérêts. (*Très bien! très bien!*)

Répondant à M. Albert Thomas et à M. Ribeyre, qui ont très bien posé la question, j'affirme que les organisations ouvrières n'admettront jamais qu'à l'occasion de la réduction des heures de travail, les salaires soient diminués.

Si ces organisations avaient cru nécessaire d'inscrire dans la loi de huit heures une disposition relative à la fixation des salaires, croyez que je soutiendrais la thèse avec toute l'énergie et toute la vigueur que je possède.

Je vous demande donc de voter la loi telle qu'elle vous est présentée. Je serais heureux que la Commission abandonnât son alinéa 8° et je demande à M. Thomas de ne pas insister non plus sur son amendement.

J'ai dit encore, je tiens à le répéter : si je soutiens cette thèse, c'est parce qu'elle est acceptée par les intéressés. Que l'on dise que la loi n'est pas parfaite, soit. Mais quelles sont donc les lois qui sont parfaites et quelles sont celles dont l'application n'a pas causé quelque perturbation?

Tout à l'heure j'entendais parler de la loi de 1900. J'ai participé à l'élaboration de cette loi et je m'en honore. Mais elle a été élaborée dans des conditions tout à fait différentes. Le Parlement l'a votée sans s'être assuré préalablement de l'assentiment des intéressés, et c'est pourquoi sa mise en vigueur a provoqué quelques mouvements.

La loi actuelle n'est pas comparable à celle de 1900. Au point de vue de la procédure qu'elle institue, elle ne peut être comparée qu'à la loi sur la semaine anglaise. Quand nous avons voté cette loi, on nous a dit que les industriels allaient profiter de la circonstance et qu'ils appliqueraient la semaine anglaise en opérant des réductions de salaires. Or la semaine anglaise a été appliquée et aucune réduction de salaire n'est intervenue pour les ouvrières.

Ce précédent nous autorise à maintenir la loi telle qu'elle vous est présentée. Je demande à nos collègues, je demande à la Chambre de n'accepter ni l'alinéa 8°, ni les amendements proposés à cet alinéa. (*Applaudissements.*)

M. le Président. — La parole est à M. le Président de la Commission.

M. le Président de la Commission. — Je crois qu'il faut nous efforcer de nous mettre unanimement d'accord, puisqu'au fond nous avons le même sentiment. (*Très bien! très bien!*)

M. Maurice Sibille. — C'est cela!

M. le Président de la Commission. — Il n'est pas douteux qu'en ce moment, ce que nous faisons, c'est une loi sur la durée du travail. Personne ne pense à faire une loi sur la fixation des salaires.

M. Émile-Dumas. — L'étranger l'a fait.

M. le Rapporteur. — J'ai expliqué la différence qu'il y avait entre ces lois.

M. le Président de la Commission. — La raison pour laquelle la Commission du travail avait inséré ce paragraphe, c'est parce qu'elle s'est demandé si le Gouvernement se trouverait armé pour résoudre la question des salaires. Il y a deux hypothèses : aux termes de la loi les intéressés, patrons et ouvriers, doivent se réunir, passer des conventions auxquelles les règlements d'administration publique doivent se référer. Toutes les fois que les ouvriers et les patrons sont d'accord, nous n'avons pas à nous en préoccuper. Il est évident que les ouvriers n'accepteront pas des conventions qui réduisent leurs salaires. Du jour où une convention est signée, nous avons donc toute garantie.

Mais nous n'aurons pas toujours des conventions signées. Il arrivera que, dans certaines corporations ou dans certaines régions, patrons et ouvriers n'auront pas pu se mettre d'accord. Je suppose qu'ils ne se soient pas mis d'accord sur une question particulière de durée du travail ou sur les paliers. Le Gouvernement, lorsqu'il fera son règlement d'administration publique, est armé par la loi; le principe de la journée de huit heures est établi par la loi : il peut, tenant compte des arguments des patrons et des ouvriers, décider quels seront ces paliers ou quelles seront, à d'autres moments, les dérogations soit permanentes, soit temporaires.

Là encore, pour certaines dérogations, le Gouvernement est armé. Pour les dérogations permanentes, il ne pourra pas aller plus loin que la législation actuelle.

Mais la raison du différend entre patrons et ouvriers peut être la question du salaire. La Chambre est unanime à vouloir éviter que la réduction de la durée du travail puisse être la cause d'une réduction du salaire journalier.

M. Jean Lerolle. — Nous sommes d'accord sur le principe.

M. le Président de la Commission. — Nous sommes unanimes sur ce point.

La question qui se pose est celle-ci : Est-il nécessaire d'avoir dans la loi un texte qui arme le Ministre ?

M. Jean Lerolle. — Voilà la question.

M. le Président de la Commission. — Ou croyons-nous que le Ministre est suffisamment armé et n'aura pas de difficultés lorsque la question se posera à lui? C'est là tout le problème. (*Très bien! très bien!*)

M. Charles Bernard. — Ce ne sera pas toujours le même Ministre animé de bonnes intentions.

M. Maurice Sibille. — Ce sera la même administration.

M. le Président de la Commission. — On ne pourrait abandonner la rédaction que si on a l'assurance que des difficultés de cet ordre ne se présenteront pas. Si le Ministre pense qu'il est suffisamment armé, que le Conseil d'État, qui aura à rédiger les règlements d'administration publique, tiendra compte du désir unanime de la Chambre, nous pourrions abandonner le texte.

Si la Commission l'a inséré, c'est parce qu'elle a craint que des difficultés ne se présentassent à ce moment. C'est pour cela que je demande à la Chambre d'examiner le problème qui se pose et de le résoudre dans un sens qui nous satisfera tous, pour voter une réforme utile à tous. (*Applaudissements.*)

M. le Président. — La parole est à M. François-Fournier.

M. François-Fournier. — Il semble bien que tout le monde est ici d'accord pour que, en même temps que la durée de la journée de travail diminuera, les salaires ne diminuent pas en proportion.

Je crois que nous devons, dans le texte que nous votons, prévoir la possibilité d'empêcher quiconque de faire diminuer les salaires en même temps que diminuera le temps de travail.

A mon avis, nous pourrions nous mettre d'accord en ajoutant après les mots : « la fixation des salaires . . . » les mots « . . . de la journée ». Voici pourquoi. Depuis déjà longtemps, en effet — quiconque est au courant de ce qui se passe dans le monde ouvrier le sait — on a pris l'habitude de fixer la base du salaire non pas à la journée, mais à l'heure. Avec la rédaction actuelle et l'interprétation que ne manquerait pas de lui donner le règlement d'administration publique, les patrons diront : « Les ouvriers que nous payons un franc de l'heure gagnent actuellement 10 francs par jour ; avec la journée de huit heures, au même prix, ils ne gagneront que 8 francs. » Or, comme nous voulons éviter cela, si nous indiquons que ce sont bien les salaires de la journée que nous voulons maintenir, si, après le vote que je propose, les patrons voulaient tenir ce raisonnement, les ouvriers diraient : « Non ! Auparavant, nous gagnions 10 francs par jour. Vous nous avez payé jusqu'à aujourd'hui 1 franc de l'heure ; afin que nous puissions arriver au même total qu'antérieurement à la loi, vous nous donnerez 1 fr. 25 de l'heure, et cela nous fera tout de même 10 francs par jour comme avant. »

Voilà, je crois, une rédaction qui répondra très bien à l'opinion de la Chambre et au sentiment qui paraît animer à la fois le Ministre du Travail et le législateur, qui désire que l'ouvrier ne perde rien en gagnant un peu plus de loisirs.

Par conséquent, Monsieur le Président, je propose d'une façon très ferme qu'après les mots : « la fixation des salaires », on ajoute « de la journée ».

M. le Président. — La parole est à M. Parvy.

M. Parvy. — Je vais essayer d'occuper, pour un instant, dans cette discussion, la place qui devrait, à mon avis, être celle du Gouvernement.

Quel a été le but de la Commission quand elle a rédigé le paragraphe 8 ?

Son but a été d'empêcher qu'au début de l'application de la loi de huit heures ne se reproduisent les mouvements d'agitation et les grèves qui ont eu lieu à des moments que M. le Ministre du Travail connaît.

M. le Ministre nous dit : « Mais je suis là. J'interviendrai. » Je ne vois pas dans la loi et je ne vois dans aucune des lois qui régissent le travail une disposition qui permette au Ministre du Travail d'intervenir entre les patrons et les ouvriers pour obliger les patrons à maintenir les salaires actuels. Sans doute, pendant la guerre, le Gouvernement a pu, dans l'intérêt de la défense du pays, intervenir, faire pression, d'une part, sur les patrons, parfois sur les ouvriers pour maintenir l'ordre public devant l'ennemi. Mais la guerre est finie et la loi n'autorise pas le Gouvernement à faire de ces interventions ; il faut que ce soit le législateur prévoyant qui détermine quelle sera la situation. (*Très bien ! très bien !*)

J'ai entendu demander la suppression du paragraphe 8, et je l'ai entendu soutenir par un raisonnement qui pourrait nous conduire loin. On disait : la vie chère ne durera pas toujours, il faudra bien baisser les salaires. Cela voudrait-il dire que le coût de la vie, s'il s'est élevé dans les proportions que vous savez, dépend uniquement de l'augmentation des salaires ? S'il en était ainsi, je m'inscrirais en faux contre cette affirmation. Vous le savez tous comme moi, ce n'est pas seulement le prix de la journée de travail qui a fait augmenter le coût de la vie dans les proportions énormes que supportent les consommateurs. (*Très bien! très bien! à l'extrême gauche.*)

Mais cette affirmation serait dangereuse pour la thèse même que vous soutenez, Monsieur Ribeyre. Car à quoi aboutissez-vous? A enfermer la classe ouvrière dans ce cercle : si le prix de la vie baisse, son salaire ne s'élèvera pas. Vous la réduisez au salaire qu'elle a maintenant ou à celui qu'elle avait hier, c'est-à-dire à ce qui est indispensable à l'ouvrier pour vivre et se reproduire; vous reconnaissez ainsi la valeur de la loi des salaires de Lassalle.

A l'extrême gauche. — La loi d'airain.

M. Parvy. — Vous préconisez la loi d'airain, vous dites au prolétariat : Tu ne monteras pas plus haut, et c'est cela qui est dangereux pour la thèse que vous soutenez.

Je vous demande autre chose; c'est de prévoir dans la loi que, dès le début de son application, les patrons ne pourront pas se servir du prétexte de la journée de huit heures pour diminuer les salaires. Car il ne suffit pas de décider que les travailleurs ne feront plus que huit heures pour que le prix des objets nécessaires à la classe ouvrière diminue le lendemain. Rien ne sera changé le lendemain; lorsque les ménagères iront au marché les prix n'auront pas baissé. Il faut donc prévoir ce maintien des prix; il le faut dans l'intérêt de l'ordre social. (*Très bien! très bien! à l'extrême gauche.*)

Et si je vous disais toute ma pensée, je vous avouerais que je ne suis pas un partisan acharné du maintien du paragraphe 8.

Sa suppression entraînera, forcément, fatalement, les travailleurs à la lutte, à adhérer au syndicat de leur profession.

Mais ne pensez-vous pas qu'il est dangereux, en ce moment, de jouer avec certaines difficultés et qu'il vaut mieux pour vous-mêmes que vous prévoyiez cela et le mettiez dans le texte de loi? (*Très bien! très bien! à l'extrême gauche.*)

Vous avez dit, Monsieur le Ministre : « Les associations syndicales et les associations patronales réunies ne nous ont pas demandé cela. »

Il se peut qu'elles ne vous l'aient pas demandé. Si elles ne vous le demandent pas, c'est peut-être qu'elles sont ou se croient en état de l'exiger, ou de l'éviter, quand viendront les discussions. Mais vous n'avez pas intérêt vous-mêmes, en ce moment, à aller à l'agitation, aux grèves nécessaires, car les ouvriers ne pourront pas souffrir une diminution du prix de leur journée alors que ce qui leur est nécessaire pour vivre n'a pas diminué, en même temps que la durée de la journée de travail.

Je vous demande donc de maintenir dans la loi, sinon le texte proposé par la Commission, du moins celui de M. Thomas. Il faut que vous prévoyiez cela et le votiez. Il serait dangereux pour vous-mêmes et pour le pays de ne pas faire ce que nous vous demandons aujourd'hui. (*Applaudissements à l'extrême gauche.*)

M. le Président. — La parole est à M. Sibille.

M. Maurice Sibille. — J'ai demandé par amendement la suppression du paragraphe 8 en discussion.

Après avoir entendu les explications très nettes et très précises du Gouvernement, je demande la disjonction et non la suppression, pour permettre à la Commission de nous apporter après étude une disposition mûrement étudiée.

Tous nous voulons soulager la misère humaine et tous nous voulons la réalisation de l'idéal de justice des républicains de 1848 : l'amélioration du sort des travailleurs.

Depuis quarante ans, le législateur a voté dans ce pays de grandes lois sociales et des progrès considérables ont été réalisés avec le concours généreux et désintéressé des représentants de tous les partis politiques.

Il y a plus de vingt-cinq ans, quand à cette tribune j'ai prié vos prédécesseurs d'adopter le texte qui avait été arrêté par le Sénat et qui est devenu la loi du 2 novembre 1892 sur le travail des femmes et des enfants, j'ai été soutenu par un membre de la droite, M. Albert de Mun.

Ce grand orateur, qui était un aimable collègue, m'a aidé à remplir une tâche difficile, avec une bienveillance dont j'ai gardé le souvenir. (*Très bien! très bien!*)

Et qu'avions-nous à ce moment comme adversaires? Les socialistes qui s'opposaient à l'adoption du vote du texte du Sénat et qui entendaient limiter la durée du travail, sans admettre aucune dérogation. Nous avons triomphé et c'est grâce à ces dérogations si critiquées que la loi a pu être appliquée sans protestations violentes, sans crise, sans grèves.

M. Parvy. — Souvenez-vous que, de votre côté, on appelait, en 1894, la journée de huit heures une manœuvre pour les politiciens.

M. Maurice Sibille. — Je suis un vieux républicain très jaloux de son indépendance, je prends la responsabilité de mes discours et de mes votes, mais pas la responsabilité des discours et des actes de tous ceux qui ont pu siéger à côté de moi dans cette enceinte. (*Applaudissements.*)

Je répète que, grâce à ces dérogations, le principe posé par la loi du 2 novembre 1892 s'est adapté aux conditions d'industrie.

M. Albert Thomas. — Si bien que la loi de 1900 est devenue nécessaire. En effet, si la loi de 1900 a été votée, c'est en raison de l'inapplication de la loi de 1892 aux femmes et aux enfants.

M. Maurice Sibille. — Un de nos collègues vient de rappeler que la promulgation de la loi de 1900 a été suivie de grèves. Vous devez reconnaître que la promulgation de la loi du 2 novembre 1892 n'a pas eu les mêmes effets.

Quand le législateur astreint le travail à des règles rigoureuses, s'il prévoit des exceptions, il agit sagement, comme le constructeur de chaudières qui met des soupapes de sûreté pour éviter les accidents.

Le Gouvernement a tenu compte des leçons de l'expérience; son projet autorise des dérogations et je constate avec plaisir que nos collègues socialistes les ont admises.

Le projet du Gouvernement se bornait, vous le savez, à limiter la durée de la journée de travail. Mais M. Renaudel a proposé l'insertion d'une disposition relative à la fixation des salaires. La Commission lui a donné satisfaction et nous voilà amenés à rechercher s'il convient de réglementer en même temps la durée de la journée de travail et les salaires.

Quelle est la préoccupation de nos collègues socialistes? Ils redoutent une diminution de salaires aussitôt après la promulgation de la loi.

M. Parvy. — Nous ne redoutons rien.

M. Maurice Sibille. — Si vous n'avez pas cette crainte, pourquoi réclamez-vous l'intervention de la loi?

M. le Président de la Commission. — C'est la Chambre toute entière qui a cette préoccupation.

M. Maurice Sibille. — Vous avez raison de dire, Monsieur le Président, que la Chambre toute entière a cette préoccupation; je l'ai moi-même. Laissez-moi donc dire ce qui l'explique et ce qui la justifie.

Là où la production dépend des mouvements de la main, elle peut être aussi grande en dix heures qu'en huit heures, parce que l'homme duquel on exige chaque jour un effort trop prolongé est surmené, perd des forces et produit moins qu'un autre. C'est ce que l'observation a révélé, c'est ce que nous admettons tous. Mais lorsque la production dépend de la marche d'une machine, du nombre de tours d'une roue au cours d'une journée, la production peut être plus grande en dix heures qu'en huit heures, il y a lieu de craindre que la réglementation des salaires ne soulève de graves difficultés dans quelques industries.

M. Théo Bretin. — Mais, Monsieur Sibille, les machines continueront à marcher. Il y aura trois équipes de huit heures.

M. Maurice Sibille. — Peu importe qu'il y ait une équipe ou trois équipes!

Toute la question est de savoir s'il sera possible de maintenir les salaires actuels à des ouvriers qui produisent moins.

Si on démontre à des ouvriers qu'on est contraint de réduire un peu les salaires ou de fermer l'usine, laissez-leur le choix entre une légère diminution de bien-être ou un long chômage.

Eh bien! quelle est la disposition présentée par M. Albert Thomas et acceptée par la Commission?

Un règlement d'administration publique fixerait les modalités par lesquelles le salaire de la journée réduite demeurerait équivalent au salaire de la journée ancienne.

Première conséquence de l'insertion de cette disposition dans la loi.

Ajournement de l'application de la loi. Remarquez en effet que la loi doit être suivie d'un règlement d'administration publique, c'est-à-dire d'un acte qui, rédigé par le Conseil d'État et signé par le chef de l'État déterminera les conditions de l'application. Pas d'application possible avant la promulgation du règlement d'administration publique. Or, si vous exigez que le Conseil d'État recherche les modalités par lesquelles le salaire de la journée peut demeurer équivalent au salaire de la journée ancienne, vous lui imposez une tâche difficile, délicate, complexe, longue. Ne devra-t-il pas notamment prévoir la substitution du travail à la tâche, au travail à la journée, dans un grand nombre d'usines?

M. Émile Dumas. — Ce ne sera pas si compliqué que cela.

M. Maurice Sibille. — Telle n'est pas mon opinion. Le Conseil d'État ne pourra pas émettre son avis avant plusieurs mois et ces longs retards étonneront et mécontenteront les ouvriers.

D'un autre côté, si les salaires sont fixés comme vous le demandez par un règlement d'administration publique, c'est-à-dire par un acte législatif, il sera très difficile de régler beaucoup de conflits entre ouvriers et patrons.

Aujourd'hui si des ouvriers estiment leurs salaires insuffisants, si leurs réclamations sont repoussées par les patrons, des grèves éclatent,

L'Administration alors intervient, négocie une transaction et tout rentre dans l'ordre.

Qu'arrivera-t-il lorsque les salaires seront fixés par un règlement d'administration publique? Les patrons ne pourront accorder et l'Administration ne pourra proposer ni élévation ni abaissement de salaires. Le Ministre du Travail lui-même ne pourra pas présenter à la signature du Président de la République un simple décret modifiant le règlement d'administration publique.

C'est devant vous ou plutôt devant vos successeurs que le conflit sera porté.

Quelles redoutables responsabilités vous allez leur imposer! Parfois la solution sera assez facilement trouvée. Lorsqu'ils auront par exemple devant eux des industriels écoulant les produits de leurs usines sur le marché français, ils engageront les patrons à s'entendre, à former des associations, des comités, des comptoirs et à augmenter les prix de vente; puis, pour les protéger contre la concurrence étrangère, ils relèveront les droits de douane. (*Protestations à l'extrême gauche.*)

Je comprends, mes chers collègues, vos protestations, car si on relève dans les conditions que je viens de préciser tous les articles du tarif douanier, la vie deviendra plus chère et le salaire réclamé par l'ouvrier n'aura plus la même valeur.

Toutefois c'est ainsi que se termineront souvent des conflits.

Mais le problème sera bien plus difficile à résoudre quand les patrons intéressés seront des industriels travaillant pour l'exportation.

Depuis 1914, l'industrie française vit sous un régime tout à fait exceptionnel. Dans toutes les usines, on distribue de gros salaires, mais on vend les produits à des prix très élevés; ici, c'est l'État qui accepte les conditions posées par un fournisseur de la guerre; là, c'est le consommateur qui, se procurant avec peine les vivres et les objets dont il a besoin, consent à les payer très cher.

Mais ce régime de guerre ne pourra être maintenu indéfiniment; l'État cessera de donner des commandes, la production deviendra suffisante pour la consommation intérieure; l'offre deviendra de nouveau supérieure à la demande.

Que feront les industriels qui, avant la guerre, travaillaient pour l'étranger et qui ne peuvent conserver un nombreux personnel ouvrier qu'en exportant des produits?

Renonceront-ils à l'exportation, s'ils sont contraints de maintenir des salaires trop élevés?

Ce serait déplorable.

Laissez-moi vous démontrer que nous avons le devoir de faciliter l'exportation par une bonne législation.

Vous savez que, d'après tous les économistes, si un pays achète à l'étranger plus qu'il ne vend, il est obligé de payer la différence en monnaie internationale, c'est-à-dire en or. Avant la guerre, la balance commerciale ne nous était pas favorable.

En 1913, la valeur des importations a dépassé 8 milliards 400 millions et celle des exportations n'a pas atteint 6 milliards 900 millions, d'où un écart d'environ 1 milliard et demi de francs. Si, dans notre pays l'or n'a pas été drainé, c'est que dans les statistiques douanières il n'était fait mention ni des achats effectués à Paris par des voyageurs étrangers, ni des intérêts des capitaux français placés dans divers pays du monde, c'est qu'en fin de compte nous étions créancier de l'étranger.

Pendant la guerre, la France a été obligée d'aller chercher des vivres et du matériel de guerre au delà de ses frontières. En 1917, les importations ont atteint 27 milliards et en 1918 près de 20 milliards. Quant aux exportations, elles ont à peine dépassé 6 milliards en 1917 et 4 milliards en 1918, soit des écarts de 21 milliards en 1917 et de 15 milliards en 1918.

Pour maintenir le change, nous avons dû contracter des emprunts dans les pays alliés. Nous ne sommes plus créanciers, nous sommes débiteurs de l'étranger.

Sur notre pays pèse actuellement le lourd poids d'une dette extérieure de plusieurs milliards. Si la balance commerciale continuait à nous être défavorable, le pays irait en s'appauvrissant et la ruine suivrait la victoire. Il faut sans tarder réduire les importations et accroître les exportations.

M. Mauger. — Il faut remarquer que nos importations pendant la guerre ont porté, en grande partie, sur des denrées alimentaires que nous n'aurons plus, il faut l'espérer, à demander à l'étranger.

M. Maurice Sibille. — Il est bien évident qu'après la guerre les importations ne s'élèveront plus à 20 milliards, et qu'elles pourront être ramenées à 8 ou 9 milliards.

Mais ce qu'il faut, c'est que nos exportations deviennent le plus tôt possible supérieures à nos importations.

M. Mauger. — Nous sommes d'accord.

M. Maurice Sibille. — Il est donc nécessaire que le producteur français, celui qui travaille pour l'exportation, ne supporte pas des charges trop considérables; évitons de lui imposer des obligations trop lourdes.

Le Gouvernement nous a présenté un projet de loi qui portait uniquement sur la limitation de la durée de la journée de travail. Il nous l'a présenté en affirmant qu'il consacrait un accord entre patrons et ouvriers. Gardons-nous de le modifier et ne commettons pas la faute d'adopter des textes improvisés au cours d'une séance.

Ce matin, M. de Monzie nous a dit : « Le projet de loi est l'œuvre de l'effort syndical et l'application n'en est possible que par l'entente des syndicats patronaux et ouvriers. Il suppose l'existence d'assemblées paritaires. »

N'est-ce pas aussi l'avis de la Commission?

Je lis dans le rapport de M. Godart :

« Une ère nouvelle s'ouvrira, une fois la loi proposée promulguée, ce sera l'ère de la collaboration ouvrière et patronale pour la recherche des solutions les meilleures. »

Je vous supplie de laisser à cette collaboration que vous prévoyez, que j'espère avec vous, le soin de rechercher les meilleures solutions pour le problème délicat et difficile qui est posé aujourd'hui devant nous. (*Applaudissements.*)

M. le Président. — La parole est à M. Albert Thomas.

M. Albert Thomas. — Je répondrai en quelques mots à notre collègue M. Sibille, en m'efforçant, autant que possible, de demeurer dans le cadre de la discussion présente.

Nous discutons l'alinéa 8° de l'article 8, qui concerne l'introduction du problème des salaires dans les règlements d'administration publique.

Notre collègue a singulièrement élargi le débat et beaucoup des arguments qu'il a apportés ici n'ont pas trait au modeste alinéa de l'article 8, mais concernent tout l'ensemble de la réforme. (*Très bien! très bien!*)

C'était dans la discussion générale que ces arguments pouvaient être apportés. Eh quoi, Monsieur Sibille, ce matin nous étions tous d'accord pour voter la réforme.

M. Maurice Sibille. — Pour voter le projet du Gouvernement.

M. Albert Thomas. — J'attire votre attention sur l'argumentation de M. Sibille. Que nous a-t-il dit?

« Si la réforme dépasse le cadre gouvernemental, si nous nous préoccupons du problème des salaires, prenons garde, car nous ne pourrons plus produire pour l'exportation. »

J'ai tenté ce matin d'apporter une autre démonstration et de marquer à la Chambre que les conditions de la journée de travail étant changées, le pays demeurait cependant en état de produire et de produire pour l'exportation.

Si j'en crois l'argumentation de M. Sibille, il faudra que demain les ouvriers aient à choisir entre la fermeture de l'usine et des salaires plus bas.

M. Maurice Sibille. — J'ai dit que c'était possible.

M. Albert Thomas. — Si c'était à cela que devait aboutir la réforme de la journée de travail, nous ne pourrions pas la soutenir comme nous la soutenons ici. Nous la soutenons parce que nous avons la conviction qu'elle impose au pays une réforme du machinisme, de l'outillage, et de meilleures conditions de vie aux travailleurs. C'est ainsi que le pays sera en état de produire et de produire à des prix de revient qui rendent possible l'exportation.

M. Maurice Sibille. — Voulez-vous me permettre de citer un fait à l'appui de mon argumentation?

Vous dites que par le développement du machinisme nous arriverons à pouvoir exporter. Il y a quelques semaines, M. le sénateur Touron, président d'une grande chambre de commerce, est venu devant la commission des douanes et a appelé notre attention sur ce fait que l'on pouvait acheter en France des chemises provenant du Japon à des prix minimes, à des prix très inférieurs à ceux que l'industriel français est obligé de demander.

M. Boisneuf. — Elles ne sont pas vendues en France.

M. Maurice Sibille. — Vous voyez que sur les marchés extérieurs nous rencontrerons les plus grosses difficultés.

M. Albert Thomas. — L'argumentation de M. Sibille vaut pour les ententes entre ouvriers et patrons. Elle vaut également si les grandes fédérations ouvrières et patronales sont d'accord pour établir des prix qui grèveraient les consommateurs ou appelléraient des protections douanières.

Mais je reviens au problème qui nous occupe, c'est-à-dire, comme l'indiquait tout à l'heure le Président de la Commission du travail, à la disposition à introduire à l'article 8.

M. Groussier nous disait que toute la Chambre avait la même préoccupation : empêcher que la réduction de la journée de travail amenât une modification dans la rétribution du travail.

C'était là le problème posé par la Commission du travail et par le Gouvernement.

La Commission du travail nous disait : « Si le Gouvernement se juge suffisamment armé, peut-être pourrions-nous ne pas maintenir l'alinéa dans le texte de loi. »

Tout le problème, d'après M. le Président de la Commission du travail, est donc de savoir si le Gouvernement est ou n'est pas suffisamment armé.

M. le Ministre du Travail. — Je déclare que le Gouvernement est suffisamment armé.

M. Albert Thomas. — Le Gouvernement se déclare suffisamment armé.

Je n'ai pas la même confiance et voici comment je veux poser le problème devant la Chambre, en demandant à mes collègues d'y réfléchir. En somme, quand le Gouvernement aura-t-il à intervenir ? Lorsque patrons et ouvriers ne se seront pas mis d'accord. S'inspirant alors des excellentes intentions du Ministre du Travail, le Gouvernement va rédiger un règlement d'administration publique, comme nous le souhaitons ; puis, lorsqu'il n'aura pas pu réaliser l'accord, il imposera, conformément à la loi, la réduction de la journée de travail et, en même temps, prendra, en ce qui concerne les salaires, les précautions nécessaires à l'égard d'un patronat récalcitrant, car c'est le cas qui se présentera.

Que se passera-t-il alors ? C'est que votre règlement d'administration publique va se trouver entaché d'illégalité ; le patron se retournera devant le Conseil d'État, auquel il dira : on a prétendu m'imposer un règlement d'administration publique établissant des salaires déterminés ; il est illégal, puisque la loi n'a pas reconnu au Gouvernement le droit de fixer les salaires.

Je termine en disant que si l'intention unanime de la Chambre est d'obtenir que la réduction de la journée de travail ne soit pas une occasion de réduction des salaires, il est de toute nécessité, pour la garantie du monde ouvrier, qu'un texte réglant la question figure dans le projet de loi.

A tout instant, on a invoqué l'accord entre patrons et ouvriers ; c'est entendu, c'est le caractère nouveau de la loi. Elle permettra de consacrer ces accords. Mais si le Parlement veut rester fidèle à ses traditions et à son action, il ne peut pas admettre que ne soient point protégés ceux qui ont le plus besoin de protection, c'est-à-dire les ouvriers des professions dans lesquelles l'organisation ouvrière manquera de force. (*Très bien ! très bien !*)

Ah ! Messieurs, j'ai célébré ce matin l'esprit nouveau de cette loi, j'ai remarqué à quel point elle instaurait des idées fécondes dans notre législation en faisant appel aux ententes entre patrons et ouvriers.

Mais voici qu'à plusieurs reprises, au cours même de la discussion de cette loi, on nous dit : « Ces dispositions ne peuvent être valables que s'il y a accord entre patrons et ouvriers », et je ne peux pas m'empêcher de trouver dans cette argumentation que l'on rapporte sans cesse l'écho des vieilles argumentations de droit par lesquelles on prétendait porter atteinte à la protection légale des travailleurs.

Si les accords peuvent avoir aujourd'hui quelque utilité et quelque fécondité, il faut qu'à côté des accords établis il y ait possibilité de protection légale pour ceux qui ne seront pas suffisamment organisés. (*Très bien ! très bien !*)

C'est dans cet esprit que je vous demande de maintenir le texte de l'article 8.

Je suis tout prêt à me rallier au texte que présentait M. Ribeyre qui avait peur de mon « futur ». Dans un esprit de conciliation, je suis tout prêt à l'accepter, mais je crois indispensable d'indiquer dans la loi que le règlement d'administration publique pourra fixer les salaires. (*Applaudissements.*)

M. le Président. — La parole est à M. Lerolle.

M. Jean Lerolle. — Je comprends très bien la préoccupation de M. Albert Thomas et la pensée qui a dicté son amendement. J'ai comme lui l'inquiétude des répercussions sur les salaires de la loi que nous allons voter. Ce serait une déception cruelle pour le monde ouvrier si la réduction de la journée à huit heures avait pour rançon une diminution des salaires. Sur ce point, la Chambre est, je crois, unanime et veut éviter cette conséquence. La difficulté est de trouver un moyen approprié, de trouver le texte législatif qui nous permette d'assurer aux ouvriers que, en aucun cas, la réduction de la journée de travail n'aura pour conséquence une diminution des salaires.

Le texte du paragraphe 8, tel qu'il nous est proposé, confie à des règlements d'administration publique le soin de tarifer les salaires. J'ai d'abord été séduit par cette pensée ; je suis même de ceux qui, à la Commission du travail, ont collaboré à la rédaction de cette disposition. Mais, à la réflexion, je me demande si nous n'allons pas, en fixant les salaires dans le règlement d'administration publique, vers des difficultés graves.

Un règlement d'administration publique est quelque chose qui n'est pas très souple et qui ne se modifie pas tous les jours. Est-ce que, en insérant les tarifs de salaires dans le règlement d'administration publique, nous n'allons pas cristalliser ces salaires ?

M. Lauche. — Non.

M. Jean Lerolle. — Il y a là un danger. Je ne crois pas qu'on puisse le méconnaître. Que faire donc ?

Je me suis demandé si nous ne pourrions pas du moins inscrire dans la loi le principe que la réduction de la journée du travail n'aurait pas pour conséquence la diminution des salaires.

M. Lauche. — C'est indispensable.

M. Paul Ribeyre. — Nous sommes d'accord.

M. Lauche. — Alors, mettez-la dans la loi.

M. Jean Lerolle. — Mettez-le dans la loi, dites-vous ! Eh ! oui. Seulement, je crains que cette affirmation inscrite dans la loi ne soit qu'une affirmation théorique, sans conséquences pratiques. Si vous dites dans la loi : les salaires ne devront pas être diminués, quelle va être la sanction de cette règle ? Est-ce que cette disposition ouvrira un droit individuel à chaque ouvrier si son salaire est diminué par le patron ? Est-ce que ce droit pourra être invoqué par tous les ouvriers, même ceux qui seront embauchés demain ? Questions délicates et d'une solution incertaine.

Dans ces conditions le mieux n'est-il pas de prendre acte des déclarations de M. le Ministre du Travail et par un accord avec lui de manifester la volonté unanime de la Chambre que la réduction de la journée de travail ne soit pas payée par une diminution de salaire.

Messieurs, j'ai une autre préoccupation. Le vote de la loi est attendu par le monde ouvrier tout entier, sans distinction d'opinion. M. le Ministre du Travail nous a dit ses craintes qu'une clause relative aux salaires ne soit pas acceptée par l'autre Assemblée, et que de ce fait le vote de la loi soit ajourné. Si la loi était rejetée demain par l'autre Assemblée, ce serait une déception cruelle et qui aurait, peut-être dans les circonstances actuelles, des conséquences graves. Je ne veux pas me rendre responsable d'un pareil retard. C'est pourquoi, bien que je sois d'accord avec toute la Chambre pour déclarer qu'il ne faut pas que la réduction de la journée de travail entraîne une réduction des salaires, je voterai la disjonction réclamée par le Gouvernement. (*Très bien ! très bien !*)

M. le Président. — La parole est à M. Paul Constans.

M. Paul CONSTANS. — Nous sommes tous d'accord pour vouloir que l'application de la loi en discussion n'ait pas pour conséquence une diminution des salaires. Mais, indépendamment des circonstances qui feront fixer le salaire au moment de l'entrée en vigueur de la loi, nous ne voulons pas qu'on puisse s'appuyer sur la réduction de la journée de travail pour diminuer le salaire.

M. Jean LEROLLE. — Nous sommes tous d'accord sur ce point.

M. Paul CONSTANS. — Puisqu'il y a discussion sur le texte — il y a des futurs qui font peur à notre collègue M. Ribeyre — et, d'autre part, des conditionnels qui nous paraissent suspects, voici un texte qui me paraît très simple et que je crois de nature à donner satisfaction à tout le monde :

« La réduction de la durée de la journée de travail déterminée par la présente loi ne pourra, en aucun cas, entraîner une réduction des salaires touchés au moment de la promulgation. »

M. Jean LEROLLE. — Quelle est la sanction?

M. LAUCHE. — Il n'y en a pas besoin.

M. Paul CONSTANS. — La sanction, c'est que le règlement d'administration publique pourra s'inspirer de ce paragraphe pour établir le salaire d'accord avec les intéressés.

M. LE PRÉSIDENT. — La parole est à M. Albert Thomas.

M. Albert THOMAS. — Au point de vue de la discussion, nous nous trouvons maintenant dans la situation présente :

D'une part, le Gouvernement nous demande la suppression...

M. LE MINISTRE DU TRAVAIL. — La disjonction!

M. Paul CONSTANS. — C'est l'enterrement!

M. Albert THOMAS. — Ne discutons pas là-dessus. Disons la disjonction si vous voulez. Mais, en l'espèce, ce sur quoi nous discutons, disjonction ou suppression, c'est tout un. Ne nous payons pas de mots.

Je dis donc : proposition du Gouvernement, suppression.

Notre demande, à nous, avec le texte que nous avons apporté, tend à la modification de l'article 8. Il nous paraît nécessaire que les règlements d'administration publique, pour avoir toute leur valeur légale, pour s'imposer dans le cas où les patrons seront récalcitrants, il nous paraît nécessaire, indispensable, dis-je, qu'ils comportent cela.

M. Aristide BRIAND. — C'est indiscutable!

M. Albert THOMAS. — Je suis très heureux de l'adhésion d'un ancien président du conseil qui sait évidemment comment on joue quelquefois des règlements d'administration publique.

M. Maurice SIBILLE. — C'est un principe de droit.

M. Albert Thomas. — En troisième lieu, la proposition de M. Paul Constans qui rejoint certaines observations présentées par M. Lerolle : un article spécial. En l'espèce, cet article spécial paraît sans aucune sanction.

M. Jean Lerolle. — C'est pour cela que je ne l'ai pas proposé.

M. Albert Thomas. — Dans ces conditions, la Chambre décidera ce qu'elle voudra, mais pour faire besogne nette, nous maintenons le texte de notre amendement. (*Très bien! très bien!*)

M. le Président. — La parole est à M. le Rapporteur.

M. le Rapporteur. — La Commission se rallie au texte proposé par M. Albert Thomas et repousse la disjonction. (*Très bien! très bien!*)

M. le Président. — La parole est à M. le Ministre du Travail.

M. le Ministre du Travail. — Je regrette profondément de ne pouvoir donner mon assentiment à l'amendement présenté par M. Albert Thomas. (*Mouvements.*)

J'ai présenté un texte sur lequel l'accord s'est fait entre patrons et ouvriers, qui sont directement intéressés. Je m'y tiens, parce que j'y vois une condition du succès de la loi.

Je demande donc très nettement à la Chambre de vouloir bien suivre le Gouvernement et disjoindre l'amendement présenté par mon excellent collègue et ami M. Albert Thomas.

M. le Président. — Je consulte la Chambre pour la disjonction du 8ᵉ alinéa ; elle a la priorité.

Il y a une demande de scrutin, signée de MM. Honnorat, Jacques Stern, Haudos, Bouctot, Lenoir, Drelon, Viellard, Sibille, Tournade, Guernier, Lefas, Bonniard, Nérel, de Montjou, Leredu, Henri Poncet, Couesnon, etc.

Le scrutin est ouvert.

(Les votes sont recueillis. — MM. les secrétaires en font le dépouillement.)

M. le Président. — MM. les secrétaires me font connaître qu'il y a lieu de faire le pointage des votes.

Il va y être procédé.

La Chambre voudra peut-être continuer la discussion ?... (*Oui! oui!*)

M. le Président de la Commission. — Monsieur le Président, nous vous demandons de suspendre la discussion en ce qui concerne l'alinéa 8ᵉ, mais de commencer la discussion de l'article 2 et des articles additionnels. (*Assentiment.*)

M. le Président. — « Art. 2. — Les dispositions du chapitre 2 actuellement en vigueur seront abrogées dans chaque région et pour chaque profession, industrie ou catégorie professionnelle à partir de la mise en application des règlements d'administration publique intéressant ladite profession, industrie ou catégorie professionnelle dans cette région. »

Personne ne demande la parole sur l'article 2?...

Je le mets aux voix.

(L'article 2, mis aux voix, est adopté.)

M. le Président. — MM. Bretin et Cadenat proposent un article additionnel tendant à étendre, dans la navigation maritime, au personnel du pont, les dispositions dont jouit le personnel des machines au point de vue de la durée du travail.

La parole est à M. Bretin.

M. Théo Bretin. — Dans le personnel maritime, on attend avec autant d'impatience que dans toutes les industries une réforme qui doit apporter à la classe ouvrière une satisfaction légitime aux revendications qu'elle a toujours fait connaître.

Le personnel des machines bénéficie de la journée de huit heures depuis la loi de 1909; nous demandons simplement l'extension au personnel du pont du bénéfice accordé au personnel des machines. (*Très bien! très bien!*)

Il est bien entendu que des conditions spéciales doivent être faites en ce qui concerne le personnel maritime. Nous avons la promesse de la Commission de déposer incessamment un projet de loi spécial relatif au personnel maritime; nous demandons en conséquence la disjonction de notre amendement et son renvoi à la Commission, qui fera un rapport le plus tôt possible. (*Très bien! très bien!*)

M. le Rapporteur. — La Commission est d'accord avec nos collègues MM. Théo Bretin et Cadenat. Elle se considère comme saisie par la disjonction de cet amendement et déposera à bref délai un rapport sur la question posée. (*Très bien! très bien!*)

M. le Président. — Il n'y a pas d'opposition?...

L'amendement est disjoint et renvoyé à la Commission.

Je suis saisi d'un article additionnel présenté par MM. Boisneuf, Lauche et Chassaing et ainsi conçu :

« Art. 3. — La présente loi est applicable à l'Algérie et aux colonies. »

La parole est à M. Boisneuf.

M. Boisneuf. — Je ne présenterai que quelques brèves observations à l'appui de mon amendement, regrettant que le Gouvernement et la Commission ne veuillent pas me dispenser de cette peine, en acceptant simplement la disposition que je propose.

Mon amendement, qu'ont bien voulu contresigner mes collègues et amis, MM. Lauche et Chassaing, tend à ce que les dispositions du présent projet de loi en discussion soient déclarées applicables à l'Algérie et aux colonies.

L'article 6 de la loi du 26 novembre 1912 édicte :

« Restent respectivement en vigueur en Algérie et aux colonies les lois qui y sont actuellement applicables.

« Des décrets, rendus sur les propositions du Ministre du Travail et des Ministres compétents, peuvent déterminer les conditions d'application à l'Algérie et aux colonies des dispositions du présent livre du Code du travail et de prévoyance sociale. »

Il est simplement équitable que les améliorations que vous croyez devoir apporter au Code du travail, en tant qu'il s'applique à la métropole, profitent aussi aux ouvriers et employés des colonies.

Nous sommes d'accord sur le fond, me disent le Gouvernement et la Commission, mais la réforme pourra et devra se faire automatiquement ou par décret.

Il y a là une opinion absolument erronée, ainsi qu'il me serait facile de le démontrer, si le Gouvernement et la Commission maintenaient leur opposition à l'adoption de mon texte. En attendant, je prie la Chambre de vouloir bien voter mon amendement. (*Très bien! très bien!*)

M. le Président. — La parole est à M. le Ministre du Travail.

M. le Ministre du Travail. — M. Boisneuf a toute satisfaction par l'article 6 en question.

M. Boisneuf. — Je vous demande pardon.

M. le Ministre. — Que dit l'article 6 du Code de travail?

« Des décrets rendus sur la proposition du Ministre du Travail et des Ministres compétents peuvent déterminer les conditions d'application à l'Algérie et aux colonies des dispositions du présent livre du Code du travail et de la prévoyance sociale. »

Comme le projet de loi actuel est inséré dans le Code du travail et de la prévoyance sociale, il est inutile d'y rien ajouter.

M. Boisneuf. — M. le Ministre a commis une erreur.

M. le Ministre du Travail. — Je ne le crois pas.

M. Boisneuf. — Permettez-moi de vous rappeler le principe général qui domine toute notre législation coloniale.

D'une manière générale, pour qu'une loi soit applicable aux colonies, il faut qu'il en soit expressément décidé ainsi par une disposition formelle, incluse dans la loi elle-même, ou édictée postérieurement, ainsi que cela arrive souvent.

Certaines matières peuvent être réglées par décrets, mais c'est lorsque la constitution coloniale elle-même les place dans les prérogatives du pouvoir exécutif.

Or, la loi du 26 novembre 1912 n'a délégué au pouvoir exécutif que le soin de décider dans quelles conditions les prescriptions du Code du travail, telles qu'elles existaient à cette date, seraient applicables aux colonies. Aujourd'hui, vous modifiez ces prescriptions. Voulez-vous oui ou non que ces modifications soient étendues à la France d'outre-mer? Si oui, dites-le expressément. Cela est indispensable. Votre silence équivaudrait, je vous en donne l'assurance, à l'expression de la volonté contraire. C'est pourquoi j'insiste pour le vote de mon amendement.

Au surplus, abondance de biens ne nuit pas. Même si mon texte vous paraissait superfétatoire, il n'y aurait aucun inconvénient à le voter. Ce que je prie la Chambre de vouloir bien faire. (*Très bien! très bien!*)

M. le Président de la Commission. — Je dois rappeler dans quelles conditions le Code du travail a été voté. Lorsque nous avons adopté les dispositions qui existent aujourd'hui, un certain nombre de dispositions étaient applicables aux colonies, d'autres ne l'étaient pas. Une disposition d'ordre général a été prise à ce moment; en voici le texte:

« Restent respectivement en vigueur en Algérie et aux colonies les lois qui y sont actuellement applicables. Des décrets rendus sur la proposition du Ministre du Travail et des Ministres compétents peuvent déterminer les conditions d'application à l'Algérie et aux colonies des dispositions du présent livre du Code du travail. »

M. Boisneuf. — Du présent livre.

M. Guist'hau. — Puisque la loi sera insérée dans le Code.

M. le Président de la Commission. — J'ai participé aux travaux préparatoires du Code du travail et je sais que non seulement au Parlement, mais dans les commissions extraparlementaires qui se sont occupées de la question, on a toujours voulu que, toutes les fois qu'on le croira possible, les dispositions du Code du travail puissent être applicables aux colonies par des décrets. Croyez-vous que seule la première rédaction du Code puisse être applicable aux colonies par décrets?

M. Lémery. — Ce n'est pas possible.

M. le Président de la Commission. — Cette interprétation n'est exacte en aucune façon. Toujours en vertu de ces prescriptions d'ordre général, c'est par décret que les dispositions introduites dans le Code du travail, comme celles qu'il contenait à l'origine, doivent être promulguées en Algérie et aux colonies. (*Très bien! très bien!*)

M. le Président. — La parole est à M. Boisneuf.

M. Boisneuf. — Messieurs, j'ai deux raisons décisives pour insister auprès de la Chambre — et je m'excuse de cette insistance à l'heure tardive où nous sommes — afin qu'elle veuille bien adopter notre amendement.

La première raison, c'est que l'article 6 de la loi du 26 novembre 1912 ne crée pas une obligation, mais donne au Gouvernement la simple faculté d'étendre aux colonies, dans les conditions qu'il juge nécessaires, la législation métropolitaine du travail. Cet article dit en effet que « des décrets peuvent..., » etc. J'ai déjà dit pourquoi ce texte ne pouvait disposer pour l'avenir et pourquoi son champ d'application devait se circonscrire à ce qui existait au moment où il a été édicté.

Il me suffirait donc qu'une faculté existât pour le Gouvernement, qui resterait libre d'en user ou non, pour que j'aie tout apaisement au sujet des intérêts de la classe ouvrière coloniale. Il y a des précédents dont l'évocation justifie toutes mes défiances. Je ne citerai que l'exemple de la loi sur les accidents du travail: les colonies en attendent encore l'application, qui doit être réglée par un décret en Conseil d'État.

Mais, encore une fois, et c'est ce qui est important, je prétends que, en l'espèce qui nous occupe, le voulût-il, le Gouvernement ne pourrait pas, sans commettre une illégalité, étendre par décret les dispositions du projet actuel aux colonies, si vous ne l'ordonnez expressément. C'est ici une pure question de droit. Nous sommes en matière de législation coloniale, entendez de législation spéciale.

Tous les jours — et chaque fois que vous le jugez nécessaire — vous inscrivez *in fine*, dans certaines lois, que leurs dispositions sont applicables aux colonies. C'est simplement ce que je vous demande de faire ici.

Pourquoi ? Parce que — et c'est là tout le débat — ou plutôt le fond du différend entre le Gouvernement, la Commission et moi — parce que, de ce qu'une loi ait été déclarée applicable aux colonies, il ne s'en suit pas que les modifications dont elle peut être ultérieurement l'objet s'étendent *ipso jure* aux mêmes colonies. C'est toute la question.

Ainsi, le Code civil, le Code pénal, le Code de commerce, etc., ont été promulgués aux Antilles et à la Réunion. Or, chaque fois que vous modifiez un article d'un de ces Codes, vous écrivez dans la loi spéciale réalisant cette modification, lorsque vous voulez que le bénéfice en soit acquis à nos vieilles colonies : « La présente loi est applicable à la Guadeloupe, à la Martinique et à la Réunion. » Pourquoi cette précaution, si cette extension devait avoir lieu automatiquement par le jeu même de la loi antérieure ? (*Très bien ! très bien !*)

M. Pierre Forgeot. — En tous cas votre proposition ne peut nuire ; elle risque tout au plus d'être inutile.

M. Boisneuf. — C'est l'évidence même. Mais ma proposition n'est pas inutile ; mais elle est même indispensable, si l'on veut que les travailleurs coloniaux puissent revendiquer, eux aussi, le bénéfice de la journée de huit heures. Puisque tout le monde est d'avis qu'on leur accorde ce bénéfice, je demande qu'on l'écrive formellement dans la loi. (*Très bien ! très bien !*)

M. le Ministre du Travail. — Voulez-vous me permettre de vous interrompre ?

M. Boisneuf. — Très volontiers.

M. le Ministre du Travail. — Voici l'engagement que je prends, en vous demandant de retirer votre amendement.

Usant du droit qui m'appartient, je saisirai le Ministre compétent, c'est-à-dire le Ministre des Colonies, d'un projet de décret appliquant cette loi aux colonies. (*Très bien ! très bien !*)

M. Boisneuf. — Vous n'en avez pas le droit.

M. le Ministre du Travail. — Nous en avons si bien le droit que nous le faisons couramment et sans soulever de réclamations.

M. Boisneuf. — Monsieur le Ministre du Travail, ma thèse est la suivante : si l'amendement que j'ai eu l'honneur de déposer n'était pas adopté, vous n'auriez pas le droit de déclarer applicables aux colonies, par décret, les dispositions que nous allons voter. Un recours au Conseil d'État contre un tel décret serait certainement reçu. Votre décret serait annulé.

C'est pour éviter cet inconvénient, pour échapper à ce danger, que je demande à la Chambre de voter une disposition qui ne touche aucunement à l'économie de la loi, qui ne modifie aucune de ses dispositions.

Je ne vois pas pourquoi la Commission et le Gouvernement m'obligent à faire un discours à cette heure pour faire accepter ma proposition. Je demande à la Chambre de vouloir bien voter mon amendement.

M. Chavoix. — Vous demandez que l'application aux colonies soit faite par décret?

M. le Président. — M. Boisneuf demande que l'application de la loi aux colonies soit prescrite par un article spécial.

M. Boisneuf. — L'application se fera par décret.

M. le Président. — La parole est à M. le Rapporteur.

M. le Rapporteur. — D'accord avec le Gouvernement, après avoir entendu les déclarations de M. le Ministre du Travail, la Commission demande à la Chambre de repousser l'article additionnel présenté par l'honorable M. Boisneuf.

En effet, la loi telle que la Chambre la vote en ce moment sera incorporée *ipso facto* dans le Code du travail. Par conséquent, ce texte aura le sort de l'ensemble du Code du travail, qui est applicable aux colonies, en vertu d'un décret pris par M. le Ministre du Travail d'accord avec M. le Ministre des Colonies.

Au surplus, l'engagement pris par M. le Ministre du Travail doit satisfaire M. Boisneuf. C'est pourquoi je demande le rejet de son amendement.

M. le Président. — La parole est à M. le Président de la Commission.

M. le Président de la Commission. — M. Boisneuf soutient que le Gouvernement n'a pas le droit de promulguer des lois par décret en Algérie ou dans les colonies. Non seulement depuis le vote du Code du travail, mais auparavant, un grand nombre de décrets de cette nature ont été rendus. J'en ai toute une série...

M. Boisneuf. — Mais ces décrets étaient rendus en exécution de lois qui avaient prévu, *in fine*, l'application aux colonies. Toute la question est là. Si le Gouvernement et la Commission estiment avec nous que la loi que nous votons doit être applicable à l'Algérie et aux colonies, je ne vois pas pourquoi ils refusent de le déclarer...

M. le Ministre du Travail. — Je vous ai déclaré que je provoquerai les décrets nécessaires à cet effet, après m'être mis d'accord avec M. le Ministre des Colonies. Ma déclaration est assez nette. (*Très bien! très bien!*)

M. le Président. — La parole est à M. Lauche.

M. Lauche. — Messieurs, j'ai signé l'amendement présenté par M. Boisneuf. Je demande à la Chambre — et je pense que le Gouvernement ne fera pas d'opposition — de vouloir bien l'adopter.

Je rappelle, pour la Chambre et pour le Gouvernement, que plusieurs lois que nous avons votées, par exemple celle qui étend le droit syndical et qui modifie la loi de 1884....

M. Boisneuf. — C'est cela!

M. Lauche. — ...comportent un article additionnel les rendant applicables aux colonies et à l'Algérie.

Par conséquent, il ne peut pas y avoir de raison sérieuse et valable...

M. Boisneuf. — Très bien !

M. Lauche. — ... à opposer à l'adoption du texte que nous présentons, puisque vous dites que vous voulez faire par décret ce que nous vous demandons.

M. le Ministre du Travail. — J'ai dit à M. Boisneuf que je prends l'engagement, avec mon collègue des Colonies...

M. Boisneuf. — Qui n'aura pas le droit de le faire.

M. le Ministre du Travail. — ... qui, tout de même, est compétent en la matière, de rendre la loi applicable aux colonies par un décret. Quand je me serai entendu avec le Ministre des Colonies, il fera le nécessaire.

M. Boisneuf. — Mais vous n'avez pas ce droit.

M. Lauche. — Lorsque la Chambre aura voté, comme nous l'espérons, le texte que nous présentons, il est évident que, pour l'application, le Gouvernement devra prendre les dispositions nécessaires et que les divers services devront se mettre d'accord.

Vous savez que le texte dont nous demandons l'application aux colonies ne modifiera en rien les conditions de travail dans les colonies. Vous savez quelle y est la durée de la journée de travail ? Par conséquent, il ne peut pas y avoir d'opposition sérieuse.

Au lendemain de la guerre, le Parlement ne doit pas seulement exprimer à l'égard des travailleurs des colonies un sentiment de reconnaissance, mais aussi marquer sa volonté d'associer, dans les lois protectrices du travail, les travailleurs des colonies et les travailleurs de la métropole. (*Très bien ! très bien !*)

Le Gouvernement et la Commission ne peuvent qu'être d'accord avec moi sur ce point et j'espère que la Chambre adoptera notre amendement.

En attendant le résultat du vote que nous avons émis, permettez-moi, profitant de ma présence à cette tribune, de présenter quelques observations sur la loi que la Chambre votera, je l'espère, à l'unanimité.

Ce n'est pas sans une vive satisfaction que, mes amis et moi, nous constatons que nous n'avons trouvé, sur aucun des bancs de cette Chambre, une opposition de principe. C'est la reconnaissance de ce fait que les pouvoirs publics peuvent et doivent intervenir pour protéger le monde du travail.

Les discussions qui ont eu lieu autrefois, lorsqu'il a fallu entrer dans cette voie, ne se sont pas renouvelées. Aujourd'hui, il n'existe plus sur ce point d'opposition théorique.

On n'a présenté que des observations relatives aux modalités d'application. Le principe même de l'intervention législative pour la protection du monde du travail n'a rencontré aucune résistance. Je note ce fait avec un vif plaisir. (*Très bien ! très bien !*)

C'est la preuve que, dans l'avenir, nous pourrons examiner les lois sociales en faveur de la classe ouvrière et que la démocratie n'a pas à désespérer des efforts du Parlement. La loi actuelle, présentée sous les meilleurs auspices, vient maintenant matérialiser les efforts de la classe ouvrière, M. Justin Godart, rapporteur de la Commission du travail, dans son désir de faire voter cette loi, s'est abstenu d'apporter des explications à la tribune. Cela n'était pas d'ailleurs nécessaire, parce que par son rapport si complet et si bien étudié, il a rendu à la classe ouvrière les services les plus grands. Je tiens à lui exprimer mes remerciements, parce que c'est son travail actif, sa vigilance qui ont aidé la Chambre à résoudre cette question et à aboutir à la loi que nous allons voter. (*Applaudissements.*)

M. Justin Godart a rétorqué l'argument qu'on nous a servi si longtemps. La proposition que nous avons déposée, il y a quelques mois, n'était que la suite de l'effort d'autrefois. A chaque législature, mes amis et moi, nous avions déposé des propositions tendant à la réduction de la journée de travail à huit heures. Toujours on nous opposait la concurrence étrangère. Aujourd'hui, cet argument ne vaut plus, ainsi que l'a affirmé la classe ouvrière internationale, réunie à Berne, il y a quelques semaines.

La journée de huit heures était représentée comme devant inférioriser notre production vis-à-vis des pays voisins qui n'auraient pas réduit dans la même proportion la durée de la journée de travail.

Aujourd'hui, la journée de huit heures est en application dans tous les pays qui nous environnent. C'est dans tous les pays, à tout le monde du travail qu'elle doit être appliquée. Par conséquent, il n'y aura pas concurrence du fait même de la réduction de la journée de travail.

Mais ce qu'il faut dire aussi, c'est qu'il ne s'agit pas simplement d'enregistrer le vote de la loi. Il y a pour les industriels un effort nouveau à accomplir.

Pendant la guerre, un effort considérable d'outillage a été fait. On a modifié nos conditions de production. Nous avons amélioré considérablement l'outillage. La production s'en est accrue dans des proportions considérables. Cela est insuffisant; or, c'est toujours dans les grandes usines, dans les grandes entreprises, que l'on a négligé d'améliorer les conditions de production de la journée longue, fatigante, moins productive.

Par conséquent, ce n'est pas dans l'augmentation de l'effort ouvrier que l'on peut arriver à obtenir des conditions meilleures ou suffisantes de production; c'est par l'amélioration technique, c'est par l'augmentation de l'outillage, par des inventions nouvelles, des applications nouvelles de tous les procédés nouveaux de production. C'est vers une production plus scientifique, plus moderne, que l'industrie doit diriger ses efforts. Mais cela, c'est le souci patronal, allez-vous me dire?

Erreur! Remarquez-le dans les revendications des travailleurs syndiqués, des syndicats ouvriers pour la journée de huit heures.

Relisez, Messieurs, leurs déclarations. Depuis quelques semaines elles se sont précisées. Vous avez pu vous rendre compte qu'en même temps qu'ils demandaient pour le monde du travail, en faveur des travailleurs, pour les conditions hygiéniques, pour la santé, le bien-être pour une vie meilleure, pour leurs familles, la réduction de la journée de travail, ils n'ont pas oublié ce problème poignant, important, capital de la production.

Voici, par exemple, un syndicat qui, il y a quelques jours, obtenait par un contrat collectif des conditions différentes et meilleures en ce qui concerne la durée du travail et les salaires.

Que disait le secrétaire du syndicat des serruriers du département de la Seine? Permettez-moi de vous donner lecture de ses déclarations. Elles marquent la préoccupation des travailleurs qui est aussi celle des industriels, que notre pays n'aura pas ses forces de production réduites. Voici ce qu'il dit:

« Avec la journée de huit heures, l'ouvrier ayant plus de repos, viendrait au labeur avec plus de goût et d'entrain. Et si les employeurs, les chefs d'ateliers, savent à ce propos donner quelques indications sur la nature ou l'utilité du travail qu'exécute l'ouvrier, celui-ci s'intéressera davantage à ce qu'il fait, prendra conscience de sa valeur productive et s'élèvera moralement; ce qui sera tout profit pour la collectivité dont lui-même fait partie.

« Dans notre organisation syndicale nous ne manquerons pas, avec la journée de huit heures, de rechercher les possibilités, pour tous les ouvriers, d'accroître leur connaissance théorique et leur pratique de la profession; ce qui ne pourra que développer la valeur productive chez chaque ouvrier, dans la moindre fatigue et le moindre temps possible. »

Par conséquent, en même temps que l'on veut réduire la journée de travail, on recherche dans le monde ouvrier les conditions les meilleures pour intensifier la production dans le minimum de temps, pour donner à notre production les garanties dont elle a besoin.

Dans le rapport de M. Godart les observations présentées, il y a quelques jours, par M. Jouhaux au dernier Comité national de la Confédération générale du travail, je lis ceci :

« C'est de ce point de vue que, pour être pratiques et pour aboutir, les organisations ouvrières doivent envisager la réalisation de la réforme. Cette réduction du temps de travail ne doit pas avoir pour conséquence une diminution dans la production indispensable aux besoins des peuples. » (*Très bien! très bien!*)

Vous voyez que là aussi on s'inquiète, comme il convient, des préoccupations générales, le maintien de la production de notre pays.

« C'est dans l'amélioration de son outillage que l'industrie française doit trouver les moyens, en augmentant sa production, de répondre favorablement à la revendication. »

Je dois faire ici une remarque pour M. le Ministre du Travail.

M. le Ministre, pour demander à la Chambre de voter la disjonction du 8e paragraphe de l'article 8, disait qu'il y avait un accord entre les délégués ouvriers et patronaux pour qu'il ne fût pas parlé dans la loi de la question des salaires. Cela n'est pas tout à fait exact. Voici ce que dit M. Jouhaux :

« L'effort ouvrier doit être généralisé, coordonné, méthodique. Pour cela, il ne doit se produire aucune revendication subsidiaire ni divergente, telle que celle d'une augmentation des salaires. Toutefois aucune réduction de salaire ne saurait être tolérée comme conséquence de la journée de huit heures. »

M. le Ministre du Travail. — Et les industriels l'ont accepté.

M. Lauche. — Les ouvriers eux-mêmes disent qu'ils ne veulent pas, à l'occasion de la réforme des huit heures, même si la loi n'intervient pas, introduire d'autres revendications qui pourraient alourdir leur action, pas plus sur les salaires que sur autre chose. Mais ils ont soin d'ajouter que toutefois cette réduction ne peut avoir comme conséquence une réduction de salaires.

Je ne sais pas ce que la Chambre va décider, mais si vous ne faites pas cela, si, à côté des patrons qui s'inclineront, qui accepteront la loi sans réduction des salaires, il y a d'autres industriels qui s'y opposent, et font des réductions de salaire, font la concurrence à ceux qui n'ont pas voulu faire de réduction de salaire, vous aurez des grèves, par conséquent du désordre. Notre demande était donc fondée. (*Applaudissements à l'extrême gauche.*)

Tous les services du Gouvernement doivent être stimulés pour que les industriels soient aidés, pour que les initiatives privées puissent se faire jour, pour que la loi, dans son application, reçoive toutes les garanties et toute la collaboration nécessaire. Il faut augmenter la production; elle peut l'être, l'expérience de la dernière guerre le prouve, par le perfectionnement de l'outillage.

Nous nous rallions au texte de la Commission, bien qu'ayant demandé dans notre texte huit heures de travail par jour, et le congé de l'après-midi du samedi pour appliquer la semaine anglaise, soit quarante-quatre heures de travail par semaine. La Commission, conformément à la Conférence de Berne, à la décision de la confédération et de la commission mixte, a proposé provisoirement la semaine de quarante-huit heures. Pour faire preuve de bonne volonté, nous acceptons le texte de la Commission. Le total des heures de travail de la semaine sera donc de quarante-huit et non de quarante-quatre heures.

Nous acceptons cela à titre de transaction passagère pour permettre le développement et l'adaptation générale. Nous avons conscience que si les industriels font l'effort nécessaire, bientôt nous pourrons réduire encore la durée de la journée de travail. (*Applaudissements à l'extrême gauche.*)

M. le Président. — Personne ne demande plus la parole?...

Je mets aux voix l'article additionnel proposé par M. Boisneuf.

(L'article additionnel, mis aux voix, est adopté.)

M. le Président. — Voici le résultat du dépouillement du scrutin sur la disjonction de l'alinéa 8° de l'article 1er :

Nombre des votants		476
Majorité absolue		239
Pour l'adoption	253	
Contre	223	

La Chambre des députés a adopté.

La parole est à M. Chassaing.

M. Chassaing. — Je demande que soit insérée dans les règlements d'administration publique une disposition relative aux garanties à donner à l'ouvrier et à l'employé en cas de congédiement.

Mon observation vise les conséquences de l'application du paragraphe 2 de l'article 8. Il est dit :

« Les règlements d'administration publique prévus à l'article précédent détermineront notamment... 2° la répartition des heures de travail dans une période de temps autre que la semaine. »

Il peut arriver qu'un employé payé au mois consente à reporter ses jours de repos à la fin d'un trimestre, de façon à pouvoir en jouir en bloc.

S'il est congédié avant d'avoir bénéficié de la période de repos à laquelle il a droit, je tiens à ce qu'il reçoive l'indemnité correspondante au nombre de jours ainsi inscrits en report. Cette indemnité étant, bien entendu, indépendante du délai-congé.

Si je me permets de faire une suggestion à ce sujet et si je désire que les règlements d'administration publique ne soient pas muets sur ce point, c'est parce que les droits des employés et des ouvriers ont été souvent méconnus, et qu'il serait regrettable que des controverses et des conflits surgissent par suite d'une lacune qu'il est aisé de combler.

M. le Président de la Commission. — Ce n'est pas une loi sur le contrat de travail que nous faisons!

M. le Président. — La parole est à M. le Rapporteur.

M. le Rapporteur. — Je ferai remarquer à l'honorable M. Chassaing que l'article 8 dit : « Les règlements d'administration publique prévus à l'article précédent détermineront notamment... »

Si nous avions voulu insérer dans l'article 8 tout ce que les règlements d'administration publique devront déterminer, nous aurions dû passer en revue toutes les modalités de la réglementation du travail, et nous en aurions certainement oublié.

L'honorable M. Chassaing nous apporte une suggestion qui pourra être comprise dans les règlements d'administration publique, après discussion entre les organisations ouvrières et patronales. Le Gouvernement en tiendra compte.

M. le Président. — Je mets aux voix l'ensemble de l'article 1er.

(L'ensemble de l'article 1er, mis aux voix, est adopté.)

M. le Président. — Nous arrivons à deux dispositions additionnelles destinées à prendre place entre les articles 1er et 2.

La première, de MM. Paul Constans et Mauger, est ainsi conçue :

« La réduction de la durée de la journée de travail déterminée par la présente loi ne pourra, en aucun cas, entraîner une réduction du salaire touché au moment de la promulgation. »

La seconde, de MM. Guist'hau et Aristide Briand, est ainsi rédigée :

« La réduction des heures de travail ne pourra, en aucun cas, être une cause déterminante de la réduction des salaires.

« Toute convention contraire est nulle et de nul effet. »

M. le Président de la Commission. — La Commission accepte la disposition additionnelle de MM. Guist'hau et Aristide Briand.

M. le Président. — La parole est à M. Aristide Briand.

M. Aristide Briand. — La caractéristique de cette loi, c'est qu'elle est le résultat, ainsi que l'ont dit M. le Ministre du Travail et la plupart des orateurs qui l'ont défendue, d'une véritable collaboration entre les organisations ouvrières et les organisations patronales. Il ne s'ensuit pas que les pouvoirs publics doivent se désintéresser du sort qu'aura la loi ainsi préparée et votée.

Pour qu'elle produise tout son effet, il ne faut pas que, demain, par l'incompréhension de quelques patrons, systématiquement hostiles à toute idée de conciliation, le principe même de cette loi soit atteint et endommagé. (*Applaudissements.*)

J'ai constaté, au cours de la discussion, que la Chambre agissait sous l'influence d'une préoccupation bien marquée. Nous sommes unanimement d'accord pour vouloir que cette réforme ne puisse pas avoir pour effet, pour conséquence, d'entraîner une réduction du salaire. (*Applaudissements.*)

Si une telle éventualité pouvait se produire, loin d'être une loi d'apaisement social, de justice sociale (*Très bien! très bien!*), elle pourrait produire les effets les plus dangereux. . .

M. Émile-Dumas. — Elle les produirait.

M. Aristide Briand. . . et provoquer des conflits sociaux que, tous, nous voulons éviter. (*Très bien! très bien!*)

Il pourrait en résulter d'autres conséquences plus graves encore. Nous sommes à une heure où les préoccupations d'ordre social doivent prédominer sur les préoccupations politiques. (*Très bien! très bien!*) Nous entrons dans une période de réformes sociales qui doivent être étendues et hardies. (*Vifs applaudissements.*)

Et je ne crois pas qu'elles soient possibles s'il n'y a pas cet accord persévérant des organisations patronales et ouvrières.

Pour ma part, je voudrais voir, en face de la Confédération générale du travail — et je suis sûr que c'est le sentiment de la plupart des ouvriers conscients qui en font partie — une confédération générale des patrons envisageant ses intérêts dans l'ensemble, dans un esprit solidaire en vue d'une production qui ne soit plus anarchique, comme elle l'a été trop souvent dans ce pays. (*Très bien! très bien!*)

Alors pourraient s'engager entre un patronat et un prolétariat également conscients et organisés des conversations utiles, susceptibles d'aboutir à des résultats efficaces.

C'est dans une telle collaboration que pourrait naître l'espérance d'une législation sociale, je le répète, étendue et hardie, appropriée aux nécessités de l'heure présente et aux besoins de l'avenir.

La loi qui est en discussion aujourd'hui marque un premier pas heureux dans cette voie. Mais pour qu'elle fasse régner dans le domaine du travail une heureuse disposition d'esprit, il n'en doit pas résulter de mécompte pour les travailleurs, ni non plus pour les patrons de bonne foi, pour ceux qui acceptent la réforme et ont travaillé à la préparer.

Mais en dehors d'eux, par une espèce d'incompréhension de la situation, par un mouvement irréfléchi de mécontentement, il pourrait se trouver des patrons qui disent : « On nous impose cette réforme, on nous oblige par une loi à diminuer les heures de travail, tant pis pour nos ouvriers, ce sont eux qui payeront. »

J'espère qu'un pareil fait ne se produira pas, mais il est impossible de l'affirmer. En tous cas, notre devoir est de prévoir une si fâcheuse éventualité et d'y obvier. (*Applaudissements.*)

C'est le moyen d'éviter les plus graves conflits.

Il est donc de l'intérêt de tous qu'il soit marqué, inscrit dans la loi, que la réforme ne peut pas être la cause déterminante d'une réduction des salaires. (*Très bien! très bien!*)

Messieurs, avec cette obligation, vous ne faites pas naître les inquiétudes que l'honorable M. Sibille, avec beaucoup d'éloquence, a manifestées à la tribune. Il ne s'agit pas ici, et cela même dans l'intérêt des ouvriers, d'un article susceptible de figer les salaires. Les fluctuations de l'industrie peuvent porter les ouvriers et les patrons à désirer que toute latitude leur soit laissée pour la discussion et le règlement de leurs intérêts.

Mais ce qui ne peut pas être admis, c'est que, par exemple, demain, un patron mal intentionné, — personne ne peut répondre qu'il ne s'en trouvera pas dans ces conditions — un patron jaune, si vous voulez (*Sourires*), dise à ses ouvriers : « Je ne vous garderai dans mon usine qu'à la condition que vous consentiez une stipulation portant réduction de vos salaires. » Et cela, à cause et par suite du vote de la réforme.

Une pareille stipulation doit être frappée de nullité, pour une raison en quelque sorte d'ordre public. C'est pour éviter cela qu'avec mon collègue et ami M. Guist'hau j'ai proposé l'article additionnel qui, je crois correspond à vos préoccupations à tous.

Je me permets de le relire; il porte : « La réduction des heures de travail ne pourra en aucun cas être une cause déterminante de la réduction des salaires. Toute stipulation contraire est nulle et de nul effet. » (*Applaudissements.*)

M. Louis Andrieux. — Ne craignez-vous pas, Monsieur Briand, que les patrons ne trouvent toujours un prétexte facile pour expliquer une réduction de salaires et se soustraire ainsi aux louables intentions de votre proposition, qui gagnerait à plus de précision? (*Interruptions et bruit.*)

M. le Président. — La parole est à M. le Ministre du Travail.

M. le Ministre du Travail. — Il est certain que l'honorable M. Briand, en développant les arguments qui militent en faveur de son article additionnel, leur a communiqué une autorité qui a produit sur la Chambre une forte impression. Je n'y ai pas échappé moi-même. (*Interruptions à l'extrême gauche.*) J'ai le droit de le dire, Messieurs.

Lorsque M. Briand faisait partie du Gouvernement, il prenait ses responsabilités. Comme lui, je prends les miennes. La Chambre nous départagera tout à l'heure et, naturellement, je m'inclinerai devant sa décision.

Tout de même, M. Briand me permettra de lui dire très aimablement que, sans déprécier la portée de son texte, son adjonction à la loi que la Chambre va voter unanimement ne supprimera pas les difficultés que pourra soulever la question des salaires.

M. Peyroux. — Il y en aura toujours, mais moins.

M. le Ministre du Travail. — Pour la troisième fois, je rappelle à la Chambre que cette question des salaires a été écartée d'une façon très nette par les intéressés. J'attache tout de même une certaine importance aux décisions qui ont été prises dans les commissions par les représentants autorisés des patrons et des ouvriers. J'ai dit que je m'efforcerai de les faire triompher devant la Chambre. Je m'y tiens.

Je répète que les ouvriers veulent discuter librement les salaires et que les patrons ont déclaré qu'en aucune circonstance la diminution des heures de travail n'entraînerait une réduction de salaires.

A l'extrême gauche. — Quels patrons?

M. le Ministre du Travail. — Des présidents de grands syndicats patronaux qui savent défendre leurs intérêts comme les militants de la Confédération générale du travail, avec leurs puissantes organisations, savent défendre et faire respecter les intérêts de leurs commettants. Je connais les uns et les autres. J'ai pu les apprécier.

Sans doute, on respecte les lois, mais dans ce pays de France, la loyauté, l'honnêteté des individus valent bien souvent une loi. Je compte, quant à moi, beaucoup plus sur les ententes entre ouvriers et industriels que sur les textes législatifs. Dans le passé il y a des lois qui ont été appliquées et respectées parce que les travailleurs ont su les faire respecter et appliquer; d'autres ne l'ont pas été parce que les travailleurs sont restés indifférents. Aujourd'hui encore, je compte sur la collaboration des ouvriers et des patrons pour assurer le bon fonctionnement de la loi.

Voilà pourquoi je n'accepte pas, en qualité de représentant du Gouvernement, la disposition additionnelle présentée par MM. Guist'hau et Briand. J'ai foi dans l'avenir et dans la puissance des organisations patronales et ouvrières. Elles sauront obtenir, au moment du passage à la journée de huit heures, le maintien des salaires antérieurs, si ce n'est leur augmentation.

Le Gouvernement a dit toute sa pensée. La Chambre est libre de sa décision. (*Très bien! très bien!*)

M. le Président. — La parole est à M. Aristide Briand.

M. Aristide Briand. — Je n'ai pas moins confiance que l'honorable Ministre du Travail dans la noblesse des sentiments et dans la loyauté du monde du travail, patrons et ouvriers. Mais le fait que l'on enregistre leurs accords dans un texte de loi indique tout de même que c'est là une précaution élémentaire à prendre, sinon le Ministre du Travail se serait contenté de présider les assemblées de patrons et d'ouvriers, il aurait enregistré leurs accords et il n'aurait pas porté un texte devant la Chambre.

Dès qu'il faut rédiger un texte de loi, le premier devoir qui s'impose au législateur est de faire qu'il présente le moins de lacunes possibles. J'ai parfaitement compris tout à l'heure que M. le Ministre du Travail ait voulu laisser la question de salaire en dehors de la loi, cela aussi bien dans l'intérêt des ouvriers que dans l'intérêt des patrons. Il faut qu'il y ait là un élément de libre évolution dans les deux sens.

Mais il ne s'agit pas de cela ici, il s'agit, si j'ose dire, d'une simple précaution d'ordre public dans l'esprit et dans le sens même de la loi. Il s'agit de faire qu'elle soit respectée par tous les patrons, même ceux qui n'ont pas pris part aux délibérations présidées par M. le Ministre du Travail et cela même dans l'intérêt de ceux qui ont fait partie de l'accord.

Alors, quelle raison de s'opposer à ce texte. Des textes analogues, vous les trouvez, pour le même motif d'ordre public, dans la loi sur les accidents du travail. C'est une précaution que doit prendre le législateur; car, au-dessus des accords des parties, il y a le principe de l'intervention des pouvoirs publics, que rappelait M. Albert Thomas au cours de cette discussion et dont nous n'avons pas le droit, nous législateurs, de nous désintéresser. (*Très bien! très bien!*)

Le texte qui vous est proposé n'offre aucun inconvénient. Il est certain qu'il ne règle pas toutes les difficultés : il en surgira demain. Mais si vous avez besoin, Monsieur le Ministre du Travail, de faire un règlement d'administration publique et si dans l'intérêt même de la loi, pour la bonne et loyale observation des accords qui se sont passés devant vous, vous éprouvez la nécessité de mettre une stipulation à côté de la loi sous forme de règlement d'administration publique, nous vous en donnons le moyen, tandis que vous ne l'auriez pas avec votre texte. (*Très bien! très bien!*)

Votre règlement d'administration publique visant un tel cas serait nul, car il ne s'appuierait pas sur un texte de loi. C'est donc un vide dans la loi que nous comblons. Personne ne peut s'en plaindre, ni patrons ni ouvriers. Dans ces conditions, Messieurs, étant donné qu'il reflète une préoccupation qui s'est traduite à la tribune et qui m'a paru être celle de l'unanimité des membres de la Chambre, je me demande pourquoi ce texte ne serait pas adopté. (*Applaudissements.*)

M. le Rapporteur. — La Commission du travail demande à la Chambre d'adopter l'article additionnel de M. Briand.

M. Ferdinand Bougère. — Nous en demandons une nouvelle lecture.

M. le Président. — Cet article additionnel est ainsi conçu :

« La réduction des heures de travail ne pourra en aucun cas être une cause déterminante de la réduction des salaires.

« Toute stipulation contraire est nulle et de nul effet. »

Je mets aux voix cet article additionnel.

(L'article additionnel, mis aux voix, est adopté.)

M. le Président. — L'article additionnel devient l'article 2. L'ancien article 2 devient l'article 3 et la disposition additionnelle de M. Boisneuf devient l'article 4.

Je mets aux voix l'ensemble du projet de loi.

(L'ensemble du projet de loi, mis aux voix, est adopté.)

Voix nombreuses. A l'unanimité! (*Applaudissements.*)

SÉNAT.

PROJET DE LOI

adopté par la Chambre des députés, sur la **journée de huit heures** [1], présenté au nom de M. RAYMOND POINCARÉ, Président de la République française, par M. P. COLLIARD, Ministre du Travail et de la Prévoyance sociale. (*Urgence déclarée.*)

EXPOSÉ DES MOTIFS.

MESSIEURS,

Un projet de loi sur la journée de huit heures a été présenté, le 8 avril 1919, à la Chambre des députés, qui l'a adopté dans sa séance du 17 avril 1919.

Nous avons l'honneur de vous demander aujourd'hui de vouloir bien donner votre haute sanction à ce projet.

Nous n'avons rien à ajouter à l'exposé des motifs qui accompagnait ce projet de loi et dont la distribution a été faite à MM. les Sénateurs en même temps qu'à MM. les Députés.

LE PRÉSIDENT DE LA RÉPUBLIQUE FRANÇAISE,

DÉCRÈTE :

Le projet de loi dont la teneur suit sera présenté au Sénat par le Ministre du Travail et de la Prévoyance sociale, qui est chargé d'en exposer les motifs et d'en soutenir la discussion.

PROJET DE LOI.

ARTICLE PREMIER.

Le chapitre II (*Durée du travail*) du titre premier du livre II du Code du travail et de la prévoyance sociale est modifié comme ci-après :

---

(1) Annexe au procès-verbal de la séance du 18 avril 1919 (Doc. parl. n° 203).

« CHAPITRE II.

« *Durée du travail.*

« *Art. 6.* — Dans les établissements industriels et commerciaux ou dans leurs dépendances, de quelque nature qu'ils soient, publics ou privés, laïques ou religieux, même s'ils ont un caractère d'enseignement professionnel ou de bienfaisance, la durée du travail effectif des ouvriers ou employés de l'un ou de l'autre sexe et de tout âge, ne peut excéder soit huit heures par jour, soit quarante-huit heures par semaine, soit une limitation équivalente établie sur une période de temps autre que la semaine.

« *Art. 7.* — Des règlements d'administration publique déterminent par profession, par industrie, par commerce ou par catégorie professionnelle, pour l'ensemble du territoire ou pour une région, les délais et conditions d'application de l'article précédent.

« Ces règlements sont pris soit d'office, soit à la demande d'une ou plusieurs organisations patronales ou ouvrières, nationales ou régionales intéressées. Dans l'un et l'autre cas les organisations patronales et ouvrières intéressées devront être consultées : elles devront donner leur avis dans le délai d'un mois. Ils sont revisés dans les mêmes formes.

« Ces règlements devront se référer, dans le cas où il en existera, aux accords intervenus entre les organisations patronales et ouvrières nationales ou régionales intéressées.

« Ils devront être obligatoirement revisés lorsque les délais et conditions qui y seront prévus seront contraires aux stipulations des conventions internationales sur la matière.

« *Art. 8.* — Les règlements d'administration publique prévus à l'article précédent détermineront notamment :

« 1° La répartition des heures de travail dans la semaine de quarante-huit heures afin de permettre le repos de l'après-midi du samedi ou toute autre modalité équivalente ;

« 2° La répartition des heures de travail dans une période de temps autre que la semaine ;

« 3° Les délais dans lesquels la durée actuellement pratiquée dans la profession, dans l'industrie, le commerce ou la catégorie professionnelle considérée, sera ramenée en une ou plusieurs étapes aux limitations fixées à l'article 6 ;

« 4° Les dérogations permanentes qu'il y aura lieu d'admettre pour les travaux préparatoires ou complémentaires qui doivent être nécessairement exécutés en dehors de la limite assignée au travail général de l'établissement ou pour certaines catégories d'agents dont le travail est essentiellement intermittent ;

« 5° Les dérogations temporaires qu'il y aura lieu d'admettre pour permettre aux entreprises de faire face à des surcroîts de travail extraordinaires, à des nécessités d'ordre national ou à des accidents survenus ou imminents ;

« 6° Les mesures de contrôle des heures de travail et de repos et de la durée du travail effectif, ainsi que la procédure suivant laquelle seront accordées ou utilisées les dérogations;

« 7° La région à laquelle ils sont applicables. »

ART. 2.

La réduction des heures de travail ne pourra en aucun cas être une cause déterminante de la réduction des salaires.

Toute stipulation contraire est nulle et de nul effet.

ART. 3.

Les dispositions du chapitre II actuellement en vigueur seront abrogées dans chaque région et pour chaque profession, industrie, commerce ou catégorie professionnelle à partir de la mise en application des règlements d'administration publique intéressant ladite profession, ladite industrie, ledit commerce ou ladite catégorie professionnelle dans cette région.

ART. 4.

La présente loi est applicable à l'Algérie et aux colonies.

Fait à Paris, le 18 avril 1919.

Signé : R. POINCARÉ

Par le Président de la République :

Le Ministre du Travail
et de la Prévoyance sociale,

Signé : P. COLLIARD.

SÉANCE DU 18 AVRIL 1919.

M. LE MINISTRE. — J'ai, enfin, l'honneur de déposer sur le bureau du Sénat un projet de loi, adopté par la Chambre des députés sur la journée de huit heures (1).

Je demande que ce projet de loi soit renvoyé à la Commission de codification des lois du travail.

M. TOURON. — Je demande la parole.

M. LE PRÉSIDENT. — La parole est à M. Touron.

M. TOURON. — Messieurs, M. le Ministre du Travail vient de demander le renvoi du projet de loi sur la journée de huit heures, voté hier par la Chambre, à la Com-

(1) Voir ci-dessus, p. 172.

mission de codification des lois ouvrières. Je demande, au contraire, le renvoi de ce projet de loi aux bureaux. Je demande, en même temps, que la commission spéciale soit nommée demain dans les bureaux, pour bien marquer que je n'ai nullement le désir de reculer la discussion de la loi.

Je crois devoir motiver mon intervention par quelques mots.

La Commission de codification des lois ouvrières a été instituée, il y a fort longtemps, avec une mission spéciale, celle de codifier les lois ouvrières, comme son titre l'indique, c'est-à-dire de classer dans l'ordre logique toutes les lois existantes, mais nullement pour examiner des lois spéciales encore sur le chantier, et, surtout, une loi de l'importance de celle dont il s'agit.

Je ne suis pas opposé au principe de la réduction de la journée de travail, je ne combats donc pas la loi dans son principe. Mais il est d'autant plus important de l'examiner sérieusement que M. le Ministre du Travail ne me démentira pas, — le Gouvernement a subi un grave échec à la Chambre par suite d'une motion de M. Briand. M. Briand a demandé qu'à cette loi de la journée de huit heures soit jointe la question des salaires, M. le Ministre s'y est opposé, avec raison, et en arguant — je ne lis pas le passage de son discours pour ne pas abuser des instants du Sénat — que tous les patrons et tous les ouvriers consultés sont unanimes à s'opposer à cette adjonction.

Aujourd'hui le Sénat va-t-il, sans examiner la cause, sans même lire les débats importants qui se sont déroulés à la Chambre, entériner le texte de la Chambre purement et simplement, sur un rapport, peut-être fait d'avance, par la Commission de codification des lois ouvrières? Je ne crois pas ce procédé compatible avec la dignité du Sénat. Je lui demande de ne pas voter une loi sérieuse, importante, fondamentale sans examen, et de faire au moins au projet l'honneur de le discuter. (*Très bien!*)

J'ai eu hier l'occasion, m'adressant à un excellent collègue, un peu vivement, et je m'en excuse, de faire remarquer les inconvénients d'une semblable méthode.

M. Henry CHÉRON. — Je n'ai jamais de rancune. Vous voterez la loi, cela me suffit.

M. TOURON. — Je crois que, sur le fond, je n'avais pas tort, puisque nous nous sommes mis d'accord, du moins, sur une modification à faire subir à son projet. Il en sera de même entre M. le Ministre du Travail et moi-même.

Je me résume en affirmant sans hésiter que, si le Sénat veut travailler sérieusement, il renverra le projet, non pas à la Commission de codification des lois ouvrières, mais à une commission spécialement nommée pour l'examiner. Bien entendu, cette commission travaillera le plus promptement possible et je propose au Sénat de la nommer demain. (*Très bien! très bien!*)

M. Paul STRAUSS. — Je demande la parole.

M. le PRÉSIDENT. — La parole est à M. Strauss.

M. Paul STRAUSS. — Le Sénat conçoit bien que je ne fais pas la moindre objection à la procédure proposée par l'honorable M. Touron. J'aurais d'autant plus mauvaise grâce à le faire que M. Touron m'a prêté bien à tort la paternité d'un rapport prêt d'avance, il n'en était rien, j'avais été prévenu des intentions de M. Touron et je me résignais d'avance à la nomination d'une commission spéciale, sous des réserves.

M. Jénouvrier *et plusieurs sénateurs.* — Pourquoi « résignais » ?

M. Paul Strauss. — Chacun est maître de son langage. J'aurais préféré qu'il y eût unanimité pour le renvoi à la Commission de codification des lois ouvrières, nous y aurions tout au moins gagné une journée. Voilà pourquoi je dis que je me résignais, reprenant l'expression sans en rien l'atténuer et sans qu'elle soit défavorable à la motion à laquelle je me rallie.

Je dis donc qu'il ne faut pas, en cette matière, la moindre équivoque. M. Touron vient d'aborder le fond, je ne le suivrai pas; il a fait allusion à l'intervention décisive de M. Briand et à l'insertion de la clause relative aux salaires. Nous aurons l'occasion de nous expliquer, lorsque le projet se présentera au fond devant nous. Ce que je désire aujourd'hui et je le fais très nettement, en mettant les points sur les i — c'est que, en acceptant le renvoi aux bureaux, le Sénat ne se sépare pas, la semaine prochaine, sans avoir voté cette loi sociale; c'est mon souhait le plus ardent et mon vœu le plus ferme.

Voilà exactement dans quelles conditions et avec quelle signification j'accepte la motion de M. Touron. (*Très bien! très bien!*)

M. Maurice Faure. — Est-ce que M. Touron accepte cette interprétation ?

M. Touron. — Je ne me sens pas qualifié comme M. Strauss pour prendre un engagement au nom de tout le Sénat.

M. Debierre. — M. Strauss n'a pris aucun engagement au nom du Sénat; il demande seulement que nous ne perdions pas de temps et que nous votions le plus tôt possible cette loi.

M. Paul Strauss. — Je me suis borné à adresser une exhortation à mes collègues, certain d'avance que le Gouvernement, s'il était appelé à faire connaître son avis, joindrait ses instances aux nôtres.

M. Debierre. — M. Strauss a été très respectueux des décisions du Sénat : il se borne à les solliciter.

M. Touron. — Et moi aussi, mon cher collègue.

M. le Président. — Je dois rappeler que les interpellations de collègue à collègue sont interdites par le règlement.

Messieurs, le renvoi à demain dans les bureaux ne pourrait être ordonné, aux termes de notre règlement, qu'après déclaration d'urgence.

Dans ces conditions, j'invite M. le Ministre du Travail à vouloir bien donner lecture de l'exposé des motifs du projet de loi qu'il vient de déposer. (*Très bien! très bien!*)

M. le Ministre du Travail. — Voici, Messieurs, cet exposé des motifs :

« Un projet de loi sur la journée de huit heures a été présenté, le 8 avril 1919, à la Chambre des députés, qui l'a adopté dans sa séance du 17 avril 1919.

« Nous avons l'honneur de vous demander aujourd'hui de vouloir bien donner votre haute sanction à ce projet.

« Nous n'avons rien à ajouter à l'exposé des motifs qui accompagnait le projet de loi, et dont la distribution a été faite à MM. les Sénateurs en même temps qu'à MM. les Députés. »

M. le Président. — Je mets aux voix la déclaration d'urgence.

(L'urgence est déclarée.)

M. Paul Strauss. — Je demande la parole.

M. le Président. — La parole est à M. Strauss.

M. Paul Strauss. — En vue de donner la plus large satisfaction à notre collègue M. Touron et pour marquer l'importance que nous attachons à ce projet d'ordre social, je propose que la commission soit composée de dix-huit membres. (*Très bien! très bien!*)

M. le Président. — M. Strauss propose de porter à dix-huit le nombre des membres de la commission chargée de rapporter le projet de loi dont l'urgence vient d'être déclarée.

Il n'y a pas d'opposition ?...

Il en est ainsi décidé.

RAPPORT

fait au nom de la Commission chargée d'examiner le projet de loi, adopté par la Chambre des députés, sur la journée de huit heures, par M. Paul Strauss, *sénateur.* (*Urgence déclarée.*) [Annexe au procès-verbal de la séance du 22 avril; rapport inséré à la suite du compte rendu de cette séance, p. 691.]

Messieurs,

La préparation du traité de paix, destiné à assurer la victoire du droit et à sauvegarder l'indépendance des peuples, a provoqué l'examen d'une législation internationale du travail.

A l'unanimité, la Conférence de la paix a adopté, dans son assemblée plénière du 12 avril 1919, un projet de clauses ouvrières à inscrire dans le traité, ainsi qu'un projet de convention pour l'établissement d'un bureau permanent et l'organisation d'une Conférence internationale du travail.

La réglementation internationale de la durée du travail a fait l'objet d'une clause adoptée à l'unanimité :

« Les hautes parties contractantes déclarent accepter les principes ci-après et s'engagent à en poursuivre la réalisation conformément aux indications qui seront données, en ce qui concerne leur application, par la Conférence internationale du travail :

« I. — Ni en droit ni en fait le travail d'un être humain ne doit être assimilé à une marchandise ou à un article de commerce.

« II. — Limitation des heures de travail dans l'industrie sur la base de huit heures par jour ou de quarante-huit heures par semaine, sauf exception pour les pays dans lesquels les conditions climatériques, le développement rudimentaire de l'organisation industrielle, ou d'autres circonstances spéciales déterminent une différence notable dans le rendement du travail.

« Pour ces pays, la Conférence internationale du travail indiquera les bases à adopter, lesquelles devront être approximativement équivalentes à celles mentionnées ci-dessus. »

La Conférence internationale du travail, qui fera partie de l'organisation de la Société des nations, devra se réunir à Washington, sans doute au mois d'octobre prochain, avec cet ordre du jour : Application de la journée de huit heures ou de la semaine de quarante-huit heures.

Tel est le résultat sensationnel obtenu, dans l'ordre social, par la Conférence de la paix ; tel est l'état de fait qui devait nécessairement avoir un énorme contre-coup sur l'opinion publique. La Conférence a proclamé, dans un considérant, que la Société des nations a pour but d'établir la paix universelle et qu'une telle paix ne peut être fondée que sur la justice sociale.

Dès lors doivent s'égaliser les conditions de travail, par l'universalité des courtes journées, pour qu'aucune nation ne puisse être avantagée de ce fait aux dépens d'une autre sur le marché du monde. L'entente internationale a pour objet de soustraire l'emploi de la main-d'œuvre à la pression de la concurrence étrangère.

Déjà la limitation légale de la journée ou de la semaine de travail était réalisée, soit par la loi, soit par décret, dans un grand nombre de nations d'Europe et d'Amérique. La journée de huit heures est édictée législativement en Espagne, en Pologne, dans la République tchéco-slovaque, en Finlande, en Allemagne et en Autriche allemande.

Aux États-Unis d'Amérique, la loi du 19 juin 1912 a notamment pour objet de limiter les heures de travail des travailleurs et ouvriers occupés à des travaux exécutés pour les États-Unis ou pour un territoire ou pour le district fédéral de Colombie.

En Italie, depuis les accords intervenus au mois de février 1919 entre les organisations industrielles et ouvrières, la journée de huit heures a été adoptée en fait dans les industries mécaniques, navales et analogues, dans les industries sidérurgiques, dans les industries textiles, polygraphiques, chimiques, dans les industries du bâtiment.

En Angleterre, la conférence industrielle a établi un accord aboutissant à des stipulations identiques.

En se plaçant résolument en face de ses obligations nouvelles, notre Gouvernement n'a pas hésité à recourir à la consultation de la Commission des traités internationaux de travail, complétée, à la date du 1er mars 1919, par l'adjonction de représentants patronaux et de représentants ouvriers désignés par le Ministre du Travail, sur la proposition des grandes associations patronales professionnelles, d'une part, des grandes organisations ouvrières professionnelles, d'autre part (1).

La commission a tout d'abord formulé son avis, dans ses séances du 10 et du 12 mars 1919, sur la création du bureau permanent du travail.

Les réunions des 15, 21 et 27 mars 2 et 7 avril 1919 ont été consacrées à l'examen du principe et de l'application de la journée de huit heures ou de la semaine de quarante-huit heures. Les procès-verbaux de ces séances, qui feront date dans l'histoire du travail en France, mettent en pleine lumière l'ardeur, la sincérité, la courtoisie des orateurs qui ont pris part à ces débats historiques au nom des deux parties intéressées.

Au début, des malentendus avaient failli se produire ; ils n'ont heureusement pas persisté. La délégation patronale, après avoir énergiquement formulé et développé ses réserves de doctrine et ses objections d'opportunité, a pris acte de l'éventualité certaine d'un accord international. « L'éventualité de cette adoption, lit-on dans le texte définitif de la déclaration patronale, étant posée en dehors d'eux et en voie de réalisation dans plusieurs pays voisins, ils admettent qu'il ne serait, de leur part, ni sage d'en ajourner *sine die* l'examen pratique, ni patriotique de refuser leur collaboration à l'étude des modalités de nature à en atténuer les dangers. Les délégués

(1) Voir la composition de cette commission, page 41, note.

ouvriers ayant affirmé que la limitation de la durée du travail ne nuira pas à la production et même l'accroîtra, les délégués patronaux en prennent acte et sont prêts à étudier les mesures proposées à cet effet et les modalités susvisées. »

C'est dans un esprit de conciliation et d'entente qu'a été examiné l'avant-projet de loi, déposé par M. Colliard, Ministre du Travail, et soutenu par lui de concert avec son collègue M. Loucheur, Ministre de la Reconstitution industrielle, délégué comme lui-même à la Conférence internationale du travail.

Deux systèmes étaient en présence au point de vue de l'application du principe de la journée de huit heures.

Ou bien le législateur serait appelé à réglementer les détails et les modalités d'application, notamment en ce qui concerne les délais et paliers, ou bien la loi laisserait à des règlements d'administration publique le soin de déterminer dans quelles conditions elle s'appliquerait aux différentes professions.

Ce second système, après une discussion approfondie, a recueilli l'adhésion des représentants patronaux et ouvriers ; il repose essentiellement sur les accords intervenus entre les organisations patronales et ouvrières nationales ou régionales intéressées. Ainsi, pour chaque profession, dans chaque région, s'il y a lieu, les conventions collectives seront la base et le support des prescriptions réglementaires. La loi pourra être appliquée en tenant compte des convenances professionnelles et des besoins régionaux, dans une atmosphère de cordiale collaboration des représentants des employeurs et des travailleurs. La diversité même des arrangements sera le gage de leur adaptation exacte à des situations différentes et offrira le moyen de ménager les paliers suffisants et les délais nécessaires.

La méthode, antérieurement éprouvée, des conventions collectives de travail, donnera toute latitude à cette variété de régimes grâce à laquelle les dispositions transitoires, comme les dérogations temporaires ou permanentes, s'ajusteront à des exigences variables et à des milieux professionnels dissemblables.

Aussi bien, à la date du 17 avril 1919, le jour même où le projet de loi sur la journée de huit heures était adopté à l'unanimité par la Chambre, un accord retentissant était-il signé entre les représentants de l'union des industries métallurgiques et minières, de la construction mécanique, électrique et métallique et des industries qui s'y rattachent et les représentants de la fédération des ouvriers en métaux de France.

Les dispositions essentielles de cette convention valent d'être analysées, parce qu'elles illustrent, par un exemple concret, et par une application anticipée, le mécanisme et la portée de la loi qui nous est soumise.

En même temps que les représentants patronaux ont déclaré accepter la mise en application de la journée de huit heures de travail effectif, les représentants ouvriers ont déclaré, de leur côté, « qu'il rentrait bien dans l'esprit des organisations ouvrières que les travailleurs devront sympathiquement s'adapter au développement du machinisme et aux méthodes rationnelles de travail pour que la production retrouve rapidement un équilibre indispensable au bien-être du pays ».

Pour la rémunération du travail, les représentants patronaux ont affirmé que la réduction de la journée de travail à huit heures ne devra entraîner aucune diminution des salaires.

Pour le recrutement de la main-d'œuvre étrangère, pour les dates de mise en application, pour les délais et paliers, les conditions d'application, les dérogations, le procès-verbal d'accord règle ces divers points.

Des faits devancent la loi. Aucune condition n'est plus favorable à une aussi vaste et difficile réforme, qui heurte tant d'intérêts, froisse tant d'habitudes et excite, dans certains milieux, autant d'appréhensions qu'elle fait naître d'espoirs dans le monde des travailleurs de l'industrie et du commerce.

Il n'est pas douteux que, sur le marché du travail et dans le cadre de la concurrence internationale, la France laborieuse, grandie par la victoire, mais cruellement éprouvée par l'invasion, douloureusement appauvrie en hommes, atteinte dans ses ressources financières, meurtrie jusqu'au plus profond d'elle-même, devra redoubler d'efforts et de vaillance pour conserver sa clientèle mondiale et sa puissance d'exportation. Il lui faudra durement gagner la paix comme elle a gagné héroïquement la guerre.

Il faut, de toute nécessité, dans l'aménagement des courtes journées, que la production ne s'abaisse pas, grâce au perfectionnement de l'outillage et aussi à de meilleures méthodes de travail.

L'organisation scientifique du travail, dont le système Taylor est la représentation la plus célèbre, est indispensable, de concert avec les progrès du machinisme, à la fois pour ménager la main-d'œuvre et pour en dégager le maximum de rendement.

De nombreuses enquêtes et études, aux États-Unis, en Angleterre, en France fournissent le témoignage que la courte journée, ingénieusement et intensivement employée, dans certaines industries, ne réduit pas la production et peut même dans certains cas l'accroître.

En Angleterre, au cours de la guerre, le comité pour la santé des ouvriers dans les usines de munitions a procédé à des enquêtes sur les conséquences de réductions importantes de la durée du travail et il a abouti à des constatations caractéristiques.

En France, pendant la même période, le travail féminin au bottelage des poudres, tel qu'il a été organisé à la poudrerie du Ripault, par M. Nusbaumer, a fourni matière à des observations du plus haut intérêt. Dans leur étude sociale et physiologique sur *Le rendement de la main-d'œuvre et la fatigue professionnelle* (1), MM. Marcel Frois et Caubet ont montré comment on est arrivé, tout en diminuant la durée du travail, en rétablissant le repos hebdomadaire et en supprimant le travail de nuit, à accroître considérablement le rendement de la main-d'œuvre et à doubler le taux des salaires; ces observateurs ont constaté, de plus, une sensible diminution de la morbidité et reconnu que la fatigue restait normale et disparaissait sans laisser de trace apparente après le repos du dimanche.

La physiologie du travail apporte une contribution de plus en plus forte pour la meilleure utilisation de la main-d'œuvre. La disparition du surmenage ne tarde pas à produire ses effets bienfaisants.

Toutes les réformes s'enchaînent. De même qu'il importe au plus haut point de ne pas laisser la production industrielle et l'activité commerciale s'affaiblir, il convient de ne rien négliger pour que la réduction de la journée ou de la semaine de travail s'accompagne d'une amélioration du logement populaire, d'un emploi judicieux et intelligent des loisirs ouvriers, tant au point de vue du perfectionnement des études et de la seconde instruction qu'en ce qui concerne les exercices physiques, les jeux et les sports, les travaux horticoles, les facilités de repos au grand air. Un renouveau d'hygiène sociale sera fait pour restreindre l'alcoolisme, pour prévenir la tuberculose et pour sauvegarder la race. La prospérité économique et la vitalité nationale ne peuvent être dissociées et, à leur suite, dans la voie des rapports contractuels entre le capital et le travail, la paix sociale trouvera son compte.

(1) Notes et documents de l'Institut Lannelongue d'hygiène sociale.

Examen des articles.

ARTICLE PREMIER.

« Le chapitre II : *Durée du travail* du titre Ier du livre II du Code du travail et de la prévoyance sociale est modifié comme suit :

CHAPITRE II.

Durée du travail.

« *Art. 6.* — Dans les établissements industriels et commerciaux ou dans leurs dépendances, de quelque nature qu'ils soient, publics ou privés, laïques ou religieux, même s'ils ont un caractère d'enseignement professionnel ou de bienfaisance, la durée du travail effectif des ouvriers ou employés de l'un ou de l'autre sexe et de tout âge, ne peut excéder soit huit heures par jour, soit quarante-huit heures par semaine, soit une limitation équivalente établie sur une période de temps autre que la semaine. »

L'énumération des établissements indiqués à l'article 6 est celle qui figure à l'article 30 qui détermine le champ d'application des prescriptions relatives au repos hebdomadaire. Il résulte de ce rapprochement que la nouvelle loi est applicable :

1° Aux ouvriers et employés des catégories d'établissements suivants, qui sont visés expressément par les prescriptions sur le repos hebdomadaire :

Chemins de fer ;

Entreprises de transport par terre et par eau ;

Travaux de chargement et de déchargement dans les ports, débarcadères et stations ;

Entreprises d'éclairage et de distribution d'eau ou de force motrice ;

Entreprises de location de livres, de chaises, de moyens de locomotion ;

Entreprises de journaux, d'informations et de spectacles, musées et expositions ;

Hôpitaux, hospices, asiles, maisons de retraite et d'aliénés, dispensaires, maisons de santé ;

Études des officiers ministériels.

Des amendements tendant à comprendre dans les établissements soumis à la loi les exploitations agricoles et les administrations publiques ont été disjoints par la Chambre. A propos d'un amendement relatif aux mines, qui a été retiré par ses auteurs, il a été précisé par le Ministre du Travail et la Commission que les exploitations minières étaient comprises dans la loi.

En ce qui touche les administrations publiques, il convient d'observer que la loi est applicable sans contestation aux établissements industriels et commerciaux de l'État, tels que les arsenaux de la guerre et de la marine, les manufactures de tabacs et d'allumettes, la Monnaie, etc.

D'ores et déjà, la durée du travail dans les établissements de l'État est réglementée comme suit :

Dans les ateliers des Postes et Télégraphes, la journée de huit heures a été instituée par un arrêté du Ministre du Commerce en date du 9 avril 1901;

Dans les établissements de la marine (arsenaux, établissements hors des ports), la journée de huit heures a été établie par décision du Ministre de la Marine du 7 janvier 1903;

Dans les établissements de l'État dépendant du Ministère de la Guerre et du Ministère des Finances, la semaine de quarante-neuf heures a été prescrite par la loi du 10 juillet 1914. L'exécution de cette loi a été suspendue pendant la guerre, du consentement unanime des ouvriers et des ouvrières; mais elle doit reprendre incessamment.

D'autre part, l'article 6, comme toutes les dispositions antérieures relatives à la réglementation des heures du travail, vise la durée du travail effectif, c'est-à-dire que, dans la limite qu'il fixe, ne sont pas comprises les heures de repos.

Un amendement tendant à fixer la durée de ces heures de repos à une ou deux heures a été repoussé par la Chambre des députés. Cela ne veut pas dire que les règlements d'administration publique n'auront pas la faculté de fixer, s'il y a lieu, la durée des repos. Ceux-ci sont, au contraire, visés expressément par l'article 8 ci-après. Mais il a paru à juste titre, à la Chambre, que c'était à ces règlements de fixer cette durée en tenant compte des conditions spéciales à chaque profession et à chaque région.

Le projet de loi ne définit d'une manière précise que deux modes de limitation de la durée du travail; la limitation journalière fixée à huit heures, la limitation hebdomadaire fixée à quarante-huit heures. Ce sont, surtout depuis la loi du 11 juin 1917 sur la semaine anglaise, les deux modes les plus habituels.

Mais il en est d'autres en usage. Dans les chemins de fer, la limitation décadaire est pratiquée. Dans les industries à marche continue, et où le cycle complet de l'alternance des équipes s'étend sur deux ou trois semaines, la limitation devra être basée sur deux ou trois semaines. Il peut y avoir également une limitation mensuelle.

Dans tous les cas, quelle que soit la période de temps sur laquelle est basée la limitation, celle-ci doit être calculée de telle sorte que la moyenne journalière de la durée du travail ne soit pas supérieure à huit heures. C'est en ce sens qu'il faut entendre l'expression de « limitation équivalente ».

« *Art.* 7. — Des règlements d'administration publique déterminent par profession, par industrie, par commerce ou par catégorie professionnelle, pour l'ensemble du territoire ou pour une région, les délais et conditions d'application de l'article précédent.

« Ces règlements sont pris soit d'office, soit à la demande d'une ou plusieurs organisations patronales ou ouvrières, nationales ou régionales intéressées. Dans l'un et l'autre cas les organisations patronales et ouvrières intéressées devront être consultées : elles devront donner leur avis dans le délai d'un mois. Ils sont revisés dans les mêmes formes.

« Ces règlements devront se référer, dans le cas où il en existera, aux accords intervenus entre les organisations patronales et ouvrières nationales ou régionales intéressées,

« Ils devront être obligatoirement revisés lorsque les délais et conditions qui y seront prévus seront contraires aux stipulations des conventions internationales sur la matière ».

On remarquera la variété et la souplesse des règlements d'administration publique qui pourront intervenir. Ils pourront viser soit l'ensemble du territoire, soit une région déterminée. Ce mot de « région » a ici un sens très large et qui pourra varier avec chaque industrie. Il a été déjà employé avec le même sens dans les décrets du 10 août 1899 sur les conditions du travail dans les marchés de l'État, des départements et des communes.

D'autre part, les règlements pourront être relatifs soit à une profession, soit à une industrie, soit à un commerce. Ils pourront également viser une catégorie professionnelle déterminée. Par cette expression, qui est empruntée à la terminologie du recensement professionnel de la France, on comprend un groupe de professions, d'industries ou de commerces ayant entre eux une certaine affinité. Ces groupes peuvent être plus ou moins compréhensifs, plus ou moins étendus.

Ce sera aux intéressés à définir, dans chaque cas, les régions et les groupements de professions, d'industries ou de commerces auxquels s'appliqueront les règlements.

Ceux ci devront, en effet, se référer, dans les cas où il en existera, aux accords intervenus entre les intéressés. Est-ce à dire que le pouvoir réglementaire sera lié par ces accords, qu'il ne pourra rien y changer ? En aucune façon, l'expression « se référer », dont se sert ici le projet de loi, a été empruntée aux décrets du 10 août 1899 et à la loi du 11 juin 1917 sur la semaine anglaise. Elle a été toujours interprétée en ce sens que l'Administration, dans le cas des décrets du 10 août 1899, que le pouvoir réglementaire, dans le cas de la loi du 11 juin 1917, devait tenir le plus grand compte, s'inspirer très étroitement des accords intervenus. Le plus souvent, il en reproduira l'esprit, si ce n'est les termes. Mais il conserve le droit d'examiner, dans quelles conditions ils sont intervenus, s'ils ont été conclus de bonne foi, entre organisations ayant qualité pour défendre les intérêts professionnels des employeurs et des employés en cause, s'ils ne sont pas contraires à l'intérêt général.

En ce qui touche les décrets du 10 août 1899, si l'Administration estime que patrons et ouvriers se sont entendus pour fixer des salaires très supérieurs aux salaires normaux et courants, parce qu'en dernière analyse c'est l'Administration qui payera, celle-ci a parfaitement le droit de récuser ces accords. En matière de réglementation de la semaine anglaise, le Conseil d'État, tout en tenant le plus grand compte des accords intervenus, pour la même industrie, dans les différentes régions, s'est efforcé, en réalisant une certaine uniformité dans les conditions d'application de la loi, de ne pas rompre l'équilibre entre les employeurs des diverses régions qui peuvent s'adresser à la même clientèle.

« *Art. 8.* — Les règlements d'administration publique prévus à l'article précédent détermineront notamment :

« 1° La répartition des heures de travail dans la semaine de quarante-huit heures afin de permettre le repos de l'après-midi du samedi ou toute autre modalité équivalente ;

« 2° La répartition des heures de travail dans une période de temps autre que la semaine.

« 3° Les délais dans lesquels la durée actuellement pratiquée dans la profession, dans l'industrie, le commerce ou la catégorie professionnelle considérée, sera ramenée en une ou plusieurs étapes aux limitations fixées à l'article 6 ;

« 4° Les dérogations permanentes qu'il y aura lieu d'admettre pour les travaux préparatoires ou complémentaires qui doivent être nécessairement exécutés en dehors de la limite assignée au travail général de l'établissement ou pour certaines catégories d'agents dont le travail est essentiellement intermittent ;

« 5° Les dérogations temporaires qu'il y aura lieu d'admettre pour permettre aux entreprises de faire face à des surcroîts de travail extraordinaires, à des nécessités d'ordre national ou à des accidents survenus ou imminents ;

« 6° Les mesures de contrôle des heures de travail et de repos et de la durée du travail effectif, ainsi que la procédure suivant laquelle seront accordées ou utilisées les dérogations ;

« 7° La région à laquelle ils sont applicables. »

Le n° 1 vise la possibilité, là où il y aura lieu, de substituer le régime dit de la semaine anglaise au régime normal. Il permettra par exemple, de substituer à la journée de huit heures pure et simple, la journée de neuf heures pour les cinq premiers jours de la semaine; avec une durée réduite de trois heures pour le samedi, ou bien une durée de huit heures le lundi, de neuf heures le mardi, le mercredi, le jeudi et le vendredi, et de quatre heures le samedi.

Le n° 4 vise les dérogations permanentes. Les expressions définissant ces dérogations sont empruntées au décret du 28 mars 1902. Il vise, entre autres, le travail des ouvriers spécialement employés à la conduite des fours, fourneaux, étuves, sécheries ou chaudières.

Quant aux agents dont le travail est essentiellement intermittent, l'exemple qui a été invoqué dans les travaux préparatoires est celui des garde-barrières et des employés des gares sur les lignes peu fréquentées.

Le n° 5 vise les dérogations temporaires. Les expressions employées en sont empruntées aux dispositions visant les dérogations temporaires au repos hebdomadaire.

Le n° 6 vise les mesures de contrôle des heures de travail et de repos, ainsi que la procédure relative aux dérogations. Ces mesures de contrôle pourront, en effet, varier avec la nature des industries.

ART. 2.

« La réduction des heures de travail ne pourra, en aucun cas, être une cause déterminante de la réduction des salaires.

« Toute stipulation contraire est nulle et de nul effet. »

Le projet du Gouvernement ne contenait aucune disposition relative aux salaires. Les patrons ne pouvaient toutefois s'autoriser du silence du projet sur ce point pour lier une diminution des salaires à la réduction de la journée de travail. Ils n'en ont pas d'ailleurs l'intention. Si quelqu'un d'entre eux le faisait, une telle stipulation serait nulle comme étant contraire à l'esprit de la loi. Mais celle-ci ne peut pas, d'autre part, consolider le taux actuel des salaires et garantir qu'il ne sera pas modifié éventuellement dans l'avenir.

Tel est, au fond, le sens de l'article 2 qui a été introduit dans la loi par un amendement de MM. Guist'hau et Aristide Briand.

Toutefois, cet article pourrait être l'objet d'interprétations erronées. C'est pourquoi le Ministre du Travail avait demandé à la Chambre des députés de l'écarter.

Votre Commission, d'accord avec le Gouvernement, croit devoir l'accepter. Elle a prié seulement son rapporteur d'enregistrer les réserves qui ont été faites au sujet de son interprétation.

Il est intéressant de rappeler comment cette disposition a été appliquée avant la lettre par la convention intervenue le 17 avril dernier entre l'union des industries métallurgiques et minières et la fédération des ouvriers en métaux. Les représentants de l'union ont ajouté... « que la réduction de la journée de travail à huit heures ne devra entraîner aucune diminution des salaires. La rémunération des ouvriers travaillant à l'heure sera majorée en conséquence, mais n'y aura lieu à revision des prix aux pièces que, dans le cas où, sans modification d'outillage, ces prix ne permettraient pas aux ouvriers justifiant d'une activité normale de maintenir leur gain ».

ART. 3.

« Les dispositions du chapitre II actuellement en vigueur seront abrogées dans chaque région et pour chaque profession, industrie, commerce ou catégorie professionnelle à partir de la mise en application des règlements d'administration publique intéressant ladite profession, ladite industrie, ledit commerce ou ladite catégorie professionnelle dans cette région. »

Cet article reproduit le texte proposé par le Gouvernement. Il abroge les articles actuels qui réglementent la durée du travail dans l'industrie. Mais cette abrogation est subordonnée à la mise en application des règlements d'administration publique prévus par l'article 6 nouveau. Tant que dans une profession ou dans une région, ce règlement ne sera pas applicable, ce sont les anciennes dispositions du chapitre II du titre 1er du livre II du Code du travail qui resteront en vigueur.

ART. 4.

« La présente loi est applicable à l'Algérie et aux colonies. »

Cet article est la reproduction d'un amendement de M. Boisneuf. La Chambre l'a adopté, à la suite d'un échange de vues contradictoires entre le Ministre du Travail, MM. Arthur Groussier et Justin Godart, d'une part, MM. Boisneuf et Lauche, d'autre part, sur l'extension à l'Algérie et aux colonies par la loi ou par le décret.

Il va de soi que l'application de l'article comporte la collaboration du Ministre du Travail et des Ministres compétents.

Tel est le projet de loi, dans son ensemble, et dans ses articles, dont le Gouvernement a pris l'initiative et qui, après avoir été minutieusement examiné par la Commission des traités internationaux, a fait, devant la Chambre, l'objet d'un substantiel rapport de M. Justin Godart.

C'est le texte intégral du projet de loi adopté à l'unanimité par la Chambre des députés, le 17 avril 1919, que, d'accord avec le Gouvernement, nous soumettons avec confiance à votre approbation, pour que la loi devienne au plus tôt définitive (1).

---

(1) Voir ci-dessus, p. 174.

DÉBATS AU SÉNAT.

SÉANCE DU 23 AVRIL 1919.

M. le Président. — L'ordre du jour appelle la discussion du projet de loi, adopté par la Chambre des députés, sur la journée de huit heures.

Je rappelle au Sénat que l'urgence a été déclarée dans une précédente séance.

J'ai à donner connaissance au Sénat du décret suivant :

« Le Président de la République française,

« Sur la proposition du Ministre du Travail et de la Prévoyance sociale,

« Vu l'article 6, paragraphe 2, de la loi constitutionnelle du 16 juillet 1875 sur les rapports des pouvoirs publics, qui dispose que les Ministres peuvent se faire assister devant les deux Chambres par les commissaires désignés pour la discussion d'un projet de loi déterminé,

« Décrète :

« Art. 1er. — M. Charles Picquenard, sous-directeur du travail, est désigné, en qualité de commissaire du Gouvernement, pour assister le Ministre du Travail et de la Prévoyance sociale, au Sénat, dans la discussion du projet de loi sur la journée de huit heures.

« Art. 2. — Le Ministre du Travail et de la Prévoyance sociale est chargé de l'exécution du présent décret.

« Fait à Paris, le 22 avril 1919.

« R. POINCARÉ.

« Par le Président de la République :

Le Ministre du Travail et de la Prévoyance sociale,

« COLLIARD. »

La parole, dans la discussion générale, est à M. le Rapporteur.

M. Charles Riou. — Il est bien entendu, Monsieur le Rapporteur, que cette loi ne s'applique pas à l'agriculture ?

M. Paul Strauss, *Rapporteur*. Je réponds bien volontiers, au seuil de cette discussion, à la question que me pose l'honorable M. Riou. Notre loi, en effet, ne s'applique pas à l'agriculture.

M. Servant. — Mais cela viendra plus tard.

M. le Rapporteur. — Je crois répondre, Messieurs, au désir du Sénat en lui présentant, d'abord, sans préjudice des observations que je serai amené ultérieurement à formuler, un très bref aperçu et une courte analyse des dispositions essentielles de cette loi.

Aucun de vous n'ignore dans quelles conditions se présente le projet sur la journée de huit heures. La Commission de législation internationale du travail a soumis à l'approbation de la Conférence de la paix des conclusions qui ont été adoptées à l'unanimité dans une assemblée plénière du 12 avril.

L'une de ces clauses, la plus importante, celle qui se rattache à la discussion en cours, est celle-ci :

«Limitation des heures de travail dans l'industrie sur la base de huit heures par jour ou de quarante-huit heures par semaine, sauf exception pour les pays dans lesquels les conditions climatériques, le développement rudimentaire de l'organisation industrielle, ou d'autres circonstances spéciales déterminent une différence notable dans le rendement du travail.

«Pour ces pays, la Conférence internationale du travail indiquera les bases à adopter, lesquelles devront être approximativement équivalentes à celles mentionnées ci-dessus.»

M. le Ministre du Travail, au nom du Gouvernement, avant même le vote solennel de ces clauses par la Conférence de la paix, avait confié à la Commission interministérielle des traités de travail le soin d'examiner dans quelles conditions la journée de huit heures pourrait être introduite et appliquée en France.

A la suite de longs et consciencieux débats, le Gouvernement a pris l'initiative de soumettre à la Chambre le projet que nous sommes appelés à notre tour à examiner. En voici les caractéristiques.

Tout d'abord il stipule que, dans les établissements industriels et commerciaux et dans leurs dépendances, et, en même temps, dans certains établissements dont le caractère pourrait être contesté ou faire l'objet d'un doute, le travail ne pourra pas dépasser soit huit heures par jour, soit quarante-huit heures par semaine, soit une limitation équivalente établie sur une période de temps autre que la semaine.

Les huit heures par jour se passent de commentaires; la semaine anglaise est connue surtout depuis son application, en 1917, dans les industries du vêtement. La limitation équivalente, comme je l'ai fait observer dans mon rapport, peut s'appliquer soit à une réglementation décadaire, soit à une réglementation de plusieurs semaines, soit à une réglementation mensuelle. Voilà, par conséquent, le cadre de la loi. Elle s'applique à tous les établissements industriels et commerciaux, et les amendements déposés à la Chambre ont pu préciser que les exploitations minières sont comprises dans la loi et que les administrations publiques en sont exclues.

Quel sera le mode d'application de la loi? Deux systèmes étaient en présence. Ils ont été examinés par la Commission interministérielle, dont les sympathies n'ont pas été douteuses pour le second, c'est-à-dire pour celui qui a prévalu.

Ou bien la loi, à l'image de celles qui l'ont précédée, notamment en 1900, devait entrer dans tous les détails, fixer les modalités d'application, déterminer les délais et les paliers, ou bien elle laissait à des règlements d'administration publique le soin de statuer en la matière. Le second système a prévalu avec cette caractéristique que ces règlements d'administration publique doivent se référer à des conventions entre les parties. C'est là ce qu'il y a d'ingénieux, d'adapté aux faits dans la nouvelle législation : elle permet ainsi d'avoir la plus grande souplesse d'application suivant les industries et suivant les commerces, suivant les régions, suivant les catégories professionnelles.

La démonstration en a été faite récemment par un accord qui a été publié dans les journaux et qui a été conclu à la date du 17 avril entre les représentants de l'union des industries métallurgiques et les représentants de la fédération des ouvriers en métaux.

Vous avez pu saisir ainsi sur le fait la loi d'avance appliquée, sauf en ce qui concerne le règlement d'administration publique.

C'est l'entente sollicitée, provoquée, généralisée entre les parties intéressées, entre les représentants du patronat et les représentants des travailleurs, qui doit servir de base à l'établissement du règlement suivant lequel sera réalisée la réduction des heures de travail.

Ce système a déjà donné la preuve de son efficacité par l'application de la loi sur le repos du samedi après-midi. C'est sur les conventions collectives que cette loi est fondée et, jusqu'à présent, aucun heurt ne s'est produit, aucun conflit n'a éclaté : les rapports entre le capital et le travail, loin de subir la moindre atteinte, ont été au contraire, améliorés; ici apparaît ce que je me permettrai d'appeler la pensée maîtresse du réformateur et j'associe le Sénat et la Chambre des députés avec le Gouvernement dans une commune pensée de tentative persévérante de rapprochement entre les éléments du travail et du capital. C'est le régime contractuel, qui n'est toutefois pas livré sans frein, sans limite, à sa fantaisie que nous essayons d'instaurer en France. . .

M. Henri Chéron. — Très bien !

M. le Rapporteur. — . . . . . avec toutes les garanties qu'il peut offrir non seulement de concorde professionnelle, mais encore de sécurité pour les entreprises. Ce que réclament le plus les employeurs, ce dont ils sont le plus impatients et le plus avides, c'est d'avoir la garantie et la sécurité du lendemain. Plus les conventions leur donnent la possibilité de former des prévisions raisonnables sur le plus long espace de temps possible, plus ils peuvent établir leurs prix de revient dans des conditions relativement stables et plus ils ont chance d'asseoir sur de solides fondements la prospérité de leurs affaires et de leurs entreprises.

C'est pour ces motifs que nous ne saurions trop nous applaudir du système ainsi appelé à fonctionner. Non seulement les règlements d'administration publique doivent prescrire, en ce qui concerne les modalités d'application, les délais, les paliers, mais encore ils sont appelés à concourir à la détermination des dérogations permanentes ou temporaires. Ces dérogations joueront un rôle important pour le fonctionnement d'un certain nombre d'industries et de commerces. Les accords collectifs seront faits, précisément, pour guider le pouvoir réglementaire et pour déterminer dans quelle mesure la loi doit être appliquée avec plus ou moins de souplesse.

Un des articles du projet de loi a suscité à la Chambre un débat très long et très intéressant. C'est celui qui a trait à la réduction des heures de travail ne pouvant « en aucun cas être une cause déterminante de la réduction des salaires ».

Devant la commission interministérielle des traités de travail, la question avait été posée par les représentants des travailleurs.

Les patrons s'étaient empressés de déclarer avec beaucoup de force qu'ils n'avaient point l'intention de profiter de la réduction de la journée de travail pour diminuer les salaires. Devant la Chambre, la Commission, sur le rapport de M. Justin Godart, avait, au contraire, considéré comme nécessaire, par précaution, d'inscrire une disposition en ce qui concerne la sauvegarde de ces salaires.

M. le Ministre du Travail avait combattu la disposition introduite par la Commission, de même qu'il a combattu l'amendement de M. Albert Thomas et plus tard l'amendement de MM. Guist'hau et Aristide Briand.

J'ai indiqué, au nom de la Commission, dans mon rapport, que les intentions de la Chambre ne pouvaient être douteuses. Ce que l'on a voulu — et j'y reviendrai, s'il y a lieu, dans la discussion des articles — c'est ne pas tolérer que, dans le passage du régime actuel du travail au régime nouveau, il y ait préjudice pour les ouvriers et les employés. C'était la pensée unanime de la Chambre comme celle du Gouvernement, comme celle des patrons. La Chambre a considéré qu'il y avait utilité à inscrire cette clause dans le projet. Elle l'a fait dans des conditions qui ne laissent place à aucun doute sur ses intentions.

Successivement, M. Paul Ribeyre, M. Albert Thomas, M. Aristide Briand ont marqué, de la manière la plus formelle et la plus précise, qu'ils n'entendaient point figer les salaires, leur donner pour l'avenir, d'une façon en quelque sorte indéfinie, cette cristallisation qui pouvait apparaître comme un danger. La pensée de la Chambre, je le répète, n'est pas douteuse, et c'est sous le bénéfice de cette interprétation, qui se trouve enregistrée dans mon rapport, que votre Commission vous demande d'adopter l'amendement.

Messieurs, je reviendrai, s'il y a lieu, lorsque la discussion se poursuivra, sur cet article comme sur toutes autres dispositions du projet. Mais le *Journal officiel* ayant paru vers la fin de la matinee et mon rapport ayant été tardivement distribué, j'ai tenu à apporter à mes collègues des explications sommaires, un peu ramassées, afin qu'aucun d'entre eux ne pût ignorer, s'il n'avait pas eu le temps de prendre connaissance de mon rapport, l'esprit dans lequel celui-ci a été rédigé au nom de la Commission qui le présente devant vous.

Nous considérons, Messieurs, que la réforme est inéluctable, qu'elle se présente dans les conditions les moins défavorables puisqu'elle a un caractère international.

Jusqu'à présent, l'objection la plus forte qui pouvait être dirigée contre la courte journée de travail introduite en France, c'est qu'elle risquait de mettre notre pays en état d'infériorité économique. Le jour où le même régime de travail sera appliqué dans le monde entier, ces inconvénients s'atténueront. A coup sûr, nous n'avons pas l'intention de dissimuler que, de toutes les nations participant à l'accord international du travail, la France est celle qui fera le maximum de sacrifices à la cause du progrès et de la paix sociale.

M. Flaissières. — Très bien!

M. le Rapporteur. — C'est elle qui a le plus souffert. Elle a, dans ses provinces dévastées, perdu momentanément ses forces les plus agissantes; elle a été saignée à blanc et a vu mourir des générations de travailleurs, d'où un déficit qui se fera cruellement sentir pendant de longues années. Et, depuis longtemps, elle était atteinte, sans que le grand public ait suffisamment aperçu le péril, par le mal de la dépopulation.

On ne peut reprocher au Sénat de s'être désintéressé de ce grave problème. Il est bon nombre d'entre vous qui ont gardé le souvenir des discussions auxquelles ont pris part dans cette enceinte nos collègues, nos amis Piot, Bernard (du Doubs) et Waldeck-Rousseau. Mais ces conditions défavorables ne donnent pas à notre pays le droit de se soustraire à l'obligation commune d'entrer dans la voie des larges réformes sociales. Au sortir d'une horrible tourmente comme celle que nous venons de traverser, nous devons aborder tous les problèmes avec le désir ardent et la volonté inébranlable de les résoudre.

Quand je dis «tous» les problèmes, c'est parce qu'ils sont tous connexes et solidaires. Nous n'avons pas seulement à améliorer la condition de l'ouvrier pour le mieux loger, le mieux nourrir, pour le préserver contre les maladies évitables; en ne lui imposant qu'une courte journée de travail, nous favorisons la vie de famille et sauvegardons l'hygiène sociale. Mais, en même temps, nous prenons par cela même l'engagement de réaliser un certain nombre de réformes, soit dans l'ordre économique, soit dans l'ordre social, sans lesquelles la loi de huit heures n'aurait pas son plein rendement et sa complète efficacité.

Aussi bien notre devoir, au point de vue de l'armement économique national, se montre-t-il encore plus pressant. Ce n'est pas ici, où des débats si larges se sont engagés, sur l'initiative de notre regretté collègue Audiffred notamment, que j'aurais besoin de montrer la nécessité pressante, de plus en plus impérieuse, de nous consacrer d'une manière énergique à l'enrichissement de la France, à l'accroissement de ses moyens matériels de production. Or c'est précisément sur la production qu'ont le plus insisté, soit dans leurs manifestes, soit à la commission interministérielle du travail, les représentants du monde du travail; ils ont pris l'engagement formel de se vouer, dans toute la mesure de leurs forces, à maintenir et, au besoin, à accroître le rendement de la production industrielle de notre pays. C'est un engagement qui, certainement, sera renouvelé ici par tous les représentants patronaux du monde industriel et commercial de la France.

Quelles que soient les difficultés, il faudra les vaincre, quels que soient les embarras momentanés que peut susciter une réforme aussi complexe, aussi vaste et aussi délicate, il faut l'aborder d'un cœur viril avec un espoir confiant dans l'avenir.

Ce que notre pays a fait au prix de souffrances sans nombre, pendant quatre ans et demi de guerre, pour obtenir et mériter la victoire, il doit le poursuivre dans l'avenir pour donner à la France la paix définitive et réparatrice.

Voilà, Messieurs, dans quel esprit nous abordons ce débat, en nous élevant au-dessus de toutes les dissidences d'école, en écartant tous les souvenirs irritants du passé, en faisant appel à l'esprit de solidarité nationale qui doit être, dans l'état de paix comme dans l'état de guerre, le mot d'ordre de tous les bons citoyens. (*Très bien! très bien! et applaudissements.*)

M. le Président. — La parole est à M. Flaissières.

M. Flaissières. — Je félicite le Gouvernement — une fois n'est pas coutume (*Sourires*) — d'avoir saisi le Parlement du projet de loi qui nous est soumis.

Je me réjouis d'ailleurs que ce projet de loi ait été voté par la Chambre dans l'esprit où il l'a été et j'augure de votre Assemblée une majorité telle — sans doute l'unanimité — qu'elle donnera à ce projet, devenu loi promulguée, toute l'autorité qui lui sera nécessaire et qui ponctuera les sentiments, dès maintenant entrevus, de conciliation entre deux classes sociales, jusqu'ici dressées impitoyablement l'une contre l'autre, ainsi que vient de l'indiquer M. le Rapporteur du projet de loi.

Messieurs, les jours s'écoulent, les années aussi. Si, il y a moins de cinq ans, un rapporteur était venu présenter à cette tribune un projet de loi dont il aurait fait connaître tout de suite, afin que nul n'en ignorât, l'origine internationale ouvrière, certes, la majorité de l'Assemblée eût été, sinon d'emblée hostile, du moins, dans un état de défense instinctif. Réjouissons-nous, Messieurs, que l'opinion publique que nous reflétons se soit ainsi, peu à peu, habituée à considérer comme très légitimes, parce que très naturels, des sentiments qu'autrefois la classe capitaliste et bourgeoise française aurait repoussés d'emblée et sans discussion.

J'ai examiné, dans le court espace de temps qui nous a été donné pour étudier le projet de loi qui nous est soumis, l'énumération des corporations qui vont bénéficier de la loi de huit heures. Elle m'a paru, au premier abord, assez complète. Mais je me méfie et je voterai la loi avec cette espérance que si, au fur et à mesure, il apparaît à l'usage que des professions ont été oubliées, le Gouvernement ne manquera pas de prendre l'initiative de réparer ces omissions regrettables.

Si je fais ici cette sorte de restriction, c'est parce que, dans cette courte période de quelques mois, nous avons voté un certain nombre de lois à l'élaboration desquelles nous avons apporté toute notre conscience, en essayant de ne laisser aucune omission. Or, Messieurs, combien avons-nous laissé passer d'omissions involontaires, par exemple dans la loi des mutilés de guerre ou dans la loi des retraites aux militaires et aux civils! Cela est regrettable, mais il fallait bien le prévoir; c'était fatal : on ne pense pas à tout dans une énumération. Mais la réparation des erreurs et des omissions m'apparaît rigoureusement nécessaire, et ici je m'adresse plus particulièrement au Gouvernement pour attirer son attention sur les réclamations qui, chaque jour, nous touchent individuellement et qui viendront à sa connaissance. C'est ainsi que certains mutilés, certaines personnes ayant droit à des pensions et par exemple les retraites proportionnels militaires, certains démobilisés, que l'on a oubliés, seront « repêchés », si vous voulez bien me permettre cette expression un peu triviale, et mis dans une situation d'égalité avec ceux qui, très légitimement, avait demandé et obtenu l'amélioration de leur situation.

Messieurs, je n'abuserai pas de votre attention, mais, avant de descendre de cette tribune, je vous demande la permission de vous indiquer dans quel esprit je vote cette loi, dans quel esprit je voudrais voir l'unanimité absolue du Sénat la voter également.

Messieurs, nous participons en ce moment par notre étude, et nous participerons tout à l'heure par notre vote, à une phase assurément importante de l'évolution sociale. Le pas que nous faisons n'est pas énorme; il n'en constitue pas moins cette indication que nous voulons marcher dans le sens du progrès social. La loi de huit heures ne contient pas la révolution sociale telle que je la conçois et telle que je la souhaite, telle que je la voudrais pour demain sous la forme de l'application de la doctrine collectiviste, elle n'en est pas moins une sorte d'acheminement vers un jour meilleur, et elle aura du moins — c'est sur ce point que j'accentue mes félicitations au Gouvernement, à la Chambre et à vous-mêmes — elle aura du moins cet avantage extrêmement précieux de montrer que, par le simple jeu de la loi, sans aucune espèce de violence, on peut arriver à des modifications profondes.

Jusqu'ici, trop facilement, peut-être parce que l'action législative avait été lamentablement lente, le monde ouvrier s'était habitué à nier que le Parlement pût aboutir à une œuvre utile de réforme, de rénovation sociale. Par le vote de ce projet de loi, il sera démontré que le Parlement, qui est l'émanation de l'opinion publique elle-même, peut, sous la poussée populaire, aboutir à des résultats effectifs et notables; il sera établi que, grâce au bulletin de vote, cette arme si pacifique mais si puissante, l'opinion publique pourra obtenir la marche plus vive, plus rapide que le prolétariat peut exiger vers le progrès social.

On échappera ainsi à cette formule trop facile et troublante qui consistait à croire, à laisser croire, à faire croire qu'on n'obtiendrait des solutions sociales heureuses, des réformes importantes qu'à la condition de procéder par la violence. (*Très bien!*) A cette heure, où hors de nos frontières un état social nouveau cherche à s'instituer sur des ruines, sur des massacres, sur toutes sortes d'excès odieux et inqualifiables (*Très bien!*), il est bon, il est nécessaire, il est magnifique que nous montrions, nous, que sans aucune espèce de violence nous pouvons arriver à la rénovation sociale par le jeu des lois. Notre vote doit dire que nous voulons y arriver et que nous y arriverons. (*Très bien! très bien!*)

M. LE PRÉSIDENT. — La parole est à M. Chéron.

M. Henry CHÉRON. — Messieurs, le Sénat va accomplir aujourd'hui un grand acte de législation sociale. Qu'il soit l'occasion pour nous d'évoquer l'œuvre considérable accomplie par la République pour la protection des travailleurs, de rechercher les moyens d'adapter les nécessités de la production aux conditions nouvelles de la réglementation du travail, enfin d'étudier ce qu'il faut faire pour ne pas livrer à des périls trop connus les énergies que la loi va protéger contre le surmenage.

Il suffit de se reporter par la pensée à la première moitié du dix-neuvième siècle pour comprendre de quels phénomènes est née la réglementation du travail.

Les [illegible] favorisèrent, tout à coup, l'essor de la grande industrie. Le décret du 17 mars 1791 avait proclamé la liberté du commerce et aboli l'ancienne organisation des corporations, sans que, d'ailleurs, rien eût été installé pour les remplacer. Vinrent plus tard l'emploi de la vapeur, le développement du machinisme, qui permirent de concentrer dans un même lieu, dans une même usine, dans une même manufacture, les moyens de production. Les facilités de transport se multiplièrent. Les producteurs dont les ventes, dont les affaires se développaient dans les proportions les plus considérables, firent face à leurs besoins, non seulement en augmentant leur personnel et en y adjoignant des femmes et des enfants, mais encore en allongeant la durée même du travail.

A cette époque, la liberté d'association n'existait pas. Toutes les réglementations établies par les corporations avaient été supprimées. L'ouvrier se trouvait complètement isolé en face de ce brusque développement de l'industrie. D'où les abus que révéla tout à coup, en 1840, une enquête fameuse qui fut apportée devant l'Académie des sciences morales et politiques par un grand philanthrope qui s'appelait le docteur Villermé.

Il démontra que les journées de quinze heures, comprenant treize heures de travail effectif, étaient fréquentes ; qu'elles étaient supportées par de tout jeunes enfants de huit à dix ans, comme par les adultes eux-mêmes. Quelle œuvre a été accomplie depuis cette époque !

Songez qu'en 1841 il fallut faire une loi pour interdire l'emploi, dans l'industrie, des enfants au-dessous de huit ans. La même loi limite à huit heures la durée du travail des enfants de huit à douze ans.

Vint la révolution de 1848. Le décret-loi du 9 septembre 1848 consacra la journée de douze heures de travail effectif dans les usines et manufactures, mais cette loi ne s'appliquait pas aux petits ateliers, ni aux chantiers. Ce décret-loi du 9 septembre 1848 ne produisit, en somme, tous ses effets que bien longtemps après. Il fallut qu'intervînt la loi du 16 février 1883 pour que les inspecteurs du travail fussent chargés d'en surveiller l'application.

Entre temps, la loi du 19 mai 1874 avait réalisé un certain nombre de progrès pour la protection de l'enfant dans l'industrie. La loi du 2 novembre 1892 avait fait un nouveau pas : elle avait fixé à treize ans, au lieu de douze ans, l'âge d'admission des enfants au travail et elle avait reculé à dix-huit ans, au lieu de seize ans, la limite à laquelle s'étend la protection qui leur est accordée. Elle avait protégé la femme ouvrière et interdit, dans la plupart des travaux, le travail de nuit pour les enfants, les adolescents et les femmes.

Enfin un progrès nouveau fut réalisé par la loi du 30 mars 1900. Tout à l'heure, on adressait des éloges bien mérités à M. le Ministre du Travail ; je veux remarquer que, par une heureuse coïncidence, c'est lui qui a eu l'honneur, avec M. Millerand, de faire voter cette loi de 1900, qui a généralisé à dix heures la durée maximum du travail journalier. Aujourd'hui encore, c'est lui qui aura l'honneur, dont je le complimente, de faire voter la journée de huit heures. (*Très bien ! très bien !*)

En 1905, les ouvriers mineurs conquéraient la journée de huit heures, mais seulement pour une catégorie d'entre eux, pour ceux qui étaient occupés au travail de l'abatage. En 1913, la mesure fut étendue à tous les ouvriers mineurs, et voici que la loi que vous allez voter va généraliser, avec les modalités qui y sont prévues, la journée de huit heures dans l'industrie et dans le commerce.

Si l'on passait en revue, à côté de ces lois que je viens de citer trop rapidement, la loi de 1906 sur le repos hebdomadaire et les lois de 1892, de 1893 et de 1903, qui, soit par elles-mêmes, soit par les décrets subséquents, ont protégé l'hygiène et la sécurité du travail, on comprendrait mieux l'immensité de l'œuvre accomplie par la République, dans ce domaine, malgré tous les obstacles qu'elle a rencontrés sur son chemin. (*Très bien! très bien!*)

Cette œuvre, d'ailleurs, il faut le dire bien haut, n'a pas été spéciale à la France. L'Angleterre nous avait précédés dans cette voie. Mais, comme le rappelait mon honorable ami M. Strauss dans son discours, la France a été une des nations les plus hardies à y pénétrer. Il faut proclamer à son honneur que c'est elle qui, en 1904, a signé, avec l'Italie, le premier traité international du travail.

Messieurs, l'œuvre serait incomplète si l'abaissement de la durée du travail industriel n'avait pour conséquence un relèvement de l'effort de production. Produire, c'est, dans toutes les circonstances, la règle essentielle d'une nation qui veut vivre et qui veut être prospère, mais c'est, au lendemain de la guerre, une nécessité inéluctable pour notre pays meurtri. Ouvriers et patrons doivent donner un effort parallèle dans cette voie.

Disons au monde ouvrier, qui obtient aujourd'hui la journée de huit heures, que cette journée doit être complètement et très utilement remplie. Il sera unanime à le comprendre. Souhaitons très nettement, d'autre part, que le monde industriel perfectionne son outillage de façon à tenir compte de tous les progrès de la science.

La machine a été trop longtemps considérée, par les ouvriers eux-mêmes, comme une sorte de concurrent et même d'ennemi. Ils se trompaient gravement; les événements le prouvent. En réalité, la machine doit venir au secours du travail humain et c'est un des plus importants bienfaits de la science.

Enfin, Messieurs, nous autres législateurs, nous avons un grand devoir à remplir pour la sauvegarde morale des loisirs que la loi nouvelle va attribuer aux travailleurs. C'est à la vie de famille qu'ils doivent aller; c'est elle qui doit en bénéficier. Il faut refaire le foyer que l'ouvrier, sa femme et ses enfants ont trop souvent déserté pour l'usine. Nous devons — et je suis particulièrement heureux, disant cela, de voir à son banc le président de la Commission, notre éminent collègue, M. Ribot, qui s'est tant occupé de ces questions — nous devons faire un effort considérable, immense, pour installer partout l'habitation saine et à bon marché. C'est la seule manière, pour nous, de faire une concurrence utile au cabaret qui tue. (*Très bien! très bien!*)

Il faut que, de tous les côtés, nous multipliions les œuvres d'éducation populaire. Redoublons d'énergie contre l'alcoolisme, afin de ne pas lui livrer les énergies que nous allons soustraire au surmenage. (*Très bien! très bien!*)

C'est dans cet esprit que je voterai la loi. Elle vaudra, comme toutes les autres, par l'application qui en sera faite, ou, pour mieux dire, par l'effort moral qui saura la compléter. (*Vifs applaudissements.*)

M. LE PRÉSIDENT. — La parole est à M. Touron.

M. TOURON. — Messieurs, je suis monté à cette tribune pour y remplir aujourd'hui un rôle particulièrement ingrat, pour conseiller à ceux qui pourraient être amenés à entonner trop vite le chant de la réconciliation universelle un peu de prudence et, oserais-je dire, pour jeter peut-être sur les enthousiasmes trop prompts quelques gouttes d'eau froide.

Mais je dois dire de suite au Sénat que je ne me propose pas uniquement ce but quelque peu négatif. J'estime qu'au moment où nous abordons une question aussi grave, où le Parlement va déléguer ses pouvoirs législatifs au Conseil d'État, il est nécessaire de mettre sous les yeux de cette docte Assemblée tous les éléments de la cause.

M. Guillaume POULLE. — Vous avez raison.

M. Touron. — Il est certain que la loi qu'on vous demande de voter n'est pas une loi ordinaire. Je le répète; c'est une simple délégation du pouvoir législatif au pouvoir exécutif par le canal du Conseil d'Etat.

M. Dominique Delahaye. — C'est très exact.

M. Touron. — Aujourd'hui tout le monde pourrait triompher : les ouvriers parce qu'ils peuvent se dire qu'ils vont enfin voir réaliser un de leurs plus chers désirs et les patrons parce qu'ils voient universellement consacrer cette conception qui a toujours été la leur, à savoir qu'on ne saurait raisonnablement légiférer sur la réduction des heures de travail qu'à la condition de poser la question devant toutes les nations concurrentes. (*Très bien! très bien!*)

Moi-même, plus modestement — je m'excuse de me citer — qui ai si souvent pris part aux discussions de la législation du travail, je pourrais aussi me réjouir, car je retrouve dans votre projet, Monsieur le Ministre, toute la souplesse que j'ai toujours réclamée des Gouvernements successifs pour l'application de ces lois.

Vous y faites figurer tous les modes d'application possibles, toutes les dérogations imaginables, et c'est en particulier sur ce point qu'à mon tour je vous féliciterai, tout en me séparant dans mes conclusions générales de l'honorable M. Flaissières.

J'ai hâte d'en finir avec ce que j'ai appelé la partie ingrate de ma tâche, c'est-à-dire avec l'examen des conséquences de la loi. Tout d'abord, je me permettrai de faire une remarque préliminaire. Le moment est-il vraiment bien choisi pour inviter, non pas seulement les travailleurs français, mais les travailleurs du monde entier à travailler un peu moins? Nous venons, Messieurs — quand je dis nous, je veux dire toutes les nations de l'Europe et du monde — nous venons de passer cinq années uniquement à détruire. (*Très bien! très bien!*) Douze ou treize cents milliards de richesses accumulées au cours des années précédentes se sont envolés en fumée et gisent aujourd'hui en ruines, vous savez dans quelles proportions, sur le territoire français. (*Très bien! très bien!*)

M. Charles Riou. — On ne voulait rien prévoir.

M. Touron. — Et c'est au moment précis, Messieurs, où il est question de reconstruction matérielle que, comme l'a dit un orateur éminent de l'autre Assemblée, on vient nous parler, non pas seulement de reconstruction matérielle, mais encore de reconstruction sociale, de reconstruction de la société. Je ne demande pas mieux pour ma part qu'on reconstruise tout, mais je voudrais bien qu'on s'habituât à cette idée qu'on ne peut reconstruire qu'en travaillant davantage.

M. Flaissières. — Ou mieux, ou plus utilement, ou avec plus de méthode.

M. Touron. — Nous y viendrons tout à l'heure, mon cher collègue, mais vous me permettrez de ne pas accepter sans réserve votre méthode personnelle.

M. Flaissières. — C'est la méthode de la société collectiviste prochaine.

M. Touron. — C'est précisément pour cela que je la repousse.

M. le comte de Trèveneuc. — Elle réussit en Bavière pour le moment.

Un sénateur à droite. — Et même en Russie.

[illegible]

Messieurs, on a souvent dit, et le monde du patronat [illegible] que pour appliquer une telle mesure, il faut au moins que les forces soient égalisées et que les nations concurrentes les appliquent au même moment. Les appliqueront-elles au même moment? Rien n'est moins certain, Monsieur le Ministre, à moins que vous ne retardiez quelque peu vos règlements d'administration publique, et, de ce côté, permettez-moi de vous recommander très respectueusement la prudence.

Il est impossible à la nation française, pour les raisons que les précédents orateurs ont données à cette tribune, quelle que soit sa générosité, de prendre les devants dans une telle réforme. Il est facile de dire que la France doit marcher à la tête du progrès, qu'elle ne saurait renier ses sentiments de générosité, ses sentiments chevaleresques, mais il est plus difficile, dans la réalité, de mettre ces paroles d'accord avec les méthodes de travail quand on a des concurrents devant soi.

Évidemment, si l'on adopte la journée de huit heures dans toutes les nations à la fois, la concurrence sera moins meurtrière pour la nation française. Mais [illegible] il ne s'agit pas uniquement de la nation française. Tous les peuples, et en particulier tous les peuples alliés, sont aujourd'hui solidaires au point de vue économique. Quel sera le premier résultat de cette diminution d'efforts du monde entier? Qu'on le veuille ou non, ce sera une diminution de la production mondiale et qui correspondra, hélas! à un renchérissement de la vie.

M. Labbé. — C'est certain.

M. Touron. — Et c'est le moment où tous les peuples gémissent sous le poids de la vie chère que l'on choisit pour inviter tout le monde à travailler un peu moins! Je me borne, sur ce point, à soumettre ces réflexions à votre appréciation [illegible] vos méditations. Je voudrais que l'idéologie, qui s'agite à travers le monde, cédât un peu le pas à l'esprit pratique. Sans doute, nous n'avons pas la prétention, en France, de résister à ce courant d'idéologie, qui, je le dis très nettement, entraîne le monde un peu trop rapidement. Mais encore avons-nous le droit de montrer à cette tribune qu'il faut prendre certaines précautions pour que la France ne soit pas dupe de sa générosité. (Très bien!)

D'ailleurs, il faut avouer que l'adoption du projet n'a pas été sans quelque discussion. J'entends affirmer depuis quelques jours et on peut lire dans le rapport que les faits ont devancé la loi. On a cité ici, déjà à plusieurs reprises, un procès-verbal de conversation qui vaut, pour les parties, un engagement formel, aucune d'entre elles ne songe à le nier, procès-verbal de conversation et d'entente entre les patrons de la métallurgie et leurs ouvriers.

Nous ne devons pas inférer de là que le même fait puisse se produire pour toutes les industries, et il ne faudrait pas jeter la pierre à certaines qui, organisées d'une façon toute différente de celles de la métallurgie, ne pourront pas suivre immédiatement et sans discussion ou sans examen, l'exemple qui vient de leur être donné.

En effet, qu'est-ce que l'industrie de la métallurgie? Une très grande industrie dans laquelle on voit, au sommet, ce que je pourrai appeler les rois du fer, qu'on n'a peut-être pas toujours applaudis comme on l'a fait récemment dans l'Assemblée qui est au bout du pont de la Concorde. (Sourires.) Cette industrie était la mieux placée pour pouvoir supporter une réforme comme celle-ci. Non seulement elle manutentionne des quantités de produits, avec une toute petite main-d'œuvre, mais encore elle nage, passez-moi l'expression, dans les capitaux.

Vous le savez, la grande industrie métallurgique est constituée par de puissantes sociétés qui n'ont, lorsqu'elles veulent augmenter leur outillage, qu'un [illegible]

[illegible]

[illegible] répondre [illegible] qui [illegible] lorsque vous vous trouvez en face de ces multiples industries qui [illegible] encore [illegible] dans le pays, et qui, hélas, en sont réduites à leurs propres ressources, je veux parler des moyennes et petites industries.

De ce côté-là, il n'est pas si facile de mettre en pratique les conseils donnés par ceux qui disent à l'industrie : Perfectionnez votre outillage, bouleversez vos établissements, produisez davantage, établissez le système de rendement de la production suivant la méthode Taylor ! Tout cela c'est bel et bon, dans les grandes industries, mais lorsque vous vous trouvez en présence de moyennes ou de petites industries, c'est absolument inapplicable.

Puisque j'ai fait allusion à la méthode Taylor, dont on parle si souvent, laissez-moi vous dire, Messieurs, qu'il est fort heureux pour l'industrie française et [illegible] avenir, pour la main-d'œuvre française, pour le goût français, que cette méthode ne puisse pas être universellement appliquée dans nos ateliers.

Qu'est-ce que cette méthode, en effet ?

C'est la spécialisation à outrance.

M. de Tarvenuc. — C'est l'abrutissement systématique.

M. Touron. — Je ne voulais pas aller absolument jusque-là, mais, cependant, il y a du vrai dans l'observation de notre collègue.

M. le Rapporteur. — C'est la caricature du système Taylor.

M. Touron. — Je ne voudrais pas passionner le débat ; mais, sans aller jusqu'à dire que cette méthode constitue un abrutissement — car, en huit heures de travail, il est difficile d'abrutir un homme solide — j'ai le droit de déclarer qu'elle aboutit à une diminution de la valeur de l'ouvrier. En effet, un ouvrier qui fait une seule chose toute sa vie, qui, par exemple, va aléser des boulons pendant huit heures par jour, et ne fera jamais rien d'autre, n'arrivera jamais à être un véritable artisan. Il sera réduit à n'être qu'une machine. Voilà la vérité.

M. de Tarvenuc. — C'est très exact.

M. Touron. — Or, Messieurs, vous avez entendu défendre ici la nécessité du développement de l'enseignement technique et professionnel. Je vous le demande, avec la méthode Taylor et la spécialisation à outrance, quel besoin aurions-nous de l'enseignement professionnel ? Cet enseignement, Messieurs, doit consister à apprendre à un ouvrier à tout faire et à tout connaître de ce qui concerne son métier, et non à lui apprendre à se spécialiser à outrance, comme cela peut se faire dans les [illegible] des industries mécaniques.

[illegible] qu'il ne faut rien pousser à l'extrême, je ne prétends pas dire de [illegible] conclusion que la méthode Taylor doit être bannie des méthodes de travail [illegible] je dis simplement ceci, que nous ne pouvons, en aucun cas, généraliser, [illegible] une méthode est bonne, il faut la prendre et qu'au contraire, si vous voulez l'appliquer partout, elle sera peut-être mauvaise dans beaucoup de cas. [illegible] Messieurs, que l'on me laisse dire autre chose.

Je termine ces quelques considérations générales. Je vous ai dit tout à l'heure [illegible] appliquée internationalement, la mesure serait certainement moins [illegible] notre pays. Cependant, je suis certain que, de tous les pays industriels, [illegible] nôtre qui souffrira le plus de son application. Pourquoi? Parce que, comme on l'a indiqué tout à l'heure, dans un autre ordre d'idées, la France est, de toutes les nations qui sortent de la bataille, celle qui a subi les pertes les plus lourdes en hommes et en matériel, parce que la France est aussi, malheureusement, une des nations où la natalité est la plus faible.

Or, à quoi va nous conduire le renchérissement de la production que j'indiquais tout à l'heure et qui sera dû à la diminution des heures de travail? Fatalement à ceci : lorsque les industriels, grands et petits, se verront à la tête d'un matériel qui leur aura coûté très cher — et ce sera d'autant plus leur cas qu'ils auront renouvelé leur matériel à l'époque actuelle, où les machines sont hors de prix — lorsqu'ils s'apercevront qu'en ne faisant fonctionner ces machines que huit heures par jour, ils ne peuvent arriver à en amortir le coût ou plutôt à les user assez vite pour avoir la possibilité de les remplacer par du matériel plus moderne quand celui-ci apparaîtra, l'idée leur viendra tout naturellement d'utiliser la machine plus de huit heures par jour. Et pour cela, il est un moyen très simple qui se présente immédiatement à l'esprit : organiser des équipes, marcher à l'aide de deux équipes de huit heures pendant seize heures et même en triplant les équipes pendant vingt-quatre heures par jour, comme cela a lieu dans certains pays. Mais dans cette course au clocher pour augmenter la production et pour diminuer le prix de revient afin de devenir les maîtres du marché mondial, nous serons certainement les plus mauvais marchands, parce qu'il sera impossible à la France de doubler sa population industrielle du jour au lendemain. Là où des nations à grande natalité, comme l'Italie, le Japon et l'Allemagne pourront facilement installer deux postes et même trois, nous en serons réduits à ne pouvoir appliquer la mesure que dans les plus grandes industries, celles à feu continu.

De ce fait, nous nous trouverons en face de concurrents faisant produire à la machine le double et le triple de ce que nous pourrons lui demander; croyez-vous, Messieurs, que, dans ces conditions, nous puissions lutter avec avantage sur le marché mondial?

Il est une autre répercussion que je ne saurais passer sous silence, surtout devant une assemblée comme celle-ci, qui représente les communes agricoles de France.

Où les industriels qui seront assez heureux pour pouvoir établir deux ou trois postes iront-ils chercher leur main-d'œuvre? Dans les campagnes, Messieurs, n'en doutez pas; et vous verrez l'afflux vers les villes augmenter dans une proportion formidable, désastreuse pour les campagnes. Certes, nos ouvriers agricoles sont attachés à la terre, mais lorsqu'ils sauront qu'en travaillant huit heures par jour dans une grande ville voisine ils ont des avantages, qu'ils gagnent plus qu'en travaillant dix ou douze heures à la campagne, croyez-vous qu'ils résisteront longtemps à la séduction?

C'est l'agriculture, l'agriculture française indispensable à notre pays, sur laquelle retombera en fin de compte, de tout son poids, la mesure que l'on vous demande d'accepter! *Très bien! très bien!*)

Et, Messieurs, l'agriculture c'est la vie de la France: nous l'avons assez constaté pendant cette période douloureuse de cinq ans de crise épouvantable. A quoi donc avons-nous dû les restrictions, la cherté de la vie, la hausse des changes étrangers, si ce n'est à l'insuffisance de notre production agricole? Les événements ont démontré qu'un peuple qui ne produit pas assez pour se suffire est à la merci d'une tourmente. (*Assentiment.*)

Il est donc nécessaire de songer à ce côté de la question et vous voyez que, malheureusement, je n'ai peut-être pas tout à fait tort d'appeler l'attention, non seulement des pouvoirs publics, mais du pays tout entier, sur les risques que lui font courir de semblables réformes, lorsqu'elles sont trop hâtives.

Toutefois, je ne voudrais pas exagérer les dangers. Je crois en avoir dit assez pour montrer que si ceux qui ont parlé dans un sens opposé au mien ont quelque sujet de se réjouir, nous avons tous par contre bien des sujets d'inquiétude. Voilà ce qu'il faut dire, car les âmes bien trempées ne doivent pas hésiter à regarder en face toutes les difficultés, et ce n'est pas en fermant les yeux que l'on peut arriver à les résoudre. (*Très bien!*)

J'espère que le Sénat ne m'en voudra pas d'avoir montré un côté de la question peut-être trop ignoré des masses. (*Assentiment.*) Il est nécessaire, et je vous remercie, Monsieur le Ministre, de me faire un signe d'approbation, que ceux qui auront à s'occuper de l'application de la loi avec vous — je parle des deux partis en présence — se pénètrent de ces inconvénients. Il faut que, de l'un des deux côtés, on ne voie pas de mauvaise volonté chez un parti qui n'est point l'adversaire, mais qui est plutôt l'auxiliaire et le compagnon du travail. Il est indispensable que ces idées soient connues et méditées, et c'est pour cela que je me suis permis de les présenter au Sénat. (*Très bien!*)

S'il est nécessaire d'examiner ce côté de la question pour le public tout entier, il convient de montrer également au Conseil d'État tous les aspects de la question, car il devra donner son opinion en pleine indépendance, mais en toute connaissance de cause. Il y a deux façons, vous le savez, Monsieur le Ministre, de recourir au Conseil d'État. La première, qu'il faut éviter et dont on s'est trop servi en ces dernières années — ce n'est pas à vous que ce reproche s'adresse personnellement, mais à tous vos prédécesseurs — la première consiste à lui faire parvenir, d'un ministère quelconque, un règlement d'administration publique tout préparé; la seconde consiste à lui soumettre des lignes directrices, en lui demandant de traiter le sujet dans sa pleine indépendance. J'ai assez confiance en vous et en votre loyauté, Monsieur le Ministre, pour supposer que vous vous arrêterez à cette seconde méthode. Je voudrais, en un mot, que ce ne fût pas uniquement un de vos chefs de service qui fît office de Conseil d'État. (*Très bien!*)

Vous avez des conseillers d'État à la tête d'un certain nombre de vos services et vraiment, certains d'entre eux ont trop tendance à confondre le Conseil d'État avec leur personnalité. Il faut qu'ils se disent qu'en présentant au Conseil d'État un texte à examiner et à discuter, ils doivent abandonner la prétention de le faire passer sans y changer ni un mot, ni une virgule. Vous n'aurez de bonne loi qu'à la condition de laisser cette assemblée délibérer dans sa pleine indépendance. (*Vive approbation.*)

Je voudrais aussi placer sous les yeux, non pas seulement du Sénat, mais encore une fois, du Conseil d'État, quelques documents.

Voici, par exemple, les avis autorisés qui ont été donnés sur la loi par le monde patronal. A cet égard, on a un peu trop joué de l'acceptation spontanée de toutes les dispositions proposées par des industries fort importantes, mais qui ne sauraient avoir la prétention d'engager toutes les autres.

Voici, tout d'abord, un document qui n'a pas été lu, qui n'a été imprimé dans aucun rapport; c'est la déclaration présentée par les délégués patronaux à la commission chargée de préparer les traités internationaux du travail qui doivent être soumis à la Conférence de la Paix :

« Les membres patronaux de la Commission des traités internationaux du travail, représentant les différentes branches de l'industrie française, croient utile, au point où en sont arrivés les travaux de la Commission, de résumer leur manière de voir.

« Consultés par le Ministre du Travail sur l'intérêt que pourrait présenter l'introduction du principe de la journée de huit heures dans le traité de paix, ils ont déclaré que ce principe ne devrait pas, à leur avis, être inséré dans un tel traité.

[illegible]

1° Qu'avant la guerre, l'ensemble de la production nationale était d'environ 40 milliards ;

2° Que la mort ou l'invalidité de près de deux millions de Français en plein rendement, a diminué de 9 p. 100 environ le nombre des producteurs industriels, commerciaux et agricoles ;

3° Que dans cette perte de main-d'œuvre, la France est frappée une fois et demie plus que l'Allemagne.

Retenez bien ce chiffre, Messieurs.

... deux fois et demie plus que la Belgique, trois fois plus que l'Angleterre et l'Italie, cinquante-six fois plus que les États-Unis d'Amérique. »

Je souligne l'importance de ces chiffres au point de vue de la possibilité d'organisation de deux ou trois postes dans les industries concurrentes ! Une nation qui a été frappée cinquante-six fois plus que sa concurrente ne peut pas disposer, cela est incontestable, des mêmes éléments de production que cette dernière.

Je poursuis ma lecture :

« La situation économique du pays est grave ; les pertes qu'il a subies par la guerre l'ont plus éprouvé qu'aucun autre alors que ses effectifs étaient déjà notoirement insuffisants. De plus, les destructions systématiques ont paralysé, temporairement ou à demeure, une fraction de ses moyens de production plus élevée que chez aucun de ses concurrents. Dans ces conditions, les délégués patronaux se seraient estimés infidèles à la fois au devoir professionnel et au devoir civique s'ils avaient caché au Gouvernement et à l'opinion publique la certitude où ils sont qu'une réduction uniforme et rapide de la journée de travail et, à plus forte raison, son abaissement en fin de compte à huit heures, aura, sur la plupart des branches de la production nationale, une influence désastreuse, alors que dans les pays à main-d'œuvre abondante elle ne se traduira que par une hausse générale du prix de revient et, par conséquent, du coût de la vie.

Ils ont fait observer que, le jour où la loi de huit heures serait appliquée à tous les travailleurs, l'exode vers les villes des ouvriers agricoles, dont les pertes, du fait de la guerre, représentent 35 p. 100 environ des pertes totales de la France, exode qui n'a cessé de s'accroître depuis cinquante ans, augmentera encore, ce qui aura des conséquences incalculables pour l'agriculture française et contribuera au maintien de la vie chère. »

Messieurs, je ne veux pas aller jusqu'au bout de cette importante déclaration ; le document résume, en quelque sorte, les arguments que j'ai développés devant vous. Mais on a beaucoup parlé de l'exemple qui nous était donné par les nations étrangères. M. le Rapporteur, dans son rapport, a cité l'Allemagne, la Tchéco-Slovaquie, la Pologne, tous ces États naissants dont l'autorité économique n'est peut-être pas encore très affermie. (*Sourires.*) Mais il sera permis de dire que, dans les grandes nations concurrentes, ce n'est pas de la loi, entendez-vous, que l'on attend la réduction des heures de travail et l'augmentation des moyens de production, c'est de l'entente libre entre les parties. Il n'y a pas de loi générale sur le travail des adultes en Angleterre ; il n'est pas question d'en faire. Peut-être y sera-t-on amené par les stipulations du traité de paix, mais, jusqu'à présent, il n'en existe pas.

M. Paul Doumer. — C'est parce que les sociétés étaient puissantes en Angleterre.

M. Jouhaux. — [illegible] que les patrons [illegible], par exemple, sont, en ce moment-ci, en conversation avec leurs ouvriers [illegible]. Voulez-vous que je vous lise une lettre de ces patrons ?

M. le Président de la Commission. — Si l'on ne se met pas d'accord, on fera une enquête et le Parlement interviendra.

M. Jouhaux. — C'est possible ; je ne crois pas, d'ailleurs, [illegible] dans l'application de la loi, que nous puissions être longtemps en contradiction.

Voici en tous cas le texte de la lettre de la Fédération des industriels anglais à la Fédération ouvrière :

Manchester, 20 mars 1919.

Vous voyez que je cite des documents récents.

« Depuis notre réunion à la Conférence — écrivent les patrons anglais à la Fédération ouvrière — du 17 février 1919, nous avons examiné soigneusement votre demande en vue de la réduction du nombre des heures de travail de cinquante-cinq heures et demie à quarante-quatre heures par semaine, avec une augmentation du taux des salaires permettant aux ouvriers de gagner la même somme en quarante-quatre heures qu'actuellement en cinquante-cinq et demie.

Nous avons connaissance de la manière de voir de nos membres au [illegible] et nous vous informons qu'ils sont presque unanimement opposés :

1° A votre demande de réduction du travail à quarante-quatre heures par semaine ;

2° A votre demande de gagner autant avec un nombre réduit d'heures de travail qu'actuellement avec cinquante-cinq heures et demie.

Nous croyons que les deux parties sont d'accord sur ce point, que si un accord général intervenait sur la question des heures de travail et celle des salaires, cet arrangement n'entrerait en vigueur qu'à l'expiration de l'accord concernant les salaires, signé le 18 décembre 1918.

En examinant la question avec nos adhérents, nous avons trouvé qu'il y avait une bonne volonté générale pour accepter une certaine diminution des heures de travail si on se mettait d'accord sur certaines conditions.

Nos adhérents reconnaissent également ce fait que d'autres industries que la nôtre ont fait ou sont disposées à faire des arrangements pour la réduction du travail hebdomadaire. On prétend qu'en ce qui concerne quelques-unes de ces industries, il n'y a pas de raison pour que la production ne soit pas maintenue avec un nombre d'heures réduit.

Que cette prétention soit justifiée ou non pour les autres industries que la nôtre, nous ne sommes pas en mesure de le dire ; mais nous pensons que vous serez d'accord avec nous, que dans notre propre industrie, avec les conditions actuelles de travail, les probabilités de maintenir la production actuelle avec une diminution des heures de travail sont plus que douteuses.

Notre industrie diffère des autres en ce sens qu'elle est presque en totalité une industrie d'exportation ; nous avons eu autrefois et nous aurons encore [illegible] dans l'avenir à faire face à la concurrence du monde entier, [illegible] ment du côté de l'Amérique... » — Ce sont les Anglais qui parlent. — « ... des Indes et du Japon deviendra plus vive dans l'avenir qu'elle ne l'a été dans le passé. Ni vous ni nous ne pouvons traiter cette question à la légère.

« On peut noter avec satisfaction sur ce point que, tant dans les pays d'Europe que dans les pays d'Amérique, il y a toute probabilité que le nombre d'heures de travail soit réduit. Nous ne pouvons cependant ignorer la concurrence croissante des Indes et du Japon, pays où la question de la réduction des heures de travail n'est pas posée aussi nettement que dans les autres pays. »

Je me demande si elle le sera par la Conférence de la paix et je dis que, si elle ne l'était pas d'une façon suffisamment nette — comme l'affirment les industriels textiles anglais — nous serions obligés de stopper dans la voie où nous paraissons résolus à nous engager.

Voilà donc les avertissements qui nous viennent non seulement du patronat français, mais du patronat étranger. Ils disent que nous aurons à soutenir la concurrence des pays neufs, celle du Japon et celle des Indes. Il est certain, en effet, que, dans ces pays, quelles que soient les stipulations du traité de paix, il y aura une inspection du travail qui sera peut-être sommairement organisée. Y a-t-il, Messieurs, des inspecteurs du travail au Japon et en augmentera-t-on le nombre? Vous paraissez, sur ce point, être très affirmatif, Monsieur Picquenard? Évidemment, si vous étiez commissaire du Gouvernement japonais, vous pourriez prendre un engagement en son nom (*Sourires*), mais permettez-moi de vous dire que vous ne me paraissez pas très qualifié pour le prendre ici.

M. Picquenard, *sous-directeur du travail, commissaire du Gouvernement.* — Je vous demande pardon, je voulais dire simplement qu'il y avait une inspection du travail au Japon.

M. Touron. — C'est entendu, il y a une inspection du travail au Japon, mais, très probablement, elle fonctionne un peu différemment de la nôtre. Ce qu'il y a de certain, c'est qu'à l'heure actuelle les produits du Japon concurrencent ceux des Anglais qui sont déjà, c'est incontestable, nos vainqueurs en matière textile.

Messieurs, je ne prendrai plus maintenant dans les documents que je possède, car je ne veux pas abuser de votre attention, qu'un ou deux exemples, pour vous montrer combien est grand le danger que je vous signalais tout à l'heure et que présente la réduction du travail pour les industries, qui, quoi qu'on dise, ne peuvent accroître leur production et atteindre en huit heures la production de dix heures.

L'industrie textile, par exemple, pour ne prendre ici que la production de la filature, a des machines appelées broches finisseuses, qui peuvent faire de 11,000 à 11,500 tours par minute. Jusqu'à présent, on n'a pas pu dépasser cette vitesse, que je sache. Or, pour gagner le temps perdu, c'est-à-dire deux heures, il faudrait augmenter ces vitesses maxima, ce qui est impossible dans la proportion de 20 p. 100. De ce côté, non seulement vous ne rattraperez pas les heures perdues, mais vous aurez une perte de production proportionnelle beaucoup plus forte encore que celle de la réduction même des heures de travail.

Voici, à ce sujet, l'aveu d'une industrie américaine, que j'emprunte au journal *Textile World*, du 22 mars 1919.

« Dans l'une des filatures de coton les plus modernes de New-England, États-Unis, par suite de la réduction des heures de travail de cinquante-quatre à quarante-huit heures, la production est passée de 200,000 livres à 175,000 livres, soit une diminution de 12 1/2 p. 100, pour une diminution de la durée du travail de 11 1/2 p. 100 seulement. »

Donc, non seulement les Américains n'ont pas regagné en partie la perte causée par la réduction de la journée, mais ils ont perdu une production beaucoup plus forte que la diminution des heures de travail. Cela s'explique : des outils comme ceux que je viens de citer ne sont pas portés à une vitesse de 11,000 tours à la minute en quelques secondes, de même qu'un avion ne monte pas d'un seul coup à 3 ou 4,000 mètres de hauteur. Il faut un certain temps pour que le volant de la vitesse s'établisse. Lorsque vous avez une marche de dix heures, cette mise en marche se répercute une fois toutes les dix heures, c'est-à-dire beaucoup moins souvent que quand l'outil ne se met en marche que pour huit heures; c'est facile à comprendre. Dans ces conditions, l'abaissement de la production est supérieur à l'abaissement des heures de travail.

Mon collègue et ami M. Strauss disait tout à l'heure que, quelles que fussent les difficultés du problème, il faudrait le résoudre. Parfaitement, mais apportez-moi un métier continu qui puisse faire vingt mille tours à la minute et je serai tout à fait d'accord avec vous : j'écrirai même votre rapport, si vous le voulez. (*Sourires.*) Actuellement, nous n'avons pas cette machine.

Il est très facile de dire que les industriels français sont des routiniers. On l'a dit à la Chambre et on le répète un peu trop. N'en croyez rien, et, Messieurs, j'ai été véritablement stupéfait de relever cette affirmation dans la bouche d'un ancien ministre qui a suffisamment, pendant la guerre, vu les industriels à l'œuvre. Il a été ministre de l'armement. N'a-t-il donc pas constaté cet effort gigantesque fait par l'industrie française de la métallurgie et des produits chimiques, et même de l'habillement, qui ont permis à la France, qui avait perdu, au début de la guerre, 75 à 80 p. 100 de ses moyens de production, non seulement de s'outiller, mais d'outiller ses alliés, même ceux qui étaient plus puissants qu'elle en moyens industriels? (*Applaudissements.*)

Quand on a pareil exemple devant les yeux et qu'on l'a constaté comme ministre, je dis très nettement qu'on n'a pas le droit de jeter la défaveur sur une industrie qui a affirmé sa vitalité de semblable façon. (*Vive approbation.*)

Je ne veux pas prolonger ce débat. Tout à l'heure à propos de la discussion des articles, j'aurai l'honneur de demander de ma place très brièvement à M. le Rapporteur, et peut-être à M. le Ministre, des explications sur quelques-uns des articles du projet.

Je répète que, dans cette discussion générale, je n'ai en vue que de placer tous les éléments de la cause sous les yeux du pouvoir exécutif et aussi du Conseil d'État, qui va avoir à faire la loi. Vous estimerez peut-être avec moi qu'il n'était pas inutile de les apporter ici. (*Très bien! très bien!*)

Je termine en exprimant un vœu : c'est que la France ne soit pas, dans cette expérience, une fois de plus la dupe de sa générosité; c'est qu'elle ne soit pas la première victime de l'idéologie qui sévit sur les deux continents. (*Vifs applaudissements. — L'orateur en regagnant sa place, reçoit les félicitations d'un grand nombre de ses collègues.*)

M. LE PRÉSIDENT. — La parole est à M. Delahaye.

M. Dominique DELAHAYE. — Messieurs, le cœur de l'homme est un puits de contradiction. La Conférence de la paix ressemble au cœur humain. Faut-il s'en étonner? Elle est composée d'hommes qui ont un cœur.

M. Touron vous a montré la forte contradiction qui résulte de la nécessité actuelle de travailler plus et mieux et de la résolution de travailler moins. Je n'y reviendrai pas, me bornant à retenir votre attention sur une contradiction d'un autre ordre.

Plus encore que la diminution de la durée du travail quotidien, l'arrêt de l'après-

[illegible]

[illegible] dans l'industrie un [illegible] qu'il est [illegible]

[illegible] généralisé, [illegible] nous faire [illegible] le [illegible] de [illegible] huit heures quarante-huit minutes pendant cinq jours de [illegible] quatre heures le samedi, soit toute autre combinaison appropriée aux [illegible] industries.

[illegible] arrêt du samedi [illegible] la joie des travailleurs de la chrétienté pendant [illegible] Au moyen âge, du douzième au quinzième siècle, la moyenne du travail [illegible] de cinquante-cinq heures par semaine. Suivant les corporations, le travail ces[illegible] le samedi à midi ou à quatre heures du soir.

[illegible] en usage dans tous les pays catholiques, cette coutume se perdit, en Angleterre [illegible]

[illegible] 1870 pour la voir revivre dans la déposition, à une enquête [illegible], d'un certain John Swainson, manufacturier à Preston, qui [illegible] environ soixante-quinze heures par semaine, treize heures un quart pendant [illegible] et huit heures le samedi. Il déclarait ce système [illegible] dans toute [illegible] préférable au suivant : douze heures pendant chacun des six jours. [illegible] système que l'on proposait de rétablir. » Cette citation est tirée de l'*Histoire des corporations de métiers*, par M. Étienne Martin Saint-Léon, conservateur de [illegible] du Musée social.

[illegible] déjà donnée le 20 juin 1906, dans la discussion sur le repos hebdo[madaire] [illegible] et je vous disais alors : « Maintenant les Anglais ont reconquis la [illegible] moyen âge : cinquante-cinq heures dans l'industrie textile et soixante [illegible] les autres industries. »

[illegible] alors l'arrêt industriel de l'après-midi du samedi, favorable au [illegible] au repos familial, aux facilités d'approvisionnement pendant l'après-[midi] du samedi. Il est souhaitable que désormais cet arrêt de l'après-midi du samedi [illegible] généralisé.

[illegible] l'on ne travaillait que cinquante-cinq heures, du douzième au quinzième siècle, [illegible] qu'on décide de ne travailler que quarante-huit heures [illegible] alors que la machine est devenue l'adjuvant de l'effort musculaire. [illegible] nous n'avions tout à reconstruire. Comme l'a si bien dit M. [illegible] du travail réduit sans inconvénient au moyen âge, alors que tous les [illegible] disposent des mêmes procédés de production, présente un inconvénient [illegible] pour les petits et les moyens industriels, menacés dans leur existence [illegible] d'administration publique et, au besoin, le législateur [illegible] moyen d'y obvier.

[illegible] l'ordre de préoccupations qui assiègent en ce moment mon esprit [illegible] particulier, deux mots à M. le Ministre du Travail. Il n'y a pas [illegible] je ne l'entrevois pas moi-même ; cependant, il va falloir tout de même [illegible] à trouver ce remède, puisque vous avez parlé de pacification [illegible] vous a fait entrevoir certaines difficultés, je vous les signale [illegible]

Il y a une maxime qui m'est chère : « Vivre et laisser vivre » ; [illegible] la très grande industrie, c'était de tout absorber [illegible] un peu comme l'Allemagne.

[illegible] ici même, dès 1906 — quoique je ne fusse pas du tout [illegible] de huit heures — que peut-être celle-ci [illegible] les très grands [illegible] travailler fort longtemps, tandis que leurs [illegible] à travailler neuf heures. Mais je [illegible] cette époque [illegible]

[illegible]

[illegible] quelques années, vous allez faire disparaître [illegible] par l'accord combiné des industriels [illegible] sous le nom de marché coopératif [illegible]

C'est une maxime que j'ai maintes fois répétée à la tribune : ne plus détruire [illegible] de travail, mais amener [illegible] marché commun tout ce qui ne peut plus [illegible]

Les ouvriers ont des droits acquis [illegible] deux, trois ou quatre [illegible] il ne faut pas les déposséder, laisser détruire l'usine qui les [illegible] cette équation [illegible] leur enlever leur pain. Ne nous mêlons pas de [illegible] guerre s'en est assez chargée, et ce n'est pas notre rôle. Il ne faut pas que [illegible] le travail soit une source de destruction.

[illegible] passer le temps de penser cette question, elle nous arrive [illegible] devant le danger qui m'apparaît, je dis : Recherchons les moyens de [illegible] monde du travail, sans oublier qu'il ne suffit pas seulement de [illegible] et les patrons, mais également les patrons entre eux, et trouvons le moyen de [illegible] appliquer cette maxime : Vivre et laisser vivre.

C'est pour le Conseil d'État et pour les industriels que je parle [illegible] M. le Ministre du Travail et pour vous aussi, mes chers collègues [illegible] menace, il n'est pas particulier à la France, il menace le monde [illegible] qui [illegible] depuis sa jeunesse jusqu'à son extrême [illegible] facultés intellectuelles [illegible] quelques autres travaux [illegible] les inventions.

J'ai beaucoup de confiance dans les inventeurs et dans l'électricité [illegible] je vais vous dire pourquoi.

Quand on ne travaillera que huit heures dans l'industrie [illegible] les uns cultiveront leur champ, leur jardin, [illegible] employés chez [illegible] Mais certains voudront avoir chez eux [illegible] de travailler ; ils ont une force motrice, ils pourront fabriquer des objets [illegible] car l'homme s'agite et Dieu le mène — qu'il ne sortira pas de [illegible] la contre-partie de toutes ces grandes usines et de tout ce [illegible] avec les inconvénients de l'asservissement qu'elles engendrent. [illegible] qu'un certain temps au travail à domicile, grâce à [illegible] pour fabriquer des [illegible] mais pour fabriquer nombre d'objets qui sont [illegible] que des quelques hommes [illegible] notre classe moyenne, qui est la force et l'armature [illegible] des combinaisons de ce genre [illegible] au Conseil d'État [illegible] en dehors des heures données à l'usine.

[illegible] la suppression du travail de nuit [illegible] pour la France, le droit de [illegible] votre règlement [illegible] et vous l'avez par intervenir.

[illegible]

quatre ou huit heures dans une autre usine? Voilà une éventualité beaucoup plus contestable. Un homme pouvant avoir plusieurs métiers, comme la main-d'œuvre est rare, la question se pose et je ne me charge pas de résoudre le problème, bien que, dans toutes les corporations, on doive s'en préoccuper.

Le moment de réduire le nombre des heures de travail n'est pas bien choisi, comme l'a dit M. Touron, à cause de notre besoin de travail intense. Mais, d'un autre côté, puisque les puissances alliées étaient réunies, il y avait sans doute, là aussi, une occasion de conférer sur la législation internationale du travail.

Aurons-nous des garanties suffisantes que dans les autres nations on observera fidèlement les engagements que les Français observeront toujours? Ils sont très francs, très loyaux. Aura-t-on partout la même franchise, aura-t-on la même loyauté? Et, si ailleurs on n'a ni la même franchise, ni la même loyauté, quelles seront les sanctions? Personne ne nous a rien dit à ce sujet. Si M. le Ministre peut nous rassurer, je lui en saurai gré. (*Très bien! très bien!*)

M. le Rapporteur. — Je demande la parole.

M. le Président. — La parole est à M. le Rapporteur.

M. le Rapporteur. — Messieurs, je m'efforcerai de suivre de mon mieux, sans épuiser le sujet, tant sans faut, les deux précédents orateurs dans leurs observations et développements.

L'honorable M. Touron a rendu hommage à la contexture, à la structure de la loi, et, sans s'en plaindre, il a pris acte de ce que nous donnions une véritable délégation au Conseil d'État. Il a reconnu, avec beaucoup de bonne grâce, que tous les dispositifs d'application avaient été prévus pour ne pas léser les intérêts, pour ajuster la réforme aux convenances professionnelles, régionales ou nationales. Dans l'ordre national, l'honorable M. Touron a donné lecture d'une partie de la déclaration patronale qu'il a considérée comme inédite au regard des documents parlementaires. M. Touron est trop attentif et il a une bibliographie trop bien faite pour avoir oublié que, dans son rapport à la Chambre, à la séance du 10 avril, M. Justin Godart a publié *in extenso* la déclaration patronale. Je n'ai pu la reproduire, comme j'en avais le désir...

M. Touron. — Ce n'est pas un reproche que je vous ai adressé.

M. le Rapporteur. — Vous pensez bien que ma rectification est très subsidiaire, et je ne la fais que pour bien établir que ce document n'a pas passé inaperçu de la Chambre; par conséquent, tous les membres du Sénat qui ont en leur possession le rapport de M. Justin Godart ont pu lire cette déclaration. C'est pour ce motif que je ne l'ai pas reproduite.

M. Touron a fait état de cette déclaration, qui peut et doit être contredite dans ses éléments statistiques. Beaucoup d'autres réserves peuvent et doivent être formulées sur ces objections apportées à la Commission des traités internationaux par la délégation patronale. Au surplus, les patrons eux-mêmes, comme je l'ai indiqué dans mon rapport, ont pris acte de l'éventualité certaine d'un accord international et ils ont reconnu, en propres termes, qu'il ne serait ni sage de leur part d'en ajourner *sine die* l'examen, ni patriotique de se refuser à en préparer les modalités d'application. Il n'y a donc pas d'opposition de principe, quelles que soient les réserves, soit de doctrine, soit d'opportunité.

Au point de vue de l'opportunité, l'honorable M. Delahaye s'est répondu tout à l'heure à lui-même en disant que, si l'heure était mal choisie, elle avait coïncidé avec la réunion de la Conférence internationale de la paix et que, dans ces conditions, comme le constatait, en s'en réjouissant, l'honorable M. Touron, la réforme, au lieu d'avoir un caractère purement national, prenait un caractère international.

M. TOURON. — Je m'en réjouissais d'une façon relative. (*Sourires.*)

M. LE RAPPORTEUR. — L'honorable M. Touron a traité avec un peu de dédain ou, tout au moins, avec une certaine sévérité, la méthode Taylor. Je ne veux pas instituer ici un débat, qui serait certainement écourté, sur les avantages de la méthode Taylor, ou, pour parler plus exactement, sur l'organisation scientifique du travail. Je disais, dans une interruption dont je m'excuse, qu'on apportait ici la caricature du système Taylor, qui ne consiste pas seulement dans les exemples légendaires qui ont été répandus, mais qu'il reposait essentiellement sur une meilleure organisation du travail, sur une discipline plus rationnelle des mouvements, sur l'ingéniosité des agencements, l'économie de temps, de main-d'œuvre et de matière première, et qu'il n'avait pas nécessairement pour conséquence la spécialisation à outrance des ouvriers et des ouvrières. Même pendant la guerre, à la poudrerie du Ripault, pour la France, des expériences très concluantes ont été faites sous les auspices du Ministre de l'Armement. Nous avons pu y voir la preuve qu'en dehors même de la grande industrie métallurgique, il pouvait et il devait y avoir des applications très satisfaisantes de l'organisation scientifique du travail.

L'honorable M. Touron a insisté sur les difficultés d'ordre économique auxquelles nous allons nous exposer. Il a regretté que nous fussions entraînés par un courant d'idéologie, et il a fait ressortir, avec un pessimisme excessif, à mon avis, les embarras où nous pourrions être jetés. Il n'est pas douteux qu'il y aura des difficultés, mais elles iront en diminuant au fur et à mesure que l'application de la loi passera par ses différentes étapes et ses différents paliers : ces difficultés s'aplaniront, comme elles ont disparu pendant la guerre, d'après l'exemple qu'invoquait tout à l'heure l'honorable M. Touron, en invoquant le témoignage autorisé de M. Albert Thomas.

Mon honorable collègue a fait allusion à l'effort admirable qui a été accompli dans les industries métallurgiques et chimiques et dans d'autres industries de la guerre. On a rapidement, hâtivement, intensivement réformé et amélioré un matériel qui, par conséquent, n'était pas préalablement à la hauteur de toutes les nécessités de la production.

Pourquoi le même effort, qui a été si décisif et si efficace pendant la guerre, ne serait-il pas réalisé pendant la paix ? (*Très bien !*)

M. TOURON. — Parce qu'il y a un maximum qu'on ne dépasse pas à un moment donné.

M. LE RAPPORTEUR. — Il n'y a jamais de maximum.

M. TOURON. — À un moment donné.

M. LE RAPPORTEUR. — L'honorable M. Touron n'a envisagé que la machine, sans faire entrer en ligne de compte l'économie de main-d'œuvre qui pouvait être réalisée par des dispositifs ingénieux, grâce auxquels un personnel plus réduit pouvait, en un minimum de temps, agir sur un plus grand nombre de machines-outils. Nous

[illegible] produit de la production [illegible] un peu dédaigneux dont s'est servi M. Toubon...

M. Toubon. — Pourquoi voulez-vous qu'il soit dédaigneux ?

M. Paul Coucher. — Idéologue est toujours péjoratif. Napoléon ne le prenait pas [illegible] autre part.

M. Toubon. — Je ne suis pas Napoléon. (Sourires.)

M. le Rapporteur. — M. Couchery a fait ressortir par des exemples [illegible] notre production et que nous la devions [illegible] par la houille blanche, par l'huile lourde, et il [illegible] de la collaboration qui lui avait été fournie à cet effet par M. [illegible]

M. Toubon. — Cela ne vise que les moteurs.

M. le Rapporteur. — ... par un appel aux forces naturelles [illegible] il montrait combien nous devons [illegible] contre la concurrence étrangère [illegible] des colonies qui, pendant la guerre, ont donné la preuve de leur [illegible] ce que nous avons toujours [illegible] de nos [illegible] industries qui est de vos amis et que [illegible] de voir [illegible] M. [illegible] un exemple tiré des [illegible] de nos colonies.

M. Toubon. — Il ne parlait pas dans votre sens.

M. le Rapporteur. — Il faisait ressortir, sans adhérer à [illegible] d'améliorer l'outillage national.

M. Toubon. — Qu'est-ce qu'il entend par l'outillage national ? Ce n'est pas [illegible] national, c'est l'outillage de la nation. Cela ne le regarde pas, [illegible] affaire au Ministère des Travaux publics.

M. le Rapporteur. — Vous voyez avec moi pour voir [illegible] de fer, de chutes d'eau mieux utilisées, des forces hydrauliques [illegible] aménagées et à meilleur marché.

Nous avons des colonies qui peuvent et qui doivent donner [illegible] colons et de l'élément indigène, des résultats plus importants [illegible] le passé.

Nous avons une Alsace-Lorraine qui ne nous rejoint pas seulement [illegible] la mère-patrie au point de vue [illegible] mais qui nous apporte [illegible] de production et de propriétés [illegible]

[illegible] M. Toubon [illegible]

faut la faire avec toutes les modalités que comportent les exigences industrielles et commerciales, et cela, non pas par un vote résigné, mais d'un cœur confiant, avec la volonté ferme et inébranlable de la faire servir non seulement à la prospérité économique, mais encore à la vitalité nationale de la France. (*Très bien! et applaudissements.*)

M. Ribot, *Président de la Commission.* — Je demande la parole.

M. le Président. — La parole est à M. le Président de la Commission.

M. le Président de la Commission. — Je demande au Sénat la permission d'ajouter quelques mots à ce qui vient d'être si bien dit dans cette discussion générale.

La loi qui ramène à huit heures, dans toutes les industries et dans tous les commerces la journée de travail, a une importance considérable; on n'en saurait exagérer la gravité. Sa portée dépasse, à mon sens, les prévisions. Mais nous ne sommes pas les maîtres de l'heure où se font certaines évolutions. Personne n'aurait prévu au début de cette guerre que l'un de ses résultats immédiats serait de mettre à l'ordre du jour, non seulement en France, mais dans l'univers entier, une réduction des heures de travail au moment où, comme le faisait remarquer très justement mon honorable ami, M. Touron, il semblait qu'on dût travailler davantage pour réparer les ruines accumulées, pour payer les intérêts des dettes, et, si possible pour les amortir.

Mais la guerre a remué le monde plus profondément que nous ne pouvions le prévoir. J'aurais pu désirer, comme mon ami M. Touron, que l'évolution nécessaire, dans le sens d'une réduction de la durée du travail, se fît d'un commun accord et par étapes successives. Mais, je le répète, nous ne sommes pas maîtres de l'heure où se produisent certaines évolutions, préparées depuis longtemps dans les esprits et auxquelles les masses travailleuses attachent une grande espérance, celle d'une amélioration dans leur condition matérielle et surtout dans leur condition morale.

M. Couyba. — Très bien!

M. le Président de la Commission. — Cette espérance, nous ne devons pas la décourager, nous n'en avons pas le droit.

M. Flaissières. — Très bien!

M. le Président de la Commission. — Se réalisera-t-elle complètement? Cela dépend surtout des ouvriers eux-mêmes; mais cela dépend aussi, dans une certaine mesure, de nous-mêmes. Nous ne pouvons assister impassibles à cette diminution des heures de travail et croire que notre besogne est ainsi terminée. Il nous faudra multiplier, pour les ouvriers qui ont des loisirs, les moyens de ne pas les dépenser dans une oisiveté contraire à leur santé et à leur vie. (*Très bien! très bien!*)

M. le Comte de Tréveneuc. — Au cabaret.

M. le Président de la Commission. — Il faudra multiplier les moyens d'éducation, les mettre à leur portée. Il faudra surtout, je me permets de le répéter après mon ami M. Chéron, faire un effort plus énergique encore au lendemain de cette loi, pour améliorer le logement des ouvriers en France.

[illegible] comme [illegible] ceux qui [illegible] la question [illegible] ces difficultés. (*Très bien !*)

M. Henry Chéron. — *Très bien, très bien !*

M. le Président de la Commission. — C'est le meilleur moyen [illegible] contre l'alcoolisme et tous ces fléaux qui menacent notre race.

M. Fraissinède. — C'est absolument exact.

M. Henry Chéron. — C'est le moyen le plus efficace de tous.

M. le Président de la Commission. — Il y a beaucoup à faire. [illegible] [illegible] est indigne d'une grande nation comme la nôtre. [illegible] Paris [illegible] intolérable. Elle l'était déjà avant la guerre. On [illegible] [illegible] dernier moment pour que le péril, [illegible] [illegible] vouloir enfermer cette population dans une enceinte trop [illegible] [illegible] être brisée dans quelques semaines ; on a eu tort [illegible] [illegible] et à toutes ces questions qu'agita le Conseil municipal [illegible] [illegible] de l'air et de la lumière aux ouvriers qui [illegible] [illegible] multiplier les moyens de transport rapides et économiques [illegible] agglomération de toutes les communes suburbaines, de tout le département [illegible] [illegible] Je ne suis pas partisan d'une centralisation excessive [illegible] [illegible] département à Paris toutes ces communes qui donnent [illegible] [illegible] entre une centralisation à outrance et un certain groupement [illegible] [illegible] les voies de communication permettant un échange [illegible] [illegible] il y a des combinaisons possibles. On [illegible] depuis longtemps.

M. [illegible] — Le Conseil municipal de Paris a [illegible] [illegible] les plus hardies en matière d'habitations [illegible] [illegible] son plan d'extension, basé sur la démolition de l'enceinte [illegible] [illegible] par la guerre, a été voté par le Parlement [illegible] [illegible]

M. le Président de la Commission. — Nous [illegible] [illegible] demande, nous ne [illegible] [illegible] l'autre jour, nous en [illegible], Monsieur le Ministre, [illegible] [illegible] relatif aux questions intéressant les habitations [illegible] [illegible] nous déclaraient que bientôt le métropolitain [illegible] [illegible] qu'il serait prolongé jusqu'aux limites du département [illegible] [illegible] un progrès considérable.

[illegible] également en province, et même dans les [illegible] [illegible] [illegible] [illegible] [illegible] [illegible] [illegible] de l'équilibre de la propriété individuelle.

qui paralysaient un peu l'esprit d'initiative et de progrès. Il faudra changer tout cela. Croyez-vous, mon cher Monsieur Touron, que nous ne puissions pas emprunter aux Américains et à d'autres certains procédés et que nos méthodes doivent rester indéfiniment ce qu'elles étaient ?

M. Touron. — Je n'ose vous interrompre, Monsieur le Président, bien que vous vous adressiez à moi.

Je n'ai jamais soutenu que nous dussions rester figés dans l'état actuel de nos outillages, et je ne puis pas vous laisser dire qu'avant la guerre, nous étions endormis dans la routine. Si nous l'avions été, alors que, pendant la guerre, nous n'avons pu faire venir une seule machine du dehors, nous ne serions pas sortis des embarras industriels que nous avons victorieusement surmontés en outillant la France et le monde entier.

M. le Président de la Commission. — Mon cher ami, vous faites la réponse vous-même. Nous avons été d'admirables improvisateurs pendant la guerre, nous avons fait un effort incomparable, créé des procédés nouveaux, accompli des découvertes, réalisé des merveilles, nous n'avons qu'à continuer dans cette voie.

M. Touron. — Nous continuerons, mais nous n'avons pas attendu la loi de huit heures pour commencer.

M. le Président de la Commission. — La France ne serait pas la France si elle commençait aujourd'hui.

M. Touron. — Merci pour la France industrielle.

M. le Président de la Commission. — Je lui rends l'hommage qu'elle mérite, mais elle sent plus que jamais la nécessité de l'effort que nous lui demandons. Elle le fera, nous en sommes convaincus, parce que c'est une question de vie ou de mort pour elle comme pour le pays tout entier. Je ne discuterai pas avec M. Touron la question des deux équipes. Il croit que les nations étrangères pourront, plus facilement que nous, organiser ce système des deux équipes qui permet de répartir plus facilement le travail et d'utiliser plus complètement les machines en prévenant le vieillissement de l'outillage. C'est évidemment une infériorité que d'avoir une population réduite par la guerre ; à cela nous ne pouvons rien, mais s'il faut organiser les deux équipes, on le fera. Cela entraînera naturellement une diminution du nombre des usines. A ce point de vue, la statistique nous a montré que la grande industrie se développait chez nous beaucoup moins vite que l'industrie moyenne et la petite industrie. C'était, au point de vue économique et moral, une bonne situation pour la France. Mais la loi générale de l'industrie est aujourd'hui qu'il faut produire vite et beaucoup ; pour cela il faut concentrer les moyens de production dans des organismes plus puissants. Ni vous ni moi, mon cher collègue, nous n'y pouvons rien ; nous nous adapterons, vous vous adapterez.

M. Dominique Delahaye. — Si la moyenne industrie n'a que vous pour la défendre, je la plains.

M. le Président de la Commission. — Vous marcherez vous-même dans la voie du progrès. Nous écoutions tout à l'heure avec confiance vos paroles mesurées. Je rends hommage au sentiment qui vous les dictait; pas plus que nous, vous n'êtes découragé et vous ne doutez de l'avenir de l'industrie française.

M. Touron. — Certainement non.

M. le Président de la Commission. — Il est une autre question dont je veux dire un mot parce que très délicate ; les répercussions de la loi sur les salaires.

Il faut s'expliquer franchement. J'aurais préféré, pour ma part, qu'il n'y eût pas dans la loi un article visant les salaires ; cette question n'est pas du domaine législatif et le Ministre avait eu raison de s'opposer devant la Chambre à l'insertion de cet article 2 dans la loi. Il y est ; nous ne demandons pas qu'on l'efface. Il prévoit que la réduction des heures de travail ne pourra pas être une cause déterminante de la réduction des salaires et que toute stipulation contraire sera nulle.

Il est entendu que tous les patrons sont disposés à accepter loyalement la loi, qu'aucun d'eux ne cherchera à la détruire en diminuant les salaires proportionnellement à la réduction de la durée du travail. Mais si tout de même un patron mal avisé voulait imposer à ses ouvriers ou obtenir d'eux une réduction des salaires en proportion de la réduction de la durée du travail, l'accord serait nul, il tomberait.

C'est là une chose évidente à laquelle nous pouvons tous nous rallier. Mais la loi n'a pas consolidé les salaires actuels, elle ne peut garantir les ouvriers contre toute diminution éventuelle.

M. de Selves. — C'est évident !

M. le Rapporteur. — Ni contre toute augmentation.

M. Milliès-Lacroix. — La question reste entière.

M. le Président de la Commission. — La loi a laissé le jeu des salaires à la liberté des conventions futures.

Et, en effet, s'il était démontré que telle industrie, malgré tous ses efforts, est obligée de subir une certaine réduction de production, qu'arriverait-il ? Les patrons, les employeurs essayeraient de rejeter sur les consommateurs, par une augmentation des prix, tout le fardeau. C'est une solution : c'est la bonne solution pour l'industriel et pour les ouvriers, mais les consommateurs la trouvent moins agréable.

Mais si l'état du marché ne permettait pas cette augmentation des prix, il faudrait bien que les patrons et les ouvriers examinassent d'accord de quel côté est l'intérêt de l'industrie, l'intérêt des ouvriers aussi bien que des patrons.

Ces discussions doivent se produire dans une atmosphère de paix, avec le désir réciproque d'entente ; à cet égard, je note et je salue au passage le progrès qui est en train de s'accomplir dans nos mœurs industrielles.

Je suis depuis longtemps dans les Chambres et, à mes débuts, vers 1880, j'ai vu sortir des limbes la loi sur les syndicats. C'est Lockroy qui en avait pris l'initiative. Quel était alors l'esprit des Assemblées ? Quelle défiance ! Quelles précautions ! J'avais obtenu de la Chambre l'abrogation de l'article 416 du Code pénal, et le Sénat d'alors croyait que tout était perdu si cet article 416 disparaissait de nos lois pénales. Il a fallu deux ans et ce n'est qu'en 1884 que Waldeck-Rousseau eut enfin raison de cette opposition et put faire voter cette loi de 1884 qui a été longtemps la charte des libertés syndicales, un avant-goût de la liberté générale. C'était un fragment de la loi des associations qui devait être votée en 1900. Mais quelles inquiétudes lorsqu'on voyait superposées aux syndicats des unions de syndicats ! Quant à la Confédération générale du travail, je n'ai pas besoin de dire avec quel déplaisir, quelle anxiété on suivait sa constitution ! M. Touron, récemment, a rappelé l'intention qu'on eut un moment de la dissoudre, tant on la considérait comme un danger permanent.

M. Touron. — Ce ne sont pas mes propres intentions que j'ai évoquées ; mais celles d'un homme d'État qui compte.

M. le Président de la Commission. — Tous les hommes d'État comptent à leur heure. (*Sourires.*)

Aujourd'hui, nous voyons se former, à côté et en face de cet organisme, quelque chose qu'on peut appeler une Confédération générale des patrons.

M. Touron. — Elle n'existe pas encore, mais il y a des hommes d'État qui l'appellent, peut-être un peu imprudemment, de leurs vœux dans l'autre Assemblée.

M. le Président de la Commission. — Elle se fera, il faut qu'elle se fasse.

M. Touron. — C'est un pronostic.

M. Henry Chéron. — Il y a, à l'heure actuelle, plus de syndicats patronaux que de syndicats ouvriers. C'est ce qu'on ignore généralement.

M. Touron. — Vous allez m'obliger à faire un second discours ; je plains le Sénat. (*Sourires.*)

Je demande la parole.

M. le Président de la Commission. — Il faut que ces questions si délicates et si irritantes soient discutées dans des réunions fréquentes, qu'il y ait contact en quelque sorte permanent entre l'employeur et l'employé : ainsi, on dissipera bien des malentendus et l'on fera disparaître bien des causes d'hostilité.

Pendant la guerre, il n'y a pas eu d'opposition de classes. Les ouvriers ont été, comme nous tous, des Français voulant défendre et sauver leur pays (*Très bien ! très bien !*) ; ils n'ont songé à aucun intérêt de classe ou de parti, et la Confédération générale du travail a donné l'exemple d'une sagesse à laquelle je dois rendre ici hommage. (*Applaudissements.*)

Cela, c'est un progrès considérable, c'est une évolution qui en appelle d'autres, qui sera suivie d'autres plus considérables encore, dont nous ne devons pas nous alarmer ni nous inquiéter avant l'heure.

Ce qui importe, en effet, c'est d'empêcher que les évolutions, indispensables dans le domaine social, se fassent par la violence et la terreur ; si elles se font par l'accord, par le mouvement naturel des idées, j'estime qu'elles seront bienfaisantes. Tout ce qui se fait par le jeu libre de la discussion et par la liberté ne m'inspire, quant à moi, aucune crainte : la meilleure, la seule garantie contre les violences innommables dont nous sommes ailleurs les témoins, c'est la liberté ; ces abominations et ces régressions vers la barbarie, auxquelles nous assistons tiennent au défaut là-bas de l'air bienfaisant et vivifiant de la liberté. (*Très bien ! très bien !*)

Mais là où l'on est accoutumé aux méthodes libérales, là où l'on a confiance les uns dans les autres, où l'on ne se suspecte pas, où l'on ne s'accuse pas, je ne crains pas ces retours vers les temps ancestraux ; il faut de la confiance quand on accomplit un acte aussi grave que celui que nous faisons en ce moment-ci. Nous n'aurons en aucune circonstance donné une plus grande marque de notre confiance aux travailleurs de ce pays qu'en votant à l'unanimité, comme je le demande au Sénat, la loi qui nous est soumise aujourd'hui par le Gouvernement. (*Vifs applaudissements.*)

M. LE PRÉSIDENT. — La parole est à M. Touron.

M. TOURON. — Messieurs, je serai bref et après le beau discours de l'honorable M. Ribot, je ne remonterai pas à la tribune.

Je ne crois pas m'être mis en contradiction en quoi que ce soit avec M. Ribot, pas plus sur le couplet « confiance », que sur celui de la concorde ou sur le reste.

M. LE PRÉSIDENT DE LA COMMISSION. — C'est exact.

M. TOURON. — Nous sommes tout à fait d'accord. Je n'avais même pas parlé de la Confédération générale du travail, ni des syndicats à propos de la loi qui nous occupe, parce que, à mon sens, ils n'ont rien à y voir. (*Très bien ! très bien !*)

Mais il est deux affirmations de l'honorable M. Ribot que je demande la permission de relever.

M. Ribot conclut que, du fait qu'il se produit en ce moment des rapprochements entre des grandes organisations patronales et ouvrières, on va établir un contact plus complet entre les ouvriers et les patrons. Qu'il me permette de lui dire que c'est exactement le contraire : les patrons qui se réunissent avec les représentants des ouvriers, ou avec ceux qui s'intitulent les représentants des ouvriers, ne prennent pas pour cela contact avec leurs ouvriers ; le contact est direct, lorsque le patron vit lui-même pour ainsi dire dans l'atelier ; mais il ne le sera guère lorsque ce sera un administrateur de société anonyme qui entrera en conversation avec un dirigeant de la Confédération générale du travail. Singulière façon, en vérité, d'établir le contact avec le monde ouvrier ! Mais je ne veux blâmer personne.

Cette petite rectification m'amène à revenir sur un sujet que j'avais laissé dans l'ombre.

M. Ribot a pris un peu vite son parti de la disparition possible d'un assez grand nombre d'industries. S'adressant à moi, il disait : « Nous n'y pouvons rien ni l'un ni l'autre ; nous allons faire la concentration des industries, des usines ; s'il y a moins de personnel, il y aura peut-être, ajoutait-il, un peu moins d'usines. » Hélas oui ! mais je ne puis m'en réjouir.

M. LE PRÉSIDENT DE LA COMMISSION. — Moi non plus.

M. TOURON. — Ce qui fait la France sage et laborieuse, ce sont ces industriels de plante et de racine...

M. Dominique DELAHAYE. — A la bonne heure.

M. TOURON. ... qui risquent de se trouver demain écrasés entre la coalition de la concentration industrielle et la concentration ouvrière. (*Très bien ! très bien !*)

Je n'en veux pour preuve qu'une citation que je trouve dans un rapport d'une chambre de commerce qui doit, aujourd'hui, avoir voix au chapitre, la Chambre de commerce de Lille, parce qu'elle représente des industries qui, non seulement, vont être touchées dans leur existence, mais même dans leur reconstitution, par la loi que vous votez.

Voici ce que dit la Chambre de commerce de Lille :

« Les statistiques nous montrent que sur 368,162 établissements industriels existant dans notre pays, il n'y en a que 4,966 qui occupent de 100 à 500 ouvriers et 578 seulement qui en emploient plus de 500 ; 90 p. 100 de ces usines ou ateliers occupent moins de 20 ouvriers et leur rendement, qui constitue le gros de la production nationale, menace d'être profondément amoindri si on vient à réduire d'une façon notable la durée du travail. »

J'abandonne ce terrain, je me place dans l'hypothèse que M. Ribot a posée devant vous celle de la concentration des usines comme moyen de remédier au manque de main-d'œuvre. N'apercevez-vous pas que, par suite de la faible natalité française, par suite de nos pertes en hommes, les grandes usines ne pourront même pas trouver le personnel nécessaire pour faire deux et trois équipes ? Dans le bassin de Briey, avant la guerre, la plupart des usines métallurgiques étaient déjà obligées avec un seul poste, de recruter du personnel en Italie et en Pologne. Actuellement, nous ne pourrons même plus faire appel à la main-d'œuvre étrangère, comme par le passé ; non pas que les ouvriers ne l'admettent pas, — je salue aujourd'hui cette concession de leur part ; ils l'admettent, — mais la main-d'œuvre étrangère ne viendra plus chez nous comme autrefois, parce que l'Italie et la Pologne vont faire deux et trois postes comme nous ; au lieu d'exporter la main-d'œuvre, ces pays la conserveront. On peut essayer d'embaucher des ouvriers, on n'en trouvera pas qui s'expatrieront. C'est là encore un profit que les nations concurrentes vont tirer de la loi. Il était utile de le signaler.

Il reste un dernier point à considérer, c'est la situation qui va être faite à nos établissements, grands ou petits, qui ont subi les horreurs de l'invasion et de la dévastation. Certains hauts fourneaux peuvent envisager facilement l'organisation à trois postes parce que le panache de fumée habituel atteste la vitalité de leur usine restée intacte ; pour recruter la main-d'œuvre qui leur est nécessaire, ils vont embaucher les ouvriers sur lesquels, nous, les régions dévastées, nous étions en droit de compter pour reconstituer notre industrie. (*Très bien ! très bien !*) C'est un grand industriel du bassin de Briey qui me disait qu'il ne pouvait plus compter sur les ouvriers italiens et polonais, mais qu'en outre ses concurrents lui prendraient ses ouvriers pour assurer leur organisation à trois postes.

Je ne blâme pas ces industriels d'agir ainsi, ils sont dans leur rôle ; mais c'est l'aggravation des difficultés de reconstitution pour les pays libérés. (*Très bien ! très bien !*) Il est nécessaire qu'on le sache, au Ministère et ailleurs.

Non pas, Messieurs, que je veuille prêcher le découragement, je n'ai pas le ton d'un homme découragé. Je ne suis pas découragé. Personne plus que moi ne s'élèvera contre toutes les difficultés et tous les obstacles, j'en prends ici l'engagement, et vous connaissez assez mon caractère, qu'il me soit permis de le dire, pour qu'il vous soit un sûr garant de mon attitude. Néanmoins, je dis qu'il est indispensable que tout le monde voie assez clairement les difficultés devant lesquelles nous allons nous trouver pour ne pas penser qu'il suffira de voter une loi pour que disparaissent tous les obstacles. (*Très bien ! et vifs applaudissements.*)

M. le Président de la Commission. — Nous sommes d'accord.

M. le Président. — La parole est à M. le Ministre du Travail.

M. Colliard, *Ministre du Travail et de la Prévoyance sociale.* — Messieurs, vous m'excuserez de monter à la tribune après les orateurs que vous venez d'entendre ;

mais puisque le projet dont il s'agit est d'initiative gouvernementale, je voudrais dire, en quelques mots, dans quel esprit il a été élaboré.

Mais, auparavant, je tiens à rendre hommage à l'exposé très clair, très précis et très complet de M. le Rapporteur, aux observations très intéressantes présentées tant par M. Chéron que par M. Touron, et au discours si éloquent de M. Ribot, président de la Commission, qui a fait ressortir la haute portée morale et sociale de la loi en discussion et des mesures complémentaires qu'elle appelle.

J'ai eu l'occasion, je crois, de le dire déjà ici, pour les lois du travail, pour les lois sociales à venir, il faut par tous les moyens possibles faire appel à la collaboration des intéressés. (*Très bien! très bien!*)

Si je l'ai fait à l'occasion du projet en discussion, c'est que je me suis rendu compte qu'élaborer un projet de loi sur la journée de huit heures, sans consulter tous les intérêts, ce n'était pas le moyen d'en faciliter l'adoption par le Parlement, ni l'application dans la pratique. A cet égard, l'expérience de la loi du 30 mars 1900 sur la journée de dix heures, au vote de laquelle j'ai participé avec mon excellent ami M. Millerand, alors Ministre du Commerce, était pour moi un enseignement. J'ai d'abord convoqué certains grands industriels individuellement. Je leur ai demandé leur sentiment, ce qu'il adviendrait de leur industrie si on leur appliquait la loi de huit heures. Quelques-uns m'ont répondu qu'ils pourraient l'appliquer sans trop de dommages. D'autres m'ont dit qu'ils y voyaient de grandes difficultés.

Parmi ces derniers étaient les représentants de l'industrie textile. C'est là une industrie que je connais mieux que toutes les autres, parce que j'y suis né.

A la suite de ces consultations individuelles, j'ai procédé à une consultation collective. Elle fut très large. J'ai laissé aux grandes organisations patronales et ouvrières toute liberté pour choisir les industries et commerces qui seraient représentés et les personnes qui les représenteraient. Quinze grands industriels et quinze militants de la C. G. T., désignés dans ces conditions, présentaient des garantie des compétence et d'indépendance, et personne ne peut nier qu'ils étaient en état de fournir des indications précieuses au Gouvernement pour préparer le projet de loi.

Oui, les premiers jours, il est certain qu'il y a eu des discussions très vives et très animées de part et d'autre. Les industriels disaient : « Il est matériellement impossible d'appliquer en France, à l'heure actuelle, la loi de huit heures. » Les représentants des régions envahies et dévastées ajoutaient : « Comment voulez-vous que nous appliquions cette loi ? Nos industries ont déjà tant de peine à se reconstituer ? . . . » Ils ont fini cependant, après toutes ces discussions, par s'entendre ; de part et d'autre, les concessions ont été faites. C'est dans ces conditions qu'a été établi le projet de loi soumis à vos délibérations. On y a prévu non pas des paliers uniformes pour toutes les industries, comme dans la loi de 1900, mais des modalités, des facilités par industrie, par commerce ; nous avons compris que les industries, comme on disait tout à l'heure, n'étaient pas toutes coulées dans le même moule. . .

M. Touron. — Vous avez même réservé la possibilité des paliers.

M. le Ministre. — C'est vrai. Lorsque les deux parties en présence se sont trouvées d'accord, j'ai soumis le projet de loi résultant de cet accord au Conseil des Ministres, qui m'a donné toute l'autorité nécessaire pour le défendre devant vous.

Je n'entrerai pas dans le détail de la loi, me réservant d'intervenir, s'il y a lieu, dans l'examen des articles.

Je voudrais encore dire un mot des conséquences morales et sociales de la loi.

J'ai entendu souvent poser la question de savoir quel usage les ouvriers feront du loisir que leur procurera la réduction du travail à huit heures.

Je connais les ouvriers : ils peuvent avoir des défauts, ils ne profitent pas toujours comme il le faudrait des lois que nous votons pour eux, mais c'est parce que nous ne les leur faisons pas connaître suffisamment.

M. Henry Chéron. — Elles sont souvent mal appliquées, et surtout elles ne sont pas connues.

Un sénateur à gauche. — Parce qu'on n'a pas fait la propagande nécessaire.

M. Henry Chéron. — C'est notre faute.

M. le Ministre. — Nous ne faisons pas leur éducation morale.

Je suis de ceux qui ont la conviction profonde que les ouvriers, avec la réduction du travail, se perfectionneront au point de vue technique comme au point de vue moral.

Je puis le rappeler, il y a bientôt cinquante ans, quand je commençais ma carrière de militant, je disais aux ouvriers : « Si vous voulez vous émanciper et défendre vos intérêts, allez aux organisations de défense, aux sociétés de secours mutuels, dans les bibliothèques, pour arriver à faire votre éducation. Évitez les cafés et les cabarets. (*Très bien ! très bien !*) Votre cabaret à vous doit être votre bibliothèque, votre société de secours mutuel, votre société fraternelle, votre société de retraite. » (*Applaudissements.*)

Voilà ce que j'ai enseigné toute ma vie de militant. Je suis convaincu qu'avec la journée de huit heures, nous moraliserons le monde du travail.

Nous parlons souvent de natalité. Quand vous aurez donné à la classe ouvrière cette éducation dont parlait tout à l'heure M. Chéron, quand vous lui aurez facilité l'acquisition de l'habitation salubre et à bon marché, du home familial, si la natalité ne s'accroît pas en nombre, elle s'améliorera en qualité et vous aurez, dans vos usines, des travailleurs robustes et sains au point de vue physique, comme au point de vue moral, au lieu des ouvriers étiolés par le surmenage, le taudis et par de longues heures de travail.

La loi que le Gouvernement vous présente est une loi morale et de solidarité, et laissez-moi vous redire ce que j'ai souvent dit publiquement, en réponse à ceux qui me critiquaient, à propos de la loi de dix heures, car cette loi que l'on traitait de loi bourgeoise et réactionnaire, m'a valu, au début de son application, de vives attaques : j'aime mieux poursuivre une amélioration progressive par la légalité que faire appel à la violence, parce que la violence est la suppression de la liberté. (*Très bien ! très bien !*)

En terminant, j'exprime l'espoir que la haute Assemblée voudra bien donner un assentiment unanime à cette loi dans l'intérêt de l'apaisement, de la paix sociale et, j'en suis convaincu, de la prospérité économique de la France. (*Vifs applaudissements.*)

M. le Président. — Personne ne demande plus la parole dans la discussion générale ?

Je consulte le Sénat sur la question de savoir s'il entend passer à la discussion des articles du projet de loi.

(Le Sénat décide qu'il passe à la discussion des articles.)

[illegible]

CHAPITRE II

Durée du travail

[illegible] — Dans les établissements industriels et commerciaux [illegible]

[illegible]

[illegible]

[illegible]

[illegible]

[illegible]

[illegible]

[illegible]

[illegible]

M. le Ministre. — Je ne méconnais pas du tout la portée des observations de l'honorable Sénateur. Il n'est pas douteux que des modalités d'application devront être prévues pour la petite industrie comme pour le petit commerce. La loi prévoit la substitution à la journée de huit heures de régimes dans lesquels des compensations pourront s'établir, entre les diverses journées de la semaine, de la décade, etc. Elle prévoit également des dérogations temporaires et même des dérogations permanentes, par exemple pour les chauffeurs, pour les ouvriers et employés dont le travail est essentiellement intermittent.

Ce sont des accords qu'il y aura lieu de conclure entre intéressés.

M. Servant. — Je demande la parole.

M. le Président. — La parole est à M. Servant.

M. Servant. — Le texte du projet de loi nous a été remis en entrant en séance. Nous n'avons pas pu en prendre connaissance assez tôt pour être à même de nous rendre compte de toutes les modalités. M. le Ministre lui-même ne paraît pas très bien fixé sur la façon dont il l'appliquera.

Vous parlez des employés de commerce qui auront travaillé pendant des heures supplémentaires. Non, Monsieur le Ministre, ces employés de commerce restent quelquefois sans travailler durant des demi-journées, surtout dans le petit commerce. Il est des jours de marché, des jours de foire, où le client n'arrive qu'à une certaine heure, ce client ne se préoccupera pas de savoir si l'employé a fait ou non ses huit heures. De même, l'employé, à moins de conditions spéciales, ne se préoccupera pas davantage de savoir s'il doit venir ou non des clients. Il dira : « J'entre à telle heure, je dois donc repartir à telle heure », et le commerçant se trouvera tout seul dans son magasin ou bien sera obligé de le fermer.

Voilà le dilemme.

Nous n'avons pas eu le temps d'étudier cette question. Il eût été préférable évidemment de pouvoir en causer ensemble. Cela n'a point été fait. C'est tellement vrai que vous-même, Monsieur le Ministre, ne pouvez pas la résoudre. Elle n'est pas facile. Des situations comme celles que je vous fais entrevoir ne se règlent pas à l'improviste. Une meilleure méthode eût été de procéder par étapes, de voter immédiatement la loi pour les grandes usines, dont les ouvriers travaillent huit heures par jour continuellement. Là, véritablement, il y a peut-être du surmenage; ainsi vous n'auriez pas trouvé une seule voix pour s'opposer à la loi. Après, seulement, nous aurions étudié les modalités. C'est ce que je vous demande de faire. Apportez-y toutes les précautions voulues pour arriver à une solution pratique. (*Très bien! très bien!*)

M. le Ministre du Travail. — Je demande la parole.

M. le Président. — La parole est à M. le Ministre du Travail.

M. le Ministre. — Ce n'est pas dans les professions que vous indiquez que nous rencontrerons des difficultés, car généralement, ces ouvriers vivent en famille avec leurs patrons et ils se mettent aisément d'accord entre eux.

M. Larère. — C'est pourquoi il ne faut pas troubler l'accord.

M. le Ministre. — Dans ces petites industries, dans ces petits commerces, je le répète, l'accord se fera, je crois, beaucoup plus facilement que dans les grandes industries et vous obtiendrez satisfaction sur ce point, comme il est advenu pour la semaine anglaise et pour le repos hebdomadaire. (*Très bien!*)

M. Servant. — Monsieur le Ministre, si la mentalité de tous les inspecteurs du travail ressemblait à la vôtre, nous serions absolument satisfaits; il n'en est malheureusement pas ainsi, en sorte que nous verrions certains inspecteurs du travail se présenter chez un petit commerçant et, s'ils voient travailler un ouvrier, un charretier par exemple, qui ne peut pas être remplacé, ils lui diront : « Vous avez employé cet homme-là une demi-heure de plus, je vous dresse procès-verbal. » Et le procès-verbal sera maintenu!

Voilà pourquoi, Monsieur le Ministre, je demande que des ordres soient donnés pour que l'on entre véritablement dans cette voie de grande tolérance, car autrement, vous aboutirez à une perturbation complète. (*Très bien!*)

M. le Ministre. — Les charretiers ne sont pas nécessairement compris dans la catégorie des travailleurs soumis à la limite journalière des huit heures.

M. Servant. — Je vous demande pardon. C'est précisément parce qu'ils sont prévus dans cette catégorie que j'en parle. Le charretier est dans la maison, il faut bien qu'il donne à manger à ses chevaux: il n'est pas possible de tenir compte des heures strictes, deux heures le matin, deux heures l'après-midi et deux heures le soir.

M. le Président. — La parole est à M. le Commissaire du Gouvernement.

M. le Commissaire du Gouvernement. — La question peut être résolue aisément, je crois, si, au lieu d'envisager l'article 6 seul, on rapproche les articles 6 et 8. (*Adhésion.*)

Qu'il s'agisse du petit commerce ou de la petite industrie, ou bien du grand commerce et de la grande industrie, c'est l'accord des intéressés, patrons et ouvriers, dans les différentes régions et dans chaque commerce ou industrie, qui déterminera les modalités suivant lesquelles la loi sera applicable.

Mais, me direz-vous, les intéressés seront tenus par l'article 6, qui limite à huit heures la durée de la journée de travail, à quarante-huit heures la durée de la semaine, ou qui, lorsque la période de temps sur laquelle est calculée la limitation est différente, limite en tout cas la journée à huit heures en moyenne.

Mais l'article 8 prévoit à cette règle rigide des dérogations de deux sortes. Il y a, tout d'abord, les dérogations temporaires dont pourront bénéficier toutes les industries, tous les commerces, et qui permettront aux industriels et aux commerçants de faire face aux surcroîts de travail extraordinaires, à l'occasion, par exemple, des foires auxquelles faisait allusion l'honorable Sénateur. Il y a, d'autre part, des dérogations permanentes qui permettront, pendant toute l'année, de dépasser la durée du travail, soit pour les ouvriers chargés de travaux préparatoires ou complémentaires, soit pour ouvriers ou employés dont le travail est intermittent.

Or est-il une catégorie de travailleurs dont le travail soit plus intermittent que celle des employés des petites boutiques de village, auxquels on faisait allusion. Ils ne travaillent qu'à certains moments de la journée, lorsqu'un client se présente; dans l'intervalle, souvent pendant de longues heures, ils restent assis à attendre les acheteurs dans ces boutiques; les dérogations permanentes joueront et permettront ainsi d'adapter la loi aux exigences du petit commerce. (*Très bien! très bien!*)

M. le Président. — S'il n'y a pas d'autres observations sur l'article 6, je le mets aux voix.

(L'article 6 est adopté.)

M. le Président. « *Art. 7.* — Des règlements d'administration publique déterminent par profession, par industrie, par commerce ou par catégorie professionnelle pour l'ensemble du territoire ou pour une région, les délais et conditions d'application de l'article précédent.

« Ces règlements sont pris soit d'office, soit à la demande d'une ou plusieurs organisations patronales ou ouvrières, nationales ou régionales intéressées. Dans l'un et l'autre cas, les organisations patronales et ouvrières intéressées devront être consultées ; elles devront donner leur avis dans le délai d'un mois. Ils sont revisés dans les mêmes formes.

« Ces règlements devront se référer, dans le cas où il en existera, aux accords intervenus entre les organisations patronales et ouvrières nationales ou régionales intéressées.

« Ils devront être obligatoirement revisés lorsque les délais et conditions qui y seront prévus seront contraires aux stipulations des conventions internationales sur la matière. »

M. Touron. — Je demande la parole.

M. le Président. — La parole est à M. Touron.

M. Touron. — Je voudrais attirer l'attention du Sénat sur le sens de deux expressions employées dans l'article 7.

Tout d'abord, je lis, dans le rapport de M. Strauss, que l'expression « par catégorie professionnelle » désigne un ensemble de professions. Or, je m'étais toujours figuré que le mot « catégorie » avait un sens plutôt restrictif et ne devait pas s'appliquer à l'idée de groupement.

Je puis même dire que la Commission avait, lors de sa délibération, interprété ce mot dans le même sens que moi.

M. Servant. — On ne peut pas l'interpréter autrement.

M. Touron. — Quoi qu'il en soit, il me paraît nécessaire de bien préciser le sens du mot « catégorie », qui, pour moi, indique l'idée de subdivision.

On a voulu viser, par exemple, la grande industrie métallurgique dans laquelle la durée du travail peut varier suivant les catégories d'ouvriers. Ainsi, les ouvriers qui surveillent les hauts fourneaux auront une journée de huit heures, avec trois postes de huit heures, tandis que les autres ouvriers de l'exploitation vont sortir tous à la fois. Le travail ne sera donc pas considéré comme étant à feu continu pour tous les ouvriers de cette industrie. Pour ceux des laminoirs, par exemple, le régime sera différent. Je le répète, le mot « catégorie » doit être pris dans son sens grammatical : il indique une subdivision et non pas un groupement. (*Très bien! très bien!*)

M. le Comte de Tréveneuc. — Je demande le renvoi à l'Académie.

M. le Président de la Commission. — J'accepte le renvoi, en ce qui me concerne. (*Sourires.*)

M. le Rapporteur. — Je demande la parole.

M. le Président. — La parole est à M. le Rapporteur.

M. le Rapporteur. — Il s'agit là, Messieurs, d'une pure controverse grammaticale et lexicologique. Pour ma part, je n'entre pas dans le vif de ce débat d'ordre technique, mais les mots « catégorie professionnelle » sur lesquels j'avais fourni à la Commission mon interprétation, celle que j'ai inscrite dans mon rapport, sont empruntés à la terminologie de la statistique générale de la France, dans les publications de laquelle les professions sont classées par catégories professionnelles qui sont de larges groupements d'industries, de commerces ou de professions.

Le mot « catégorie » a donc un sens plus large et plus compréhensif que le mot « profession ».

M. Touron. — Je demande la parole.

M. le Président. — La parole est à M. Touron.

M. Touron. — J'ai le regret, tout d'abord, de ne pas être d'accord avec M. le Rapporteur, puis de voir invoquer des statistiques dont les dénominations sont choisies, un peu au hasard, des convenances de leurs auteurs. Je répète que la Commission à laquelle j'ai soumis la controverse avait décidé dans mon sens.

M. le Rapporteur. — C'est une erreur.

M. Touron. — Vous ne le croyez pas; mais j'entends M. le Président de la Commission dire oui. Je dis que votre interprétation force l'esprit de la loi et qu'elle aurait de graves inconvénients pour l'industrie.

Voici un exemple qui vous permettra d'en saisir toute l'importance.

Lorsqu'on a voté la loi sur les industries du vêtement, sous la poussée de la fameuse grève des midinettes, on a réglé la question pour les industries du vêtement, or, il s'est trouvé que le Ministère du Travail a émis la prétention d'englober toutes les industries mécaniques du vêtement, interprétant, comme vous, le terme catégorie.

Cependant, il est impossible, en bonne logique, de soutenir qu'une couturière de la rue de la Paix doit être classée dans la même catégorie que toute l'industrie mécanique de la bonneterie de Troyes!

C'est pour éviter de tels abus d'interprétation, qu'il est nécessaire de rendre au mot « catégorie » son véritable sens.

Vous me citez l'exemple du bâtiment; des distinctions s'imposent incontestablement en ce qui le concerne. Il n'est pas possible, en effet, d'appliquer le même régime au serrurier qui travaille en atelier et au maçon ou au terrassier qui travaille au dehors et est soumis aux intempéries. Vous serez donc obligés d'accorder pour le maçon des dérogations que vous refuserez pour le serrurier; sans quoi, cela n'aurait pas de sens commun.

Le mot « catégorie » doit donc, c'est indiscutable, indiquer une subdivision et non pas un groupement.

M. le Rapporteur. — Le groupement des professions, des industries et des commerces en catégories professionnelles n'est pas obligatoire. Chaque industrie ou commerce a le droit de conserver son régime d'autonomie.

M. LE PRÉSIDENT DE LA COMMISSION. — Je ne crois pas qu'il y ait grand intérêt à prolonger cette discussion grammaticale. (*Adhésion.*)

Contrairement à ce que pense M. le Rapporteur, j'ai compris que, dans la Commission, nous interprétions le mot « catégorie professionnelle » dans un sens plus étroit que le mot « profession ». Mais qu'importe ? Nous ne limitons pas les pouvoirs du Conseil d'État à cet égard. L'industrie du bâtiment, dit-on, constitue une catégorie professionnelle. C'est aussi une profession. Si nous estimons que le mot « profession » a un sens plus large que « catégorie professionnelle », on dira « profession » et non pas « catégorie professionnelle ».

C'est, encore une fois, une pure discussion de mots et qui, au fond, ne paraît pas avoir d'importance décisive.

M. TOURON. — Du moment que l'on est d'accord pour reconnaître que le Conseil d'État a toute liberté d'appréciation, qu'il n'est pas lié par l'interprétation personnelle de M. le Rapporteur, c'est tout ce que je demande.

M. LE PRÉSIDENT. — Il n'y a plus d'autre observation sur l'article 7 ?

Je le mets aux voix.

(L'article 7 est adopté.)

M. LE PRÉSIDENT. « *Art. 8.* — Les règlements d'administration publique prévus à l'article précédent détermineront notamment :

« 1° La répartition des heures de travail dans la semaine de quarante-huit heures afin de permettre le repos de l'après-midi du samedi ou toute autre modalité équivalente ;

« 2° La répartition des heures de travail dans une période de temps autre que la semaine ;

« 3° Les délais dans lesquels la durée actuellement pratiquée dans la profession, dans l'industrie, le commerce ou la catégorie professionnelle considérée, sera ramenée en une ou plusieurs étapes aux limitations fixées à l'article 6 ;

« 4° Les dérogations permanentes qu'il y aura lieu d'admettre pour les travaux préparatoires ou complémentaires qui doivent être nécessairement exécutés en dehors de la limite assignée au travail général de l'établissement ou pour certaines catégories d'agents dont le travail est essentiellement intermittent ;

« 5° Les dérogations temporaires qu'il y aura lieu d'admettre pour permettre aux entreprises de faire face à des surcroîts de travail extraordinaires, à des nécessités d'ordre national ou à des accidents survenus ou imminents ;

« 6° Les mesures de contrôle des heures de travail et de repos et de la durée du travail effectif, ainsi que la procédure suivant laquelle seront accordées ou utilisées les dérogations ;

« 7° La région à laquelle ils sont applicables. » — (Adopté.)

Je mets aux voix l'ensemble de l'article 1er.

(L'article 1er est adopté.)

M. LE PRÉSIDENT. « Art. 2. — La réduction des heures de travail ne pourra en aucun cas être une cause déterminante de la réduction des salaires.

« Toute stipulation contraire est nulle et de nul effet. »

M. Touron. — Je demande la parole.

M. le Président. — La parole est à M. Touron.

M. Touron. — Nous arrivons, Messieurs, avec l'article 2, au point délicat de la loi. L'honorable M. Ribot a dit tout à l'heure, avec raison, que la Commission aurait préféré, comme le Gouvernement, que cet article ne figurât pas dans la loi. Il est, en effet, très difficile de légiférer sur le salaire, et des interprétations différentes de l'article 2 pourraient donner lieu à toute espèce de discussions, si on ne se met pas d'accord ici sur l'interprétation de cet article.

L'article dit, je le rappelle : « La réduction des heures de travail ne pourra, en aucun cas, être une cause déterminante de la réduction des salaires.

« Toute stipulation contraire est nulle et de nul effet. »

J'observe tout de suite que cette disposition fait l'objet d'un article spécial, qui n'est pas sujet au règlement d'administration publique ; c'est même le seul article de la loi qui ne parle pas de règlement d'administration publique, ceci sans ironie.

Or, pour l'interpréter, il suffit de se rappeler les paroles de l'honorable M. Ribot. Prise en elle-même, cette phrase ne signifie pas grand'chose, ou du moins elle ne signifie que ce que son auteur a voulu lui faire dire. L'auteur, c'est M. Briand, et voici les paroles qu'il a prononcées d'après le *Journal officiel*, et que je vous demande la permission de rappeler :

« Il ne s'agit pas ici, et cela même dans l'intérêt des ouvriers, d'un article susceptible de figer les salaires. Les fluctuations de l'industrie peuvent porter les ouvriers et les patrons à désirer que toute latitude leur soit laissée pour la discussion et le règlement de leurs intérêts. »

Dans ces conditions, on aurait pu répondre à M. Briand : alors, pourquoi présentez-vous votre amendement ?

M. Henry Chéron. — Il avait sa raison d'être.

M. Touron. — Non, parce que cette prétendue raison d'être vous la trouvez dans le second alinéa : « Toute stipulation contraire est nulle et de nul effet. » Ce qui signifie que l'article vise uniquement le cas tout à fait invraisemblable où un patron stipulerait dans un contrat, soit collectif, soit individuel, que, du fait de la loi, il réduit les salaires.

Ai-je besoin de vous dire qu'il n'y a pas un patron aussi naïf que celui que découvre tout à coup M. Briand ? Mais, si je suis d'accord avec l'honorable député pour l'interprétation, il est un point sur lequel je me sépare de lui, et je tiens à le souligner. Après s'être exprimé ainsi :

« Mais ce qui ne peut être admis, c'est que, par exemple, un patron mal intentionné — personne ne peut répondre qu'il ne s'en trouvera pas, un patron jaune, si vous voulez — dise à ses ouvriers : « Je ne vous garderai dans mon usine qu'à la condition que vous consentiez une stipulation portant réduction de vos salaires ». Et cela, à cause et par suite du vote de la réforme. »

M. Briand ajoute — je résume, pour être plus bref — qu'il veut donner au Gouvernement la possibilité de viser dans un règlement d'administration publique le cas d'un pareil patron.

Je fais observer à M. Briand qu'ici il s'est complètement trompé, et j'offre la tangente à M. le Ministre pour échapper à une disposition qu'il ne souhaitait pas. L'article 2 est un article spécial, comme je l'ai dit au début; il n'est pas le moins du monde du ressort du Conseil d'État. Par conséquent, les règlements d'administration publique n'auront pas à viser les questions de salaire. Il est bon de le faire remarquer au Conseil d'État, ne fût-ce que pour lui retirer cette épine du pied ! (*Mouvements divers.*)

M. le Président. — La parole est à M. le Rapporteur

M. le Rapporteur. — Messieurs, tout à l'heure, je me suis efforcé, au début de mes observations, de déterminer la portée de l'article 2 voté par la Chambre des députés sur l'amendement de MM. Guist'hau et Aristide Briand.

Il y avait eu, tout d'abord, un article inséré dans le projet de loi par la Commission du travail de la Chambre, à la demande de M. Justin Godart. Ensuite est venu un amendement de M. Albert Thomas, puis la disposition de MM. Guist'hau et Briand qui constitue aujourd'hui l'article 2.

Tous les commentaires qui se sont produits à la Chambre des députés concordent. C'est ainsi que M. Albert Thomas s'exprime en ces termes :

« C'est-à-dire qu'au moment du changement de régime, le salaire reste équivalent, notre texte laissant de côté les variations ultérieures qui pourront résulter de modifications dans la situation de l'industrie. »

M. Touron a rappelé tout à l'heure les parties essentielles de l'interprétation de M. Briand, donnée par son auteur avec sa maîtrise habituelle et sa clarté coutumière :

« Il ne s'agit pas ici, et cela même dans l'intérêt des ouvriers, d'un article susceptible de figer les salaires. »

Par conséquent, nous sommes bien d'accord que cette clause de sauvegarde est surtout faite pour prévenir les abus, si minimes, si exceptionnels qu'ils puissent être, pour qu'il ne se produise pas de fissures regrettables par lesquelles la loi pourrait être discréditée dans son essence et dans son application. Les salaires pourront être modifiés à l'avenir, soit dans un sens, soit dans un autre; mais la réduction des heures de travail ne saurait être invoquée, au moment où elle sera réalisée, pour motiver et justifier une diminution des salaires. C'est ce que les patrons ont eux-mêmes déclaré.

Cette clause de bonne foi, loyalement appliquée, équitablement interprétée, n'est faite pour éveiller aucune inquiétude. Nous vous demandons de vouloir bien l'adopter. (*Très bien ! très bien !*)

M. Guillaume Poulle. — Je demande la parole.

M. le Président. — La parole est à M. Poulle.

M. Guillaume Poulle. — Je demande à M. le Ministre de vouloir bien donner une précision qui, certainement, est dans sa pensée : il sera bien entendu, qu'en ce qui concerne l'application de l'article en discussion, aucun règlement d'administration publique ne pourra intervenir ?

M. le Président de la Commission. — Que dirait ce règlement d'administration publique ? Il ne peut introduire d'autres sanctions que celles qui sont dans la loi.

M. Guillaume Poulle. — Il est bien certain, d'après la discussion, que c'est entendu d'une façon formelle; mais je demande à M. le Ministre de dire que c'est son interprétation.

M. Henry Chéron. — Le texte est très net par lui-même.

M. Touron. — Je demande la parole.

M. le Président. — La parole est à M. Touron.

M. Touron. — Je crois qu'il n'y a pas de doute puisque M. le Ministre se déclare d'accord avec moi. Je me permets cependant de faire une remarque qui corrobore notre opinion commune. Un amendement présenté en séance aurait obligé à faire trancher la question du salaire par les règlements d'administration publique : c'était l'amendement de M. Albert Thomas, qui modifiait l'article 1er, et qui disait que, entre autres choses, le Conseil d'État aurait à s'occuper : 8° de la question des salaires.

M. le Commissaire du Gouvernement. — C'était déjà dans le rapport de M. Justin Godart.

M. Touron. — C'était dans le rapport de M. Justin Godart; mais enfin l'amendement a été présenté en séance par M. Albert Thomas. J'en suis sûr : j'ai appris par cœur le *Journal officiel* en une demi-heure! (*Rires.*)

M. Paul Doumer. — Cela fait honneur à votre mémoire!

M. Touron. — Or cet amendement ayant été mis aux voix au scrutin a été repoussé par la Chambre. Par conséquent, la seule disposition qui aurait pu donner lieu à interprétation par le Conseil d'État a été repoussée.

L'amendement de M. Briand n'est né qu'après et a fait l'objet d'une disposition additionnelle qui ne se réfère plus du tout au règlement d'administration publique. Il ne peut y avoir sur ce point aucun doute. (*Très bien! très bien!*)

M. le Ministre du Travail. — Je demande la parole.

M. le Président. — La parole est à M. le Ministre du Travail.

M. le Ministre. — L'explication que vient de donner l'honorable M. Touron est exacte. En effet, il y avait dans le projet de loi rapporté par la Commission du travail un article 8 qui fixait les salaires. J'ai demandé qu'il fût supprimé. Il l'a été. Un amendement de M. Albert Thomas est intervenu. J'en ai demandé la disjonction, qui a été prononcée, en effet, par la Chambre.

C'est alors qu'a été présenté un article additionnel par l'honorable M. Briand. Le Gouvernement en a demandé le rejet et en a donné les raisons. La Chambre, je dois le dire, l'a voté unanimement. Toutefois, comme on l'a fait observer, cette disposition additionnelle ne figure pas dans l'article qui énumère les points sur lesquels doivent statuer les règlements d'administration publique.

Bien que j'aie combattu l'article 2, je demande au Sénat de le voter quand même, parce que sa suppression pourrait être mal interprétée par la classe ouvrière. (*Très bien! très bien!*)

M. Touron. — C'est pourquoi je n'en demande pas le rejet.

M. Henry Chéron. — L'article 2 est très clair et il n'a pas besoin d'interprétation.

M. le Président. — Je mets aux voix l'article 2.

(L'article 2 est adopté.)

M. le Président. « Art. 3. — Les dispositions du chapitre II actuellement en vigueur sont abrogées dans chaque région et pour chaque profession, industrie, commerce ou catégorie professionnelle à partir de la mise en application des règlements d'administration publique intéressant ladite profession, industrie, ledit commerce ou ladite catégorie professionnelle dans cette région. » — (Adopté.)

« Art. 4. — La présente loi est applicable à l'Algérie et aux colonies. » — (Adopté.)

Je mets aux voix l'ensemble du projet de loi.

(Le projet de loi est adopté.)

LOI

du 23 avril 1919 sur la journée de huit heures (1).

ARTICLE PREMIER.

Le chapitre II (*Durée du travail*) du titre Ier du livre II du Code du travail et de la prévoyance sociale est modifié comme suit :

CHAPITRE II.

Durée du travail.

« *Art. 6.* — Dans les établissements industriels et commerciaux ou dans leurs dépendances, de quelque nature qu'ils soient, publics ou privés, laïques ou religieux, même s'ils ont un caractère d'enseignement professionnel ou de bienfaisance, la durée du travail effectif des ouvriers ou employés de l'un ou de l'autre sexe et de tout âge ne peut excéder soit huit heures par jour, soit quarante-huit heures par semaine, soit une limitation équivalente établie sur une période de temps autre que la semaine.

« *Art. 7.* — Des règlements d'administration publique déterminent par profession, par industrie, par commerce ou par catégorie professionnelle, pour l'ensemble du territoire ou pour une région, les délais et conditions d'application de l'article précédent.

« Ces règlements sont pris, soit d'office, soit à la demande d'une ou plusieurs organisations patronales ou ouvrières, nationales ou régionales intéressées. Dans l'un et l'autre cas, les organisations patronales et ouvrières intéressées devront donner leur avis dans le délai d'un mois. Ils sont revisés dans les mêmes formes.

« Ces règlements devront se référer, dans le cas où il en existera, aux accords intervenus entre les organisations patronales et ouvrières nationales ou régionales intéressées.

« Ils devront être obligatoirement revisés lorsque les délais et conditions qui y seront prévus seront contraires aux stipulations des conventions internationales sur la matière.

« *Art. 8.* — Les règlements d'administration publique prévus à l'article précédent détermineront notamment :

« 1° La répartition des heures de travail dans la semaine de quarante-huit heures afin de permettre le repos de l'après-midi du samedi ou toute autre modalité équivalente;

(1) *Journal officiel* du 25 avril 1919.

« 2° La répartition des heures de travail dans une période de temps autre que la semaine;

« 3° Les délais dans lesquels la durée actuellement pratiquée dans la profession, dans l'industrie, le commerce ou la catégorie professionnelle considérée sera ramenée en une ou plusieurs étapes aux limitations fixées à l'article 6;

« 4° Les dérogations permanentes qu'il y aura lieu d'admettre pour les travaux préparatoires ou complémentaires qui doivent être nécessairement exécutés en dehors de la limite assignée au travail général de l'établissement ou pour certaines catégories d'agents dont le travail est essentiellement intermittent;

« 5° Les dérogations temporaires qu'il y aura lieu d'admettre pour permettre aux entreprises de faire face à des surcroîts de travail extraordinaire, à des nécessités d'ordre national ou à des accidents survenus ou imminents;

« 6° Les mesures de contrôle des heures de travail et de repos et de la durée du travail effectif, ainsi que la procédure suivant laquelle seront accordées ou utilisées les dérogations;

« 7° La région à laquelle ils sont applicables ».

ART. 2.

La réduction des heures de travail ne pourra, en aucun cas, être une cause déterminante de la réduction des salaires.

Toute stipulation contraire est nulle et de nul effet.

ART. 3.

Les dispositions du chapitre II actuellement en vigueur seront abrogées dans chaque région et pour chaque profession, industrie, commerce ou catégorie professionnelle à partir de la mise en application des règlements d'administration publique intéressant ladite profession, industrie, ledit commerce, ou ladite catégorie professionnelle dans cette région.

ART. 4.

La présente loi est applicable à l'Algérie et aux colonies.

www.ingramcontent.com/pod-product-compliance
Lightning Source LLC
LaVergne TN
LVHW010109070726
842525LV00017B/990
9782329020518